Réincarnation
et renaissance intérieure

Collection ORACLE

L'Oracle de Belline, C. Silvestre-Haéberlé
Numérologie : Le livre des cycles, J.-D. Fermier
Numérologie : Le symbolisme des lettres, J.-D. Fermier
Votre avenir au quotidien par les tarots, C.-H. Silvestre
Les 12 meilleures méthodes pour tirer les tarots, C.-H. Silvestre
Le livre des signes et des symboles, Schwarz-Winklhofer-Biedermann
La numérologie au quotidien, J.-D. Fermier
La Roue Astrologique et le tarot, C. Silvestre-Haéberlé
Le grand jeu de Mlle Lenormand, C. Silvestre-Haéberlé
Les Symboles dans la Bible, A. Soued
Les Messages du Rêve, E. Gautier
Le Tarot Persan de Mme Indira, Mme Indira et C. Silvestre-Haéberlé
Le Tarot du Chat, C. Sédillot et C. Trapet
Les Tarots, C. Silvestre-Haéberlé
Votre avenir au quotidien par le Yi-King, J. Warin
L'Energie au bout des mains, J.-L. Crozier
Les 10 meilleures façons pour tirer le belline, C. Silvestre-Haéberlé

Collection AUTREMENT

La Numérologie Autrement, M.-L. Roth
L'Astrologie Autrement, M. Duquesne
La Couleur Autrement, Brigitte Gautier
La Dynamique Mentale Autrement, M.-L. Roth
La Voyance Autrement, Corinne Morel
Le Magnétisme Autrement, A. Van Eiszner
La Sophrologie Autrement, A. Payen de la Garenderie
La Graphologie Autrement, S. Chermet-Carroy
La Chirologie Autrement, C. Peyron

© 1995, by Jacques Grancher, Éditeur
ISBN : 273390 457 4

Joanne Esner

Réincarnation
et renaissance intérieure

Éditeur : Michel Grancher

98, RUE DE VAUGIRARD
75006 · PARIS

DU MÊME AUTEUR

ROMANS

L'Employeur
Tchou, éditeur, 1977, Prix George-Sand

L'Eclipse de cœur
Tchou, éditeur, 1978

Introduction

> *"Si déjà pour nous, qui sommes pourtant mortels,*
> *chaque mot d'amour est inoubliable,*
> *comment l'amour lui-même ne serait-il pas*
> *une preuve de l'éternité de l'être*
> *que nous aimons ?"*
> Eugen Drewermann

> *"D'une manière que la médecine*
> *commence à peine à entrevoir,*
> *la mémoire d'une cellule morte semble*
> *capable de survivre à la cellule elle-même."*
> Dr. Deepak Chopra

J'ai dû considérer la doctrine de la réincarnation vers l'âge de quatorze ans, lorsqu'une amie de classe fut tuée en voiture. Elle n'avait pas souffert, elle n'avait sans doute pas eu le temps de s'apercevoir de sa mort : en quelques secondes, elle avait disparu du monde des vivants. Sa mort me bouleversa. Pendant des semaines, je continuai à guetter son arrivée au lycée, sa foulée de sportive, le regard spécial qu'elle portait sur les êtres, qu'ils fussent maîtres ou élèves. Cet événement me semblait si injuste, que j'en cherchai la cause. Etait-elle trop originale, trop indépendante, trop grave, pour une adolescente de son âge ? Elle dominait les autres de sa stature de géante élancée, elle était peut-être trop belle, pensai-je. Elle dégageait quelque chose de singulier. D'une certaine manière, elle était étrangère à ce monde. Trop droite, incapable de mensonge, de duperie ou de malice. Elle avait la passion des chevaux, et tous ceux qui s'en occupaient pour les nourrir, les soigner, les seller suscitaient une muette admiration chez elle. Elle voulait devenir lad. Ses parents – dont elle était la fille unique et qui l'avaient eue tardivement – se retrouvaient seuls, sans espoir d'avoir un nouvel enfant. Certains dirent que c'était une punition divine. Mais qu'avaient-ils fait de pire que les autres ? C'étaient de braves gens, peut-être un peu plus indifférents à autrui. Je ne pus me résoudre à l'oublier, comme une personne qui ne reviendrait plus. Et lorsque la conductrice, responsable de l'accident eut une petite fille, un an plus tard, à l'étranger, je sentis que Cyrène était revenue. Je ne pus la voir et rien ne vint ébranler cette certitude. Cyrène était revenue chez sa "meurtrière". Il me semblait impossible qu'un être comme elle – tellement supérieur à nous tous – disparaisse sans laisser aucune trace de sa grâce.

Sans le savoir, j'avais déjà adhéré à la croyance de quelques millions d'individus dans le monde. Ce que j'ignorais alors, c'est que nous espérons tous survivre, au moins dans le coeur de ceux que l'on aime, et que notre imagination, notre désir peuvent nous incliner à croire des explications irrationnelles. Par exemple, que Cyrène avait accepté ces conditions avant sa venue au monde, et que ses parents aussi "savaient" qu'elle leur serait ravie à quatorze ans. Pour quelque obscure raison liée à des circonstances antérieures à cette vie, ils avaient pu avoir à connaître cette épreuve. Notre pouvoir mental n'est jamais à court de créations pour nous rendre supportables la douleur, le chagrin, l'injustice. Mais qu'y a-t-il de vrai dans ces constructions psychiques ? Et comment croire à une "réalité" que des millions de gens ont tenue pour vraie, alors qu'elle est et reste invisible ? C'est ce que je me propose de développer au cours des prochains chapitres.

Chapitre 1

LA RÉINCARNATION EXISTE-T-ELLE VRAIMENT ?

Les résultats exceptionnels des thérapies "réincarnationnistes" me paraissent plus importants que de prouver la réalité du phénomène. Mais je tiens à insister sur un point : le recours aux vies antérieures pour découvrir les raisons de ses blocages, de ses phobies, de son mal-être, et s'en affranchir, n'est pas une panacée. On ne peut l'entreprendre comme on absorberait un médicament. Ceux qui pensent que c'est une solution comme une autre se trompent. Il faut être prêt à y engager tout son être. Il faut être décidé à aller au-delà de soi-même. Et il faut être prêt à découvrir des événements "impensables". Car ce sont les chocs, les situations de frustration et d'humiliation, les circonstances tragiques qui marquent au fer notre comportement d'aujourd'hui, bien que nous en ayons consciemment perdu la mémoire. C'est pourquoi, tant qu'ils demeurent inexplorés, comme d'immenses fantômes cachés, ils nous instillent des comportements étranges, des phobies incompréhensibles, des malaises ou des angoisses insurmontables. Ils peuvent nous faire jouer, dans notre vie présente, un scénario d'échec.

Pourtant, de plus en plus de personnes en quête d'accomplissement s'y prêtent. Parce que les bénéfices en sont intenses, parfois spectaculaires, toujours durables et qu'aucun effet secondaire ne les altère. Bien plus : découvrir que presque toutes les déficiences de notre destinée présente ont pris racine dans les circonstances de nos existences passées nous apprend à vivre. Comprendre les causes de nos déboires nous permet d'éviter de renouveler nos échecs, nos manques, nos erreurs. On ne peut ignorer les injustices qui règnent partout. Est-il possible de les accepter sans chercher à les comprendre ? Est-ce même souhaitable ? Accepter que des enfants meurent à deux ans d'un cancer alors que d'autres grandissent épanouis et sains, c'est admettre que l'homme est l'innocente victime d'un destin aveugle. Ceux qui l'admettent peuvent refermer ce livre tout de suite. Car il s'agit ici de secouer notre torpeur. De nous apercevoir que nous sommes responsables de ce qui nous arrive, comme de ce qui ne nous arrive pas. Responsables, non pas coupables. Pourrions-nous être coupables de nous noyer, si nous nous élançons sur l'eau sans savoir que c'est un élément liquide ? "Ce que l'on ignore, on doit chercher à le découvrir" dit Eugen Drewermann. C'est pourquoi cet ouvrage a vu le jour. Il fallait découvrir pourquoi la vie, tout ce qui paraît injuste a un sens. Et comment nous guérir de notre angoisse devant cet apparent "néant". Si certains en appellent à la Science, à l'Eglise ou à la Raison pour dénigrer la théorie de la réincarnation, libre à eux : après tout c'est un sort moins grave que celui de Giordano Bruno, ce moine dominicain de génie qui fut brûlé vif en 1600, pour avoir affirmé que nous ne vivions pas qu'une vie et qu'il n'existait pas qu'un seul monde.

Ainsi, nous découvrons une loi autrement plus incorruptible que la Justice des hommes : la loi de cause et d'effet, dite aussi Loi de rétribution, ou de "karma" comme l'appellent les Orientaux. Les chrétiens l'ignorent, bien que l'injonction de Jésus : "Ne jugez pas, et vous ne serez pas jugés ; ne condamnez pas, et vous ne serez pas condamnés ; remettez, et il vous sera remis"(Luc, 6,37) y fasse explicitement allusion. Mais quand bien même nous l'ignorons, quand bien même les valeurs de notre civilisation nous accaparent, nous entendons une voix nous murmurer : ce s. d. f, ce prisonnier, ce fanatique est mon frère et même s'il mange ce qu'il me reste de pain, même s'il a volé mon argent, et même s'il attente à ma vie, je ne peux l'imiter.

La réincarnation existe-t-elle vraiment ?

La loi de rétribution, nous l'appliquons souvent sans le savoir. Chaque fois que nous refusons de nous venger de quelqu'un qui nous fait du mal. Chaque fois que nous évitons de calomnier, de mentir. Lorsque nous résistons à cet automatisme carnassier de la Loi du Talion, "Œil pour œil, dent pour dent".

L'homme de la société occidentale a plus qu'il ne faut, non seulement de nourriture, mais aussi de biens. Et s'il continue d'arracher aux "concurrents" sa "part de marché", de se battre pour gagner plus, ce n'est pas pour vivre. C'est pour être plus considéré, c'est pour avoir une maison plus belle, des vêtements plus distinctifs de sa classe, une voiture ou des loisirs qui l'isolent davantage de ses semblables. Comment s'affranchir de ces conditionnements ? Comment résister aux pressions extérieures, lorsque l'on sent qu'elles nous sont néfastes ? Comment découvrir notre vraie nature, notre ingénuité d'enfants créateurs en préservant notre empire sur nous-mêmes, sur nos instincts égoïstes ? La psychanalyse est censée assumer ces fonctions. Mais elle suppose de disposer de moyens suffisants et d'avoir un minimum de temps à lui consacrer. Et elle propose pour terrain de ses investigations notre vie présente. Or, notre vie est le résultat de vies antérieures. Que deviennent la multitude des hommes et des femmes qui n'ont ni le temps ni les moyens d'entreprendre une psychanalyse et qui entendent d'autres échos à leur vie présente ? Comment peuvent-ils accéder à la connaissance d'autres réalités et choisir celle qui répond le mieux à leur attente ?

La méthode de régression dans les vies antérieures, qui peut se concentrer en quelques séances et se réaliser avec un conjoint, un ou une ami proche, permet de visionner rapidement de vastes périodes, de riches épisodes et de multiples conceptions du monde. En embrassant des souvenirs qui s'étendent sur des siècles, qui nous montrent sous des sexes et des fonctions différents, elle apporte une perspective plus large au tableau de notre vie. Elle nous autorise à voir clair dans les dédales de notre inconscient. Par le point de vue tout neuf qu'elle nous ouvre, elle nous fait développer notre confiance en nous, notre vision du monde et notre discernement. Qu'importe que l'on ne croie pas à la doctrine des vies successives : cette méditation sur un passé qui aurait pu être nôtre nous ouvre des perspectives immenses, surréelles. Elle permet d'accroître nos dons. Elle permet d'amplifier nos performances, en nous donnant une appréhension plus juste de la réalité, visible et invisible. Elle nous apprend à distinguer dans le comportement d'autrui – en nos proches, en nos amis, – la part compulsive qui a pu être héritée d'incarnations antérieures douloureuses, ce qui nous permet de les comprendre, voire de les aider. Surtout, elle nous permet de nous élever au-dessus des souffrances, de l'injustice, du malheur, de les dépasser : en effet, si nous sommes responsables des difficultés, des épreuves que nous traversons, nous pouvons nous en délivrer par une meilleure connaissance de nous – et de la Loi.

ORIGINES DE LA CROYANCE EN LA RÉINCARNATION

La croyance en la survie de l'âme après la mort du corps ne date pas d'aujourd'hui. Même si nous commençons à la redécouvrir en Occident, elle fait partie inhérente de la tradition religieuse orientale depuis 4000 ans, au moins. D'après les plus anciens manuscrits retrouvés, elle serait originaire du nord de l'Inde et se serait répandue dans toute l'Asie, mineure comprise.

L'Inde

"Quand des déceptions m'envahissent, écrivait Gandhi, /.../ et que je ne vois plus aucun rayon de lumière /.../ je me tourne vers la Bhagavad-Gîta et immédiatement, je commence à sourire au milieu du chagrin qui me submerge."

En Orient, la doctrine des renaissances est inhérente à la vie même. Les Orientaux considèrent l'homme comme un esprit, qui progresse à travers vie, mort et renaissance, de la même façon qu'en Occident, nous passons des examens pour nous parfaire. Il ne viendrait à l'esprit de personne d'affirmer que l'élève qui a passé son baccalauréat n'est pas la même personne que celui qui a réussi son concours d'entrée à l'agrégation. C'est un peu comme cela que les Orientaux envisagent les vies successives : comme une série de tests pour développer notre intelligence, notre coeur, notre spiritualité. Il ne viendrait même pas à l'idée des philosophes ou des maîtres religieux d'expliquer cette doctrine. Elle est au coeur même de la vie, pour eux.

En revanche, ce qui les préoccupe, c'est comment réduire son attachement au monde "d'en bas", comment se libérer du cycle incessant des renaissances, comment parvenir à l'illumination, à la libération de l'âme, au *nirvana*. Il ne s'agit pas de se détourner du monde souffrant pour vivre dans la béatitude parfaite, comme l'ont cru certains auteurs occidentaux. Il s'agit de progresser en tant qu'esprit, au sein de la lumière divine, sans plus éprouver le désir de se séparer d'elle.

Les *Veda* sont les textes sacrés les plus anciens que nous possédions sur le sujet. Ils forment les premiers documents littéraires de l'Inde, en sanscrit archaïque. Ils furent écrits au Tibet, avant que les Indiens – les nobles, ceux que l'on appelait les "Aryens" – n'arrivent en Inde, migrant d'Asie centrale. Ces *Veda* datent de plusieurs siècles avant la philosophie grecque et ils précèdent aussi *la*

Torah, le livre sacré du peuple juif, qui répond, aujourd'hui encore, à toutes ses interrogations. Sans doute furent-ils rédigés aux environs de 1500 avant Jésus-Christ. On y trouve déjà les prières aux personnes défuntes ("que ton oeil rejoigne le soleil ; ta vie, le vent ; grâce aux actes méritoires que tu as accomplis, rejoins le ciel, puis va de nouveau sur la terre" *Rig Veda*, X. 16. 3), et des allusions aux malheurs qui proviennent des multiples naissances (*Rig Veda*, I. 164). Les sages hindous sont convaincus qu'une révélation a été faite aux pères de la race humaine, et qu'elle ne sera jamais perdue. Mais les plus importantes de ces Ecritures sont au secret, dans des lieux inaccessibles, tant que les Occidentaux ne sont pas prêts à recevoir ces vérités sacrées. (*La doctrine secrète*, Helena P. Blavatsky, la Compagnie Théosophique, 1964.)

Des *Veda* plus tardifs (découverts dans la seconde moitié du XVIIIème siècle), prouvent que leur vision du monde était déjà éclairée. "La mort n'existait pas, disent-ils, et rien cependant n'était immortel. /.../ L'Unique respirait, sans souffle, par lui-même".

Les *Upanisad*, eux, sont des enseignements tirés des antiques Veda. Elles ne sont pas le fruit des visions spirituelles de clairvoyants, comme les *Veda*, mais se présentent sous la forme d'intuitions de mystiques qui se sont penchés sur les *Veda* et ont communiqué leur expérience de ces textes. Il s'agit, en vérité, d'enseignements, dont la qualité émotive, la poésie, se passent d'argumentation.

Quant aux *Tantra*, ce sont des ouvrages religieux. Ils professent une doctrine philosophique qui leur est propre, assortie de rites cultuels à l'endroit de Shakti, l'épouse de Shiva. Les *Tantra* font partie des *Veda*. L'un des plus anciens affirme qu'il diffuse la connaissance ésotérique des *Veda*. Pour résumer la philosophie des *Tantra*, on peut dire que le monde n'est qu'un jeu créé par la Conscience divine, sous ses deux aspects, Shiva/Shakti, autrement dit, le corps physique, la vie, d'une part, l'intelligence, l'âme

La réincarnation existe-t-elle vraiment ?

ou l'esprit d'autre part. Ces deux manifestations de la Conscience divine entraînent l'homme à rechercher l'absolu (par son intelligence, son âme, etc) ou à renaître pour connaître à nouveau les "objets agréables" : les plaisirs de la chère et ceux de la chair comptent parmi ceux qui l'attachent le plus solidement à la vie sur terre. Or, les *Tantra*, plutôt que de chercher à changer les désirs des hommes, proposent de s'y livrer dans un état d'esprit différent. Si l'on mène ces activités comme des rites, qui supposent une préparation, un cérémoniel, une emphase, donc une prise de conscience de son geste, on aide l'homme "animal" (chez lequel prédominent ces instincts) à discipliner, à maîtriser ses appétits grossiers. Bien plus : par cette consécration, qui fait de son geste une participation à la Conscience divine, il le sacralise. La satisfaction égoïste d'un désir sensuel devient participation au grand mouvement de l'Energie cosmique. La conscience divine elle-même pénètre l'action et la transforme en ce qu'elle devrait être, et ce qu'elle est réellement, un acte d'offrande de la Shakti au Seigneur de l'Univers.

Les *Tantra*, on le voit, offrent une approche tout autre de la libération de l'âme. Alors que les *Veda* enseignent à rejeter le désir en soi, jusqu'à ce que ne demeure que la félicité sans objet, les *Tantra* s'adressent à des hommes plus "humains", en leur proposant une sublimation progressive de leurs appétits. Certes, le risque est grand de les voir se précipiter en enfer en laissant libre cours à leurs instincts débridés. Mais ils ont le choix. La *Bhagavad-Gîtâ* n'est qu'un épisode historique du *Mahâbhârata* (qui daterait du Vème siècle avant Jésus-Christ ; et même d'avant), mais elle est devenue la Bible des Hindous. La *Bhagavad-Gîtâ*, le Chant du Bienheureux, a été commentée (dans la version traduite directement du sanskrit en français, en 1861), par un sage hindou de l'ashram de Pondichéry, en 1947 : Sri Aurobindo, un lettré, auteur de plusieurs commentaires d'oeuvres sacrées de l'Inde, l'a adaptée pour ses contemporains. Selon *La Gîta,* Brahman (la Conscience divine) est "la matrice des corps qui prennent naissance dans toutes les matrices". Mais tout ce qui naît dans ce monde n'est qu'idée et forme finie du non-né et de l'infini. Voici comment il présente, dans le chant XIV (*Au-delà des gunas*) la notion de réincarnation : ce qui entraîne l'âme dans les apparences de la naissance, de la mort et de la servitude, c'est l'oubli de soi-même, l'identification de l'âme avec ce qu'il appelle les "activités inférieures". Nous croyons avoir des devoirs, nous manifestons des désirs, nous aspirons à réussir professionnellement, et nous nous laissons emporter à nouveau dans la soif de la renaissance. Or, il nous faut progressivement nous affranchir du cycle des réincarnations. D'abord, en étant un homme de vertu et un homme de connaissance, mais sans rechercher pour lui-même cette vertu et cette connaissance, mais pour l'offrir à la Volonté Suprême. La liberté et la maîtrise de soi commencent lorsqu'au-dessus du moi naturel nous voyons et saisissons le Moi Suprême. Dans notre action individuelle, nous devons être l'instrument du Divin. Mais avant de parvenir à ce stade, notre âme se réincarne au gré de ses passions. Elle subit l'attrait de ceux qui, sur terre, correspondent à son état d'âme. Une âme aux pulsions très vives s'incarne dans un milieu qui favorise sa soif d'action. Mais elle endurera "l'affliction, le chagrin, les souffrances de toutes sortes". Car lorsque la possession se réalise, le plaisir en est instable : elle craint de perdre ce qu'elle a conquis, elle ne peut le garder, toute jouissance humaine étant assujettie à l'inconstance des passions, tant qu'elle ne connaît pas le secret de la vraie jouissance, en l'Ame Suprême. Lorsqu'elle atteint la destruction de la matière avec laquelle son ignorance l'identifiait, l'âme elle-même persiste, et après un laps de temps, reprend en un corps nouveau, son cycle de naissances, de même qu'après pause ou cessation, l'Etre Universel reprend la ronde sans fin des cycles cosmiques.

Mais "celui qui, recueilli en lui-même, égal devant le plaisir ou la douleur, voit d'un même oeil la motte de terre, la pierre et l'or ; qui reste ferme et garde son équilibre devant l'agréable et le désagréable, le blâme et la louange, devant l'honneur et l'opprobre, l'amitié et l'inimitié, celui qui a abandonné toute initiative", celui-là atteint l'état de béatitude, il est devenu "bienheureux", il s'est élevé à l'immuable équanimité des *Brahmanes,* son esprit ne participe plus à cette mouvante inconstance du monde.

Cependant, dit la *Baghavad-Gitâ,* au sens profond, l'immortalité est autre chose que cette survivance après la mort et ce constant retour à la naissance. L'âme humaine peut encore atteindre la joie absolue, la félicité sans fin, par la voie de la dévotion, en adorant le suprême en tant qu'Etre Divin. (*Le Yoga de la Bhagavad-Gitâ,* Sri Aurobindo, Sand)

Les Lois de Manu, elles, traitent en deux mille six cents vers, de la loi, des coutumes, de la religion et de la politique. Dans la partie qui aborde la renaissance, il est expressément recommandé de ne faire souffrir aucune créature, afin que nous accumulions "lentement le mérite spirituel. Car dans l'autre monde, ni père, ni mère, ni épouse, ni enfants, ni parents ne demeureront (nos) compagnons. Le mérite spirituel, seul demeure avec(nous)". L'âme qui a atteint la perfection peut alors descendre ou monter à sa guise, gardant le souvenir des connaissances acquises dans son état précédent. Elle peut même décrire sans se tromper les états qu'elle a traversés après la mort et avant la naissance.

La vie après la mort est ici décrite avec plus de précision. L'âme est appelée à suivre seule son périple post-mortem, et se débarrasse des aspects négatifs qui l'encombraient (pensées, sentiments, actes dépourvus de noblesse), tandis que la part la meilleure va survivre puisqu'elle fait partie de l'âme immortelle. Elle vit alors un état de béatitude paradisiaque tant que ses aspirations ne se sont pas assimilées à son caractère. Lorsque cette assimilation est réalisée, elle est "irrésistiblement" et "magnétiquement" appelée à la vie terrestre par son karma non épuisé. Et c'est là qu'elle rencontre à nouveau ceux qui lui sont chers.

Le bouddhisme

Le bouddhisme a des caractéristiques originales. Il prend sa source dans la vie et l'enseignement d'un homme qui vécut environ 500 ans avant J. C. au nord de l'Inde : Gautama le Bouddha. Curieusement, Bouddha et ceux qui ont pris sa suite se sont caractérisés par un refus de commenter les fondements métaphysiques de l'hindouisme. Le rôle de Bouddha a consisté à donner un code moral et social à ses contemporains. Pour lui, "la renaissance dans des existences conditionnées par une existence précédente ne doit pas être considérée comme une bénédiction" /.../ En fait, il s'attache à délivrer l'âme aujourd'hui, maintenant, de la souffrance qu'elle porte en elle, et des causes de la souffrance. Ce n'est pas l'âme qui se réincarne, ce n'est pas une identité définie, car l'âme n'existe qu'à travers ses différentes évolutions, sans cesse en devenir." Selon les bouddhistes, l'état de bouddha est celui de la plus haute perfection, perfection que l'on n'atteint qu'après une préparation qui demande plusieurs vies.

Chez les Birmans, le bouddhisme subit quelques transformations. Ce n'est plus une malédiction que de se réincarner. C'est un fait. Pour le Birman, ce n'est ni une théorie, ni une "croyance", c'est une réalité, aussi tangible que tout ce qu'il voit. Pourquoi ? parce que les enfants ont presque tous des souvenirs de leurs vies antérieures. Le bouddhisme Mahâyâna (plus développé au Japon) estime que "l'âme vient d'abord, puis par elle construit le corps. /.../ Nous pouvons penser que l'âme n'est pas une entité mais un principe." Dans la *Lumière d'Asie*, Edwin Arnold décrit la nuit durant laquelle Bouddha triompha du Tentateur." A la troisième veille /.../ Notre Seigneur /.../ vit le cours de ses existences dans tous les mondes, qui étaient au nombre de cinq cent cinquante. /.../ Le Bouddha contempla la longue ascension de ses existences successives, depuis les basses plaines où la vie est précaire jusqu'aux hauteurs de plus en plus élevées où les dix grandes Vertus attendent le voyageur pour le guider vers le ciel. Le Bouddha vit aussi comment chaque nouvelle existence moissonne ce que la précédente a semé. Comment, après chaque arrêt, la vie reprend sa marche, conservant le gain acquis et répondant de la perte antérieure. Et comment, dans chaque vie, le bien engendre plus de bien, et le mal un mal nouveau. Car la mort ne fait qu'arrêter le compte du débit ou du crédit, et par une arithmétique infaillible, le report des mérites et des démérites s'imprime de lui-même sur une nouvelle vie qui commence /.../

A la suite de ses visions, Bouddha se demanda s'il devait instruire son peuple de ces vérités, son peuple qui "buvait l'erreur à mille sources, qui aimait son péché". Et il entendit une voix qui l'implorait de divulguer sa grande Loi, afin que ceux qui avaient des oreilles l'entendent. Alors, il révéla que la vie de chaque homme est le résultat de ses existences précédentes. "La Loi ne connaît ni la colère, ni le pardon ; ses mesures sont d'une précision absolue, sa balance est infaillible, le temps n'existe pas pour elle, elle jugera demain ou longtemps après. Telle est la Loi qui se meut vers la Justice que personne ne peut éviter ou arrêter ; son coeur est l'Amour, sa fin est la Paix et l'exquise Perfection."

Le bouddhisme se propagea grâce au roi Ashoka qui régna sur l'empire indien en 270 avant J. C. Il envoya de nombreux missionnaires en Syrie, en Egypte, en Judée et en Grèce. Les Esséniens en Judée, les Pythagoriciens en Grèce ont vraisemblablement subi leur influence. Jésus qui fut très proche des Esséniens s'inspira sans doute du bouddhisme pour son "Sermon sur la montagne".

Après la mort d'Akosha, le bouddhisme fut rejeté en Inde. Il essaima, en revanche, et prospéra en Chine, au Tibet, en Mongolie, au Japon, dans toutes les régions du Sud-Est, Sri Lanka compris.

Dans son livre sur le bouddhisme japonais, (*Le Japon, Essai d'interprétation*), Lafcadio Hearn explique comment le shintoïsme fut pénétré de l'esprit de Bouddha. Si un homme était malade et pauvre c'était parce que, dans une existence précédente, il avait été sensuel et égoïste. Telle femme était heureuse avec son mari et ses enfants parce que dans une autre vie, elle avait été une fille aimante, une épouse modèle. Telle autre femme était malheureuse et sans enfant parce que dans une existence antérieure, elle avait été une mauvaise épouse, jalouse et récriminatrice, et s'était montrée injuste, ou indifférente envers ses enfants. Si la perte de votre enfant est très douloureuse, c'est que vous ne lui avez pas donné l'affection qui lui était due, dans une vie autre, etc.

Milarepa, qui vécut au Tibet entre 1038 et 1122, est un poète et un saint vénéré du bouddhisme tibétain, notamment parce qu'il manifesta, comme Saint François d'Assise, un amour rare pour les animaux, les plantes, tout ce qui vit. Il enseigna combien il était fou de passer notre vie sans lui donner de sens, alors qu'un précieux corps humain est un don si rare. Depuis les "temps sans commencement du passé", nous avons pris des myriades de formes corporelles dans nos incarnations passées. Et pourtant nous n'avons pas utilisé ces corps à des fins utiles, ou rarement. Au contraire, nous les avons gaspillés. Il faut, dit-il, se libérer des souffrances et des liens inutiles, pour entrer dans le Bardo (état entre la mort et l'éventuelle renaissance) et arriver à la perfection qu'offrent tous les mérites.

Le Tibet, avant de se convertir au bouddhisme, fut un haut lieu de mysticisme et d'enseignements ésotériques. Les Aryens de l'Inde, on l'a vu, venaient du Tibet, et les *Veda* y furent conçus. De plus, Gautama le Bouddha naquit au

La réincarnation existe-t-elle vraiment ?

Népal, à la lisière du Tibet, dans ces régions mystérieuses protégées par l'"Himalaya. L'une des caractéristiques de ce bouddhisme est la croyance en la réincarnation de deux des plus grands lamas : le Dalaï Lama, et le Panchen Lama.

Le Dalaï Lama – le quatorzième, né en 1935 - fut reconnu comme tous ses prédécesseurs, par des signes, qui apparurent à ceux qui attendaient son retour. Le Régent en exercice eut la vision de trois lettres de l'alphabet tibétain, d'un monastère au toit vert jade et d'une maison couverte de tuiles turquoise. Lorsque les sages du Tibet partirent vers l'Est à la recherche de leur nouveau-né, ils le trouvèrent dans une maison aux tuiles turquoise, près d'un monastère au toit vert jade. Ensuite, il fallut passer aux épreuves grâce auxquelles la renaissance du Lama est authentifiée : il doit reconnaître des êtres et des objets ayant fait partie de son entourage. Ainsi, le chef des sages du Tibet se déguisa en serviteur et son serviteur prit ses vêtements. Ainsi déguisés, ils entrèrent dans la maison aux tuiles turquoise. Les parents invitèrent le chef à aller dans les cuisines où jouait l'enfant tandis que le serviteur déguisé en chef entrait dans leur oratoire. Dès qu'il le vit, l'enfant demanda au chef de lui donner le chapelet qu'il avait autour du cou – et qui avait appartenu au treizième Dalaï Lama -. Le chef lui dit qu'il le lui donnerait s'il pouvait deviner son nom. L'enfant répondit qu'il était Se-raaga, ce qui signifie "lama du monastère de Sera", et cela était exact. Il reconnut ensuite tous les enquêteurs qui étaient partis à sa recherche.

Lui-même écrit dans son livre (*Ma patrie et mon peuple*) que croire en la réincarnation rend le monde meilleur. Tous les êtres vivants ayant été, à un moment ou à un autre de leurs incarnations, nos amis très chers, nos parents, nos frères ou soeurs, nous ne pouvons éprouver à leur égard que tolérance, compassion, patience, douceur. Il suffit aussi de penser que nous avons été membres d'autres races, que nous avons appartenu à toutes les classes sociales et à toutes les religions pour respecter et aimer ceux qui "ne sont pas comme nous". Pour lui, le corps et le mental commencent tous deux dans cette vie, au moment de la conception. La source immédiate d'un corps est le corps des deux parents. Quant à la source immédiate du mental, elle se trouve en continuité avec le mental précédent. Ce qui est démontré par les adultes et les enfants qui se souviennent des vies antérieures.

Dans son étonnant ouvrage, *L'Enfant lama,* la journaliste et écrivain Vickie Mc Kenzie décrit la réincarnation d'un lama dont elle avait été très proche, pendant huit ans : Lama Yeshe. Il s'était éteint, en Californie, deux ans et demi plus tôt, et avait annoncé qu'il reviendrait après sa mort, pour aider et guider tous les êtres vers l'Illumination. On l'avait retrouvé, après les longues enquêtes d'usage, et le Dalaï Lama lui-même l'avait authentifié sous les traits d'un jeune enfant de deux ans, Lama Osel. L'auteur décrit sa surprise teintée de scepticisme lorsqu'elle se trouve devant l'enfant, qui ne ressemble physiquement en rien au lama tibétain qu'elle a connu. Lorsqu'elle interroge l'un de ceux qui lui avaient été proches, en lui faisant part de sa perplexité, il pose la main sur son coeur et répond : "je n'ai aucune preuve absolue qu'Osel est bien lama Yeshe, mais je le sens ici, que c'est lui" (Laffont, 88). Son enquête l'amène à découvrir la personnalité de cet enfant, et à travers lui, à progresser dans l'écoute intérieure, les indices moins visibles de ce qui constitue une personnalité.

Le taoïsme

Lao Tseu, fondateur du Taoïsme, vécut en Chine, sous la dynastie Chou, vers 604 avant J. C. Il ne parla pas beaucoup de sa doctrine sur la réincarnation, mais un de ses disciples, Chang Tseu, qui vécut autour de 300 avant J. C., examina la question à la lumière des enseignements de son maître. La vie et la mort ne sont pas très éloignées, pour lui. Lorsqu'il cherche leur origine, elle remonte à l'infini. Lorsqu'il cherche leur fin, elle se poursuit indéfiniment. Les êtres naissent et meurent, sans atteindre un état dans lequel ils puissent demeurer. Pour lui, l'Homme Vrai est celui qui accepte sa vie et s'en réjouit, qui oublie toute peur de la mort et retourne à l'état d'avant cette vie paisiblement. Le véritable sage se réjouit de ce qui ne peut jamais être perdu – la vie – et qui dure à jamais. On peut dire que la question des vies successives reste voilée, en faveur d'une plus grande attention portée à la vie présente. Mais l'homme fait face à l'éternité, après la mort comme avant la vie.

L'Égypte

Certains historiens (dont Margaret Murray) ont pu affirmer, preuves à l'appui, que la croyance en la réincarnation existait en Égypte avant l'invasion perse. Les noms sacrés (ou noms de l'âme) des deux premiers rois de la XXème dynastie signifiaient, respectivement :
"l'être-aux-naissances-répétées" (pour Amonemhat 1er) et "celui-qui-vit-plusieurs-naissances" (pour Sensusert 1er). Le livre des morts égyptien, auquel on se réfère toujours, date de 1450 avant J. C. environ. On l'attribue à Hermès qui aurait écrit, durant sa vie, trente-six mille cinq cent vingt-cinq traités. En fait, il y eut plusieurs auteurs qui se succédèrent, au fil des décennies, mais tous prirent le pseudonyme d'Hermès.

Les pères de l'église chrétienne, tels que Augustin, Clément et Origène firent beaucoup pour répandre la philosophie hermétique exprimée dans *le Livre des morts égyptien*, entre autres. Ils pensaient que Moïse lui-même avait été initié par les hermétistes. Dans cet ouvrage, il est davantage traité du parcours de l'âme après la mort que de sa renaissance. Mais la réincarnation ne fait aucun doute, comme l'atteste, par exemple, cette réflexion : "Je suis l'âme-coeur de Râ et sur cette terre, je reviendrai encore". L'âme-coeur représente l'esprit racine de l'être, celui qui perdure à travers les réincarnations.

La tradition hermétique (associée aux enseignements de Thot-Hermès) faisait partie des Mystères égyptiens. Les livres d'Hermès ont été perdus pendant au moins deux millénaires, durant les invasions barbares. Ils reparurent juste avant la Renaissance.

Voici un fragment tiré de "Stobée"(*Corpus Hermeticum*, Paris, Les Belles Lettres, 1954) très explicite en matière de réincarnation.

C'est sous forme de dialogue que l'enseignement est présenté :

"– (Horus) Mais, ô, mère, comment se produisent les âmes masculines et les féminines ?

– (Isis) : les âmes, mon fils, sont toutes de même nature. Elles ne sont ni masculines, ni féminines, car pareille condition ne vaut que pour des corps. (*Fragment XXIV.*)

– (Horus) : /.../ mais tu ne m'as pas encore rapporté où vont les âmes, une fois délivrées des corps…

– (Isis) : les âmes ni ne retournent confusément en un seul et même lieu (à l'état post-mortem) ni ne se dispersent au hasard, et comme cela se trouve, mais chacune est renvoyée à sa région propre ; cela résulte aussi, à l'évidence, de ce qui arrive à l'âme quand elle est encore dans le corps et le moule charnel…/… "(*Fragment XXV.*)

La Perse

Comme Hermès en Egypte représenta un ensemble d'instructeurs, Zoroastre fut le nom que prirent certains maîtres iraniens. Malheureusement, les écrits de ce puissant mouvement mystique et intellectuel ont été en grande partie brûlés par Alexandre le Grand. Cependant, on retient qu'à leurs yeux, les bons destins sont le fruit de bonnes actions commises au cours de chaque naissance successive, (car les bonnes actions donnent une meilleure connaissance de soi, et font acquérir une plus grande maîtrise de soi). Tandis que les mauvais destins résultent d'actions mauvaises et répétées.

Pour les Perses, la destinée de l'homme peut se résumer ainsi : les âmes sont éternelles. Elles viennent de sphères supérieures. Si elles se distinguent par leur savoir et leur sainteté, elles retournent en haut, où elles s'unissent au soleil. Mais si leurs bonnes actions sont en affinité avec une autre étoile, elles retournent autour de cette étoile. Les âmes bonnes et imparfaites migrent d'un corps à l'autre jusqu'à ce qu'elles parviennent à se libérer de la matière et à s'élever par leurs oeuvres justes, à un plus haut rang.

Le mithraïsme et le manichéisme

Mithra est le chef des Puissances subordonnées à l'Etre Suprême, le nom donné au soleil, d'après C. W. King (*Les gnostiques et leurs vestiges*). Le mithraïsme – culte au dieu Mithra – est une religion qui se développa durant les trois premiers siècles du christianisme, parmi les empereurs et les légions romains et qui enseigna la réincarnation. Elle avait pour particularité d'accepter en son sein les représentants de toutes les autres religions. Bien qu'elle ait eu une certaine audience, elle fut remplacée par le manichéisme, fondé par Mani, un mystique né à Babylone vers l'an 215. Le manichéisme enseignait la dualité des principes du Bien et du Mal. Du Bien est issue l'âme, du Mal est issu le corps. Son emprunt aux doctrines zoroastrienne et même bouddhique est manifeste. Il professait la réincarnation, le retour des âmes à un corps mortel, où, après s'être affranchies du Mal, elles menaient la vie des élus. Mani inspira le Catharisme, secte qui vit le jour au Moyen Age, dans le sud de la France, et qui fut qualifiée d'hérétique par le pouvoir ecclésiastique. Considéré comme hérétique, Mani lui-même avait été écorché vif, à soixante ans, sur l'ordre du roi de Perse, après avoir voyagé en Chine et en Inde, puis en terres chrétiennes. Il se nommait "Consolateur, Messie et Christ" et avait été influencé par les chrétiens gnostiques. A la fin du IVème siècle, après avoir connu un essor considérable parmi les Romains, le manichéisme fut réprimé par les empereurs chrétiens, byzantins et romains. Mais en condamnant à mort ses adeptes, Justinien n'empêcha pas le mouvement d'essaimer ailleurs ; en Occident, notamment, avec les Cathares. (Lesquels croyaient fermement en la réincarnation, comme nous le verrons plus loin.)

Le judaïsme

Sur la question de la réincarnation, malgré l'extraordinaire unité qu'ils ont su garder au fil des siècles, les juifs sont partagés. Il y a les tenants de "la vie dans l'au-delà" et ceux de "l'éternel retour". Ceux qui s'en tiennent uniquement à l'Ancien Testament nient en général qu'il comporte le moindre enseignement explicite concernant une nouvelle vie qui suivrait la mort. Ceux qui ont cherché à interpréter la lettre, autrement dit les pharisiens, les esséniens et surtout les cabalistes, évoquent de façon plus ou moins claire la question de la réincarnation. Ce sont les cabalistes, nous le verrons plus loin, qui développèrent le plus et répandirent cette doctrine de la transmigration des âmes.

Créé d'après la *Torah* (qui contient l'essentiel de la direction donnée aux juifs), le *Talmud* rassemble les commentaires de tous les rabbins qui furent chargés de "scruter" et d'interpréter les préceptes de la *Torah*. On sait donc qu'il y eut deux grandes écoles de pensée, l'une représentée par les saducéens, qui se reposaient entièrement sur l'écrit, c'est-à-dire le *Pentateuque*. (Les cinq premiers livres de l'Ancien Testament.) Ceux-là croyaient en un système judaïque inflexible. L'autre école est celle fondée par Hillel, qui admettait une interprétation plus large de la Torah. Elle introduisait une tradition orale qui permettait à tout juif de trouver une réponse dans le livre sacré, adaptée au temps où il vivait. Dans la version simplifiée que donne le rabbin Cohen du *Talmud*, nous voyons que le sujet de l'au-delà et de la résurrection (le mot réincarnation est un mot récent) fit l'objet de polémiques sans fin au cœur du peuple juif à travers les âges. Les détails comptaient autant que les grands principes. Par exemple, on se demandait si les défectuosités du corps vivant reparaîtraient lors de la résurrection. Certains pensaient que Dieu ferait revenir boiteux celui qui était boiteux, "pour qu'on ne puisse pas dire qu'Il avait fait mourir d'autres gens que ceux qu'il ramène à la vie." D'autres pensaient que puisque Dieu "fait la blessure et la guérit", c'est lui qui blesserait en ce monde et qui rétablirait les mêmes individus lorsqu'ils seraient ressuscités. Le fils d'un rabbin était malade et tomba dans le coma. Quand il revint à lui, son père lui demanda ce qu'il avait vu. Le fils répondit : "Un monde inverse de celui-ci : ceux qui sont ici le plus haut placés sont là-bas le plus bas, et réciproquement". On en déduit que les innocents qui subissaient des souffrances et des privations volontairement se préparaient à une vie meilleure. Plusieurs rabbins discutèrent la question : "à qui sera accordé le privilège de vivre après la mort ?" Certains déclaraient : "Ceux qui sont nés sont destinés à mourir et les morts sont destinés à être ramenés à la vie". Un saducéen disait : "Malheur à vous, criminels (pharisiens) qui dites que les morts revivront. Puisque les vivants meurent, les morts revivront-ils ? – Malheur à vous, criminels (saducéens) répondirent les pharisiens, vous qui déclarez que les morts ne vivront pas. Puisque ceux qui n'existaient pas prennent naissance, combien plus encore revivront ceux qui ont déjà vécu!" D'autres rabbins considéraient que seuls "les justes" bénéficieraient d'une vie future."Ceux qui ignorent *la Torah* ne revivront pas." Et un autre : "Quiconque fait usage de la lumière de *la Torah* fera revivre (dans le monde à venir) la lumière de *la Torah* et réciproquement". De même, les rabbins s'interrogèrent beaucoup sur les lieux où se produiraient les résurrections. Certains étaient sûrs qu'elles auraient lieu en Terre sainte. D'autres affirmaient que seuls ceux qui y avaient été enterrés y revivraient. D'autres encore pensaient que ceux dont le corps aurait été ramené en Terre sainte seuls auraient droit à la vie future. Ces spéculations en amenèrent quelques-uns à imaginer que lorsque des juifs mourraient en exil, leurs corps seraient ramenés par le Saint Unique, "comme des gerbes" qui roulent, jusqu'au pays d'Israël.

Flavius Josèphe, qui fut un remarquable observateur de son époque (Ier siècle) et s'intéressa de près au judaïsme, dénombre trois catégories de penseurs chez les juifs : les pharisiens, les saducéens et les esséniens (desquels, dit-on, Jésus fut très proche). Les premiers considéraient que seule l'âme des hommes bons passaient dans un autre corps. Les saducéens, on l'a vu, croyaient que rien ne subsistait, ni de l'âme ni du corps, après la mort. Quant aux esséniens, ils croyaient en la préexistence de l'âme mais pas nécessairement en sa réincarnation après la mort. Pourtant, un doute subsiste : les cabalistes avaient fait de ce concept leur doctrine essentielle, et les esséniens les tenaient en haute estime. On peut en déduire que les esséniens y croyaient (comme le laisse entendre le livre des Meurois-Givaudan, *Un autre visage de Jésus*) mais qu'ils n'évoquaient pas le sujet devant les non-initiés. Autre témoin de cette période, Philon le Juif – qui avait étudié les anciens enseignements judaïques – pensait que l'air était rempli d'âmes. Certaines, attirées par les conditions de vie

La réincarnation existe-t-elle vraiment ?

sur terre descendaient se faire lier à de nouveaux corps. D'autres remontaient, ayant été jugées aptes à le faire. Mais parmi celles-là, il y en avait qui revenaient sur leurs pas, ayant pris goût à la vie humaine, tandis que d'autres ressentant leur corps comme une prison, s'envolaient à tire-d'ailes jusqu'à l'éther, où elles demeuraient pour toujours dans la félicité céleste (*De Somniis*). Dans un autre texte, il précise sa pensée : "les âmes "qui ont coulé au fond de l'eau sont les âmes /.../ de tous ceux qui ont méprisé la sagesse et se sont livrés à des réalités instables et contingentes, /.../ au corps /.../ ou à des objets encore plus dépourvus d'âme que lui, j'entends la gloire, l'argent, le pouvoir, les honneurs et toutes les oeuvres des sculpteurs et des peintres qui, séduits par une opinion mensongère, n'ont pas les yeux fixés sur les biens véritables" (c'est-à-dire, sur notre faculté souveraine, l'âme, l'intellect) (*De Gigantibus*).

Venons-en à *la Cabale*. Qu'est-elle, et pourquoi a-t-elle si mauvaise réputation ? Si l'on s'en tient à la définition du *Robert*, elle est une "interprétation mystique et allégorique de l'*Ancien Testament*. Plus précisément, elle représente l'étude et la connaissance des secrets (notamment à partir des nombres) contenus dans l'*Ancien Testament*. Les premiers juifs qui firent allusion à cette clé secrète vécurent à Jérusalem au IIIème siècle avant Jésus-Christ. D'après eux, *la Cabale* avait été reçue par Moïse sur le Mont Sinaï en même temps que la Loi écrite, et elle fut transmise à des sages qui finirent par la consigner par écrit. Jusqu'au Moyen Age, *la Cabale* mystique se propagea, y compris parmi les penseurs chrétiens. Mais sa source est vraisemblablement aryenne, c'est-à-dire qu'elle remonte aux enseignements védiques. Elle aurait sans doute été introduite par Abraham, qui venait d'Ur, où les sources aryennes avaient pu pénétrer d'Asie centrale, de Perse, d'Inde, jusqu'en Mésopotamie. Isaac Myer a étudié de près *la Cabale* (dans *Quabbalah*, Weiser, 70) ; il affirme que la Genèse hébraïque, ainsi que d'autres textes de l'*Ancien Testament*, sont teintés de pensées aryenne, akkadienne, chaldéenne et babylonienne. Selon lui, les prophètes Isaïe, Daniel, Ezra, Jérémie et Ezechiel, entre autres, subirent une influence perse et chaldéenne.

Mais l'influence de Moïse sur "les sages de la Vérité" n'est pas des moindres, Moïse ayant été initié en Egypte. Ce qui ressort des *Fragments Talmudiques* de Hershon, c'est la notion de rétribution, dérivée des enseignements védiques, et que l'on retrouve à peu près intégralement ici : "Caïn avait volé la soeur jumelle d'Abel et son âme passa donc en Jéthro. Moïse possédait l'âme d'Abel et donc Jéthro offrit sa fille à Moïse"(Yalkut Chadash). Et, dans un autre fragment : "Dieu rétribue maintenant un homme pour ce que son âme a mérité dans le passé lorsqu'elle était dans un autre corps, pour avoir transgressé l'un des six cent treize préceptes /.../ Même le seigneur des prophètes, Moïse, notre rabbi – que la paix soit avec lui! – ne les avait pas tous observés." Plus loin, il est écrit : "Parfois, les âmes des juifs pieux passent par la métempsychose dans les Gentils de manière à ce qu'ils puissent plaider en faveur d'Israël et traiter son peuple avec bonté" (Yalkut Reubeni).

Mais c'est sans aucun doute au *Livre des Splendeurs* (appelé *le Zohar*) et à Siméon ben Jochaï que nous devons l'analyse la plus complète de la doctrine des vies successives. D'après lui, toutes les âmes sont soumises à la transmigration. Mais les hommes ignorent les desseins de Dieu. Ils ignorent qu'ils sont jugés à chaque instant de leur vie, depuis leur naissance jusqu'à leur mort. Ils ignorent les transformations et les épreuves qui les attendent, en cette vie et dans l'autre monde. Ils ne s'aperçoivent pas non plus des âmes errantes qui les entourent – elles errent parce qu'elles ne voient pas "le palais du Roi Divin". Les hommes ne savent pas qu'ils sont appelés à retourner eux-mêmes dans le dit palais. "Mais pour y parvenir, elles (les âmes) doivent développer toutes les perfections dont elles portent le germe en elles ; et si elles n'ont pas rempli cette condition au cours d'une vie, elles doivent recommencer en une deuxième, une troisième et ainsi de suite /.../ ".

Et voici la réflexion d'un fils de la tradition hassidique (venue des communautés juives de Pologne) sur la vie et l'après-vie : "Si un homme meurt prématurément, qu'advient-il de la vie qu'il n'a pas vécue ? Qu'advient-il de ses joies et de ses chagrins et de toutes les pensées qu'il n'a pas eu le temps de penser et de toutes les choses qu'il n'a pas eu le temps d'accomplir ? Aucune vie humaine n'est perdue. Si l'un d'entre nous meurt avant son temps, il revient sur terre pour compléter son séjour terrestre /.../" Après un long développement sur le sort de ceux même qui ont atteint le plus haut degré de perfection et qui risquent cependant de retomber dans la matière, errant de corps en corps, Salomon Judah Rappoport met en garde le spectateur : comme on ne peut jamais dire ce qu'un homme a été dans sa vie précédente, on doit être attentif à tout le monde. (*The Dybbuk*, pièce écrite sous le pseudonyme de S. Ansky, Boni & Liveright, NY, 1926.)

La tradition grecque

Apparemment, les Grecs furent, dès le VIème siècle avant Jésus-Christ, très versés dans les mystères de la mort et de la renaissance. Ces enseignements se communiquaient aux néophytes dans des écoles, dites écoles des Mystères. Selon Hérodote, elles furent introduites par Orphée, d'où leur appellation de Mystères orphiques. Voici ce qu'écrit Edouard Schuré à propos de l'initiation donnée par Orphée à ses disciples : "Les hommes malheureux sont des membres épars qui se cherchent en se tordant dans le crime et la haine, dans la douleur et l'amour, à travers des milliers d'existences. La chaleur ignée de la terre, l'abîme des forces d'en bas, les attire toujours plus avant dans le gouffre, les déchire toujours davantage. Mais nous, les initiés, nous qui savons ce qui est en haut et ce qui est en bas, nous sommes les sauveurs des âmes /…/ Comme des aimants, nous les attirons à nous/…. / Par de célestes incantations, nous reconstituons le corps vivant de la divinité. /…/ Et comme de précieux joyaux, nous portons dans nos coeurs les larmes de tous les êtres, pour les changer en sourires. Dieu meurt en nous ; en nous, il renaît." Et plus loin : "Quand les âmes retournent dans la lumière, elles portent comme des taches hideuses, sur leur corps sidéral, toutes les fautes de leur vie…Et pour les effacer, il faut qu'elles expient et qu'elles reviennent sur la terre. Mais les purs, mais les forts s'en vont dans le soleil de Dyonisos" ("Les grands initiés", Perrin). Schuré fait ressortir les différences fondamentales entre l'école d'Orphée, qui est divinement inspirée par la Nature, - l'Eternel Féminin, que Dieu pénètre pour en diviniser toute créature – et l'œuvre de Moïse, qui glorifie âprement le Dieu Père, le Dieu Mâle, et soumet le peuple à une "discipline implacable, sans révélation", alors qu'ils avaient tous deux bénéficié de l'initiation égyptienne. On comprend dès lors pourquoi Pythagore, Socrate, Platon, et même Aristote, pour ne parler que des plus connus, furent inspirés par les Mystères orphiques.

Pythagore, philosophe et mathématicien grec, avait formé une Ecole, dans laquelle il enseignait la philosophie, bien sûr, les mathématiques, mais aussi la science des nombres et la doctrine de la réincarnation. Lui-même disait se souvenir d'avoir été plusieurs autres personnalités avant de devenir Mnésarchidès, "celui qui se souvient de ses origines". Il se rappelait aussi les expériences de son âme durant l'intervalle de temps entre deux naissances et il aidait les autres en leur disant qui ils avaient été, ce qu'ils avaient fait dans des existences antérieures. On dit qu'il fut le premier physiognomoniste, car il jugeait de la valeur d'un élève en l'observant, en regardant attentivement son

La réincarnation existe-t-elle vraiment ?

visage, sa démarche, et surtout son rire. C'était une personnalité attachante et mystérieuse, dont on ne sait que peu de choses, et par ouï-dire. Il ne laissa aucun écrit après sa mort. Ce qui nous est parvenu grâce à son disciple Lysis – une synthèse de ses enseignements et préceptes – n'a forcément pas la valeur d'un écrit personnel. On lui attribua la croyance en la métempsychose, (qui affirme que l'homme se réincarne en animal ou en plante), bien que ni Lysis, ni ses contemporains ne l'aient jamais évoquée. Il aurait vécu à Crotone, en Italie du Sud – l'une des colonies de la Grande Grèce – où ses communautés (à l'idéal moral ascétique) se seraient développées, et auraient pris un essor considérable après sa mort, en 507 avant Jésus-Christ. L'un de ceux qui perpétua sa trace fut le grand Socrate. Dans *le Phédon*, Socrate évoque ainsi le sujet de l'immortalité : "Le fait est que /.../ là-bas (chez Hadès) sont les âmes (des trépassés) qui y sont venues d'ici, et que de nouveau /.../ elles reviennent ici même et renaissent de ceux qui sont morts". Platon, qui fut l'élève de Socrate, et à qui l'on doit les informations les plus précises sur les cours de ce maître, professait que l'âme de l'homme est immortelle. Tantôt elle sort de la vie, tantôt elle y entre de nouveau, mais elle n'est jamais détruite. C'est pourquoi elle retient tout ce qu'elle a appris sur la terre comme dans l'Hadès. Il suffit qu'elle capte un seul souvenir, et tous les autres lui reviennent en mémoire, si elle se montre assez persévérante et qu'elle manifeste avec ardeur son désir de découvrir. Sa connaissance, son savoir ne sont en fait que des réminiscences, bien que dix mille ans s'écoulent, selon lui, entre deux incarnations. Si elle croit ne pas pouvoir répondre à une question, s'il est un sujet qu'elle pense ne pas connaître, elle doit simplement faire un plus grand effort de mémoire, puisqu'elle l'a su antérieurement. Voici également comment il présente la notion de rétribution (ou loi du *karma*, comme l'appellent les hindouistes) :" Quelque graves qu'aient jamais pu être leurs injustices envers autrui, quelque grand que soit le nombre des victimes de chacun d'eux, pour toutes ces injustices, sans exception, ils acquittent la peine de chacune, à tour de rôle : pour chaque injustice, une peine décuple /.../ Inversement, ceux qui auront pu être les bienfaisants auteurs de bonnes actions, qui auront pu devenir justes et pieux, ceux-là en recueillent le prix, selon la même proportion" (*La République*, Livre X, NRF).

Aristote, lui, naquit quelque quarante ans après Platon, et fut très influencé par lui, même si, ensuite, il désavoua ses premières croyances en la réincarnation. Comme Platon, il développa dans ses premiers écrits (*Eudème*) l'idée que la mémoire maintenait la continuité de la conscience. Mais finalement, il bâtit sa propre conception, à savoir que l'âme de l'homme est immortelle et qu'elle peut remplir ses fonctions sans l'aide de ce corps terrestre. Mais avec Aristote commence une ère de scepticisme matérialiste, qui s'étend sur plusieurs siècles.

Une nouvelle école de néoplatoniciens se développa dans les premiers siècles de l'ère chrétienne à Alexandrie, qui reprenait les préceptes de Pythagore et la philosophie de Platon. Elle fut considérée comme l'école qui forma les esprits les plus évolués du monde européen.

Le premier qui la fonda, Ammonius Saccas, en 193, s'entoura de disciples brillants comme Origène, Plotin, Jamblique, Porphyre, Proclus, pour ne citer que les plus célèbres. C'est Plotin, surtout, que retint la postérité, à cause de son "génie philosophique", de son esprit religieux "contemplatif et profond". Il fut considéré comme "l'un des plus grands écrivains mystiques du monde"(Arthur Hillary Amstrong). Cette pensée où la doctrine de la survie de l'âme fut développée et enrichie, fleurit jusqu'au Vème siècle, où elle subit, elle aussi, les persécutions des chrétiens dogmatiques. Hypatie, par exemple, une jeune fille de haut rang qui donnait des conférences dans cette école, fut torturée par un groupe de moines sous l'instigation de l'évêque d'Alexandrie, saint Cyrille, qui la fit traîner dans les rues d'Alexandrie, écorcher vive et décharner. Cette mort, en 414, représenta la fin de l'école néoplatonicienne d'Alexandrie.

L'héritage romain

En 44 avant Jésus-Christ, au moment de l'assassinat de Jules César, le matérialisme des Grecs d'Alexandrie avait atteint son apogée et avait contaminé les Romains. C'était Epicure, avec sa conviction qu'il fallait vivre chaque instant en pensant au néant qui nous attend à la mort, qui faisait école. Le stoïcisme, aussi, suivait son bonhomme de chemin, et bien que certains stoïques aient professé la survie de l'âme après la mort, ni Epictète ni Marc-Aurèle, les principaux hérauts du stoïcisme, n'ont mentionné cette donnée dans leurs – sublimes – écrits. Cependant, durant tout le Ier siècle avant Jésus-Christ, on trouva, à Rome, des courants plus mystiques, qui redonnèrent vie aux enseignements de Pythagore et de Platon : c'est la période féconde de l'empire romain, où de grandes figures comme Cicéron, Jules César, Virgile, Ovide, Plutarque (bien que grec, il vécut à Rome), se frayèrent un nouveau chemin parmi les enseignements de leurs maîtres sur la survie de l'âme. Plutarque, philosophe et fameux biographe, né en 46 avant Jésus-Christ et mort en l'an 120, écrivit que les âmes devaient errer entre les incarnations, mais que dans une région supérieure, il y avait des êtres avancés, qui étaient présents et participaient, à l'état invisible, aux rites initiatiques les plus avancés. Ils sauvaient aussi les êtres incarnés au cours des combats, ou en mer. Il pensait qu'à la moindre erreur, ils étaient punis en étant précipités à nouveau sur terre et "rattachés à des corps humains". Jules César, général formé au combat, qui admirait le courage et l'invincibilité des Celtes, pensait que leur croyance en la réincarnation en était la cause, car elle leur permettait de mépriser la mort.

Dans son ouvrage sur la vieillesse, Cicéron, lui, grand orateur, homme politique et philosophe, qui naquit en 106 avant J.-C., revint sur ses croyances agnostiques des premiers temps."Je maintiens – à cause du rapide mouvement de l'âme, de sa vivante mémoire du passé et de sa connaissance prophétique du futur, de ses nombreux talents et de l'immensité de son savoir – qu'une nature possédant des dons aussi variés ne peut être elle-même mortelle. Et puisque l'âme est toujours en mouvement, /…/ j'en conclus aussi qu'il n'y aura pas de fin à ce mouvement" (*Harvard classics*, NY, 1909). On le voit, le matérialisme romain avait été précédé d'un courant de pensée proche de la doctrine platonicienne des vies successives.

Les Amériques

Parmi les peuples d'Amérique qui croient en la réincarnation, les Indiens Tlingit du sud – est de l'Alaska figurent en bonne place. Certaines tribus indiennes d'Amérique du Nord (les Amérindiens) y adhèrent aussi ; de même que certains peuples d'Amérique du Sud, le Pérou, surtout, héritier de l'Empire Inca. Chez les Amérindiens, cette croyance est indissociable de leurs théories sur la vie future : ils ont des rites funéraires qui y sont reliés. Voici ce que dit un Indien, Charles Eastman, dans *The Soul of the Indian* : "Beaucoup d'Indiens croient être nés plusieurs fois, et certains déclarent même se souvenir complètement d'une incarnation précédente".

Les Indiens du Delaware et du New Jersey pensaient, eux, que ceux dont le coeur était pur pouvaient se rappeler leurs incarnations passées. Quant aux Peaux-Rouges, ils sont indifférents au corps mort, qu'ils considèrent comme une dépouille vide. L'âme qui s'en dégage retrouvera la vie à nouveau, pensent-ils, et se construira un corps neuf meilleur, d'après Ernest Thompson Seton (*The Gospel of The Redman*). Les Iroquois, les Algonquins, les Creeks,

La réincarnation existe-t-elle vraiment ?

les Dakotas, les Hurons et les Winnebagos, les Hopis et les Mohaves croient tous en cette doctrine, ainsi que plusieurs tribus du Canada (les Montagnais, les Ahts), de l'Alaska (outre les Tlingit, les Haïdas, les Tsimyans, les Aléoutiens et les Athapaskans). En Amérique su Sud, les Péruviens, certes, mais aussi les Chiriquanes du Brésil, les Patagons d'Argentine, les indigènes des Caraïbes. Sans avoir une idée précise de ce qu'il se passe après la mort, ni du temps que prend l'âme pour se réincarner, ces tribus pensent toutes, plus ou moins, qu'une identité, indépendante de l'enveloppe charnelle, va poursuivre son existence, à la mort du corps, dans un nouveau-né. Parmi ceux-là, les Tlingit d'Alaska ont fait l'objet de recherches plus poussées du Professeur Stevenson (dans *Vingt cas suggérant le phénomène de réincarnation*) qui en décrit les principes. Par exemple, les Tlingit croient que ce sont les membres de leur propre famille qui se réincarnent, et non des étrangers. Ils sont aussi persuadés que les taches ou marques de naissance correspondent à des cicatrices ou des marques de la personnalité antérieure, qu'ils cherchent à retrouver parmi les membres de leur famille, afin de donner au nouveau-né son prénom. Ils ont quelques concepts qui pourraient se rapprocher du *karma*. Ils souhaitent par exemple mourir vite, s'ils sont pauvres, pour avoir droit à une existence meilleure dans une incarnation ultérieure. Ils ne manifestent aucune peur de la mort (comme les Celtes, qu'admirait tant Jules César) et espèrent qu'en mourant jeunes, ils se réincarneront plus vite et en de meilleures conditions. Ils ont aussi une croyance plus subtile, selon laquelle on peut renaître, dans le même corps, cette fois : l'ancienne personnalité donne naissance à la nouvelle, comme "une bougie qui vacille peut allumer une nouvelle bougie", ainsi que le cite Ian Stevenson. Il remarque aussi que leur concept de renaissance se rapproche du bouddhisme tibétain, alors que leur croyance en la réincarnation semble héritée des Hindous.

En effet, il semble que leur système de croyances ne date pas d'hier. Selon toute vraisemblance, les ancêtres des indigènes précolombiens d'Amérique ont émigré d'Asie. Une grande partie de cette migration se produisit il y a quelques millions d'années, à une époque où l'Amérique et l'Asie étaient séparées par un passage très étroit. On a constaté que l'art, les coutumes, l'architecture et les croyances des peuples du nord – est de la Sibérie sont, aujourd'hui encore, très proches de ceux des tribus du Nord de l'Amérique. On est donc tenté de penser que les contacts entre les continents se sont poursuivis au cours des siècles de l'ère pré-chrétienne et même après, car beaucoup de caractéristiques leur sont communes. Par exemple, les chants des Indiens du nord-ouest de l'Amérique sont très proches des chants funèbres de Chine et de Mongolie. On retrouve des similitudes de langage troublantes entre les deux régions. On constate aussi que les îles Kouriles, le Kamchatka et les îles Aléoutiennes forment une chaîne qui traverse l'océan Pacifique Nord de telle manière qu'à une exception près, la distance entre les deux terres ne dépasse jamais cent soixante kilomètres. Il y a bien d'autres raisons de penser que les contacts entre ces deux peuples ont été fréquents et qu'aujourd'hui encore, malgré la pression que les missionnaires d'Amérique du Nord exercèrent sur ces tribus d'Alaska pour leur faire renoncer à des croyances jugées primaires, la majorité croit encore en la réincarnation, même si leurs adeptes se montrent réticents à dévoiler leurs croyances à un étranger. Le Professeur Stevenson relate plusieurs cas de réincarnation impressionnants, chez les Tlingit, dans son ouvrage, mais a dû se limiter aux cas les plus complets, c'est-à-dire à ceux où il a pu vérifier par lui-même les allégations de l'enfant réincarné.

On le voit, cette doctrine a traversé l'océan, et, malgré quelques particularismes, n'a pas subi de fortes altérations par rapport à la doctrine des Aryens de l'Inde. Pourquoi a-t-elle traversé le temps et l'espace avec une telle ténacité ? Peut-on justifier ce phénomène par la peur de la mort, qui pousse les peuples peu évolués scientifiquement, à créer d'autres mondes après la mort ? Comment expliquer alors que de grands penseurs, des théologiens et des scientifiques occidentaux aient défendu ce concept ? Nous allons voir maintenant ce qui, dans le christianisme, pouvait disposer ses adhérents à adopter - ou à rejeter – cette idée de vies successives.

Le monde chrétien

Le Nouveau Testament parle-t-il de la réincarnation ? Le sujet semble avoir fait l'objet d'incessantes polémiques, en tout cas. Dans l'Evangile selon Matthieu on trouve une allusion parfaitement claire à la prophétie de Malachie (dans l'*Ancien Testament*) : "Jésus étant arrivé dans le territoire de Césarée de Philippe demanda à ses disciples : Qui suis-je au dire des hommes, moi, le Fils de l'homme ? Ils répondirent : "Les uns disent que tu es Jean-Baptiste ; les autres, Elie ; les autres, Jérémie ou l'un des prophètes" (*Matthieu, 16, 13,14*).

Dans *Matthieu (11, 13,14)* une nouvelle allusion à la réincarnation d'Elie en Jean Baptiste, est faite par Jésus lui-même : "Tous les prophètes, en effet, ainsi que la Loi, ont mené leurs prophéties jusqu'à Jean. Et lui, si vous voulez m'en croire, il est cet Elie qui doit revenir. Que celui qui a des oreilles entende!"

Le Christ a lui aussi évoqué à mots couverts, il est vrai, une vie avant la vie. Par exemple, dans la prière sacerdotale : "Et maintenant, toi, Père, glorifie-moi auprès de toi-même, de la gloire que j'avais auprès de toi avant que le monde soit" (*Jean, 17,5*). Lorsque les disciples de Jésus lui demandent, à propos de l'aveugle de naissance :"Rabbi, qui a péché : lui ou ses parents, pour qu'il soit né aveugle ?"

il est évident qu'ils font allusion à une vie antérieure, si non, étant né aveugle, il n'avait pu pécher. La parabole de la pièce neuve au vieux vêtement (*Luc, 5,36*) semble une allusion à peine voilée à la nécessité de se réincarner pour progresser en esprit. Lorsque Jésus dit : "Personne ne déchire une pièce d'un vêtement neuf pour la rajouter à un vieux vêtement", on peut comprendre qu'un homme mûr, dont le corps est vieilli, sclérosé, rigide, n'est plus capable de recevoir une âme neuve, de renaître, spirituellement. Il lui faut un vêtement (le corps) entièrement neuf pour recevoir l'esprit neuf du Christ. Plus loin, il précise :" Mais du vin nouveau, il le faut mettre en des outres neuves"(*Luc, 5,38*).

Dans l'*Évangile selon Thomas* – fragments trouvés en 1898 et en 1904 et reconstitués en un Evangile dit apocryphe – d'après trois papyrus très abîmés (évangile qui semble être l'oeuvre des Gnostiques) le même thème se retrouve avec une nuance significative : "Jamais homme ne boit du vin vieux et ne désire aussitôt boire du vin nouveau" (logion 47,9,10). On peut interpréter ces paroles de Jésus comme une parabole traitant du périple de l'âme dans la chair. Jamais un homme qui vit en un temps et en un lieu donnés ne peut envisager ce que serait sa vie, sa pensée, en d'autres espaces et d'autres temps. Il n'a même pas le désir d'accueillir une pensée, un principe nouveaux, une identité spirituelle différente. Il est fils de Dupont, il a hérité des rhumatismes de son père, de l'amour du vin de son grand-père, il est clos. "Et l'on ne verse pas du vin nouveau dans de vieilles outres, de peur qu'elles n'éclatent", (47,11,12,13), autrement dit un enseignement nouveau ne peut pénétrer un vieux corps, bardé de certitudes. Plus loin, alors que les disciples interrogent Jésus : "Quel jour le repos de ceux qui sont morts viendra-t-il ? Et quel jour le monde nouveau viendra-t-il ? Jésus leur répond : "Ce que vous attendez est venu, mais vous, vous ne le connaissez pas"(logion 51,2 3 4 5 7 8). Jésus constate que

La réincarnation existe-t-elle vraiment ?

ses disciples n'ont pas compris où était le "monde nouveau" : en eux-mêmes. C'est une exhortation à voir au-delà des apparences, à reconnaître le monde nouveau dans le changement de leur conscience et non dans quelque bouleversement extérieur. Mais s'ils ne peuvent reconnaître en le Christ Celui qu'ils connaissaient en esprit avant qu'Abraham fût, comment pourraient-ils être rapiécés d'une conscience nouvelle ? Pour entendre et comprendre un nouvel enseignement, il faut renaître, redevenir comme un petit enfant qui ne sait rien, ou qui a tout oublié. Jésus qui avait vu en Jean le Baptiste le prophète Elie, que les pharisiens n'avaient pas reconnu, savait que l'homme, passé un certain âge, ne peut plus recevoir d'idées nouvelles. Il s'est construit une identité par ses certitudes, il ne peut plus recevoir de nouvelles conceptions révolutionnaires – comme celles du Christ –. Il ne peut reconnaître sous les traits de nouvelles personnes les âmes anciennes. Il lui faut donc mourir, et renaître, pour entendre le nouveau message de Dieu à travers son Fils. Comme le dit Rudolf Steiner, dans son analyse de l'Evangile de Saint Matthieu : "Tout, même l'enseignement, doit donc renaître. Mais il ne faut pas nous étonner qu'il y ait cette différence entre l'ancienne doctrine et la nouvelle : ce qui, jusqu'alors, ne pouvait pas être atteint par le moi(la conscience), peut l'être désormais" (Triades). Les contemporains de Jésus étaient, pour la plupart, soumis à l'ancienne loi de Moïse, ils ne pouvaient le comprendre ni comprendre sa mission. Charles-Rafaël Payeur, évêque en la Fraternité de Saint Jean l'Evangéliste au Canada, dit, dans sa conférence intitulée "Réincarnation, régression et exorcisme"(23 et24 mai 92) que si l'Eglise a soigneusement omis d'enseigner les principes de la réincarnation, depuis Origène, c'est que la nature paresseuse de l'homme lui fait remettre au lendemain les progrès et les efforts qu'il pourrait réaliser aujourd'hui. Elle a préféré, selon lui, mettre l'accent sur ses efforts présents plutôt que les hypothétiques progrès des vies futures. Mais on ne peut croire qu'un Maître qui a demandé de pardonner "jusqu'à soixante dix sept fois" (*Matthieu, 18,35*) à son frère pécheur n'ait songé à redonner ses chances à celui qui, par ignorance, égoïsme ou avidité matérielle, a manqué sa vie.

La doctrine des premiers chrétiens adeptes de la réincarnation

Examinons les avis des premiers chrétiens sur cette question si controversée.

Parmi ceux qui ont exprimé leur croyance en la doctrine de la réincarnation figure le théologien alexandrin Origène, qui vécut de l'an 185 à l'an 254. Considéré comme l'un des pères de la science de l'Eglise, il fonda une théologie qui exerça une influence déterminante sur le christianisme jusqu'au VIème siècle, époque à laquelle il fut désavoué par l'Eglise. Que lui reprochait-on ? De croire qu'il existait des mondes innombrables, qui se succédaient à travers les âges éternels. De soutenir que l'âme du Sauveur existait avant de naître de Marie, d'affirmer qu'à la Résurrection, les Archanges et les Anges, le diable, les démons et les âmes des hommes seraient sauvées, qu'ils soient chrétiens, juifs ou païens (cf. Saint Jérôme, *Apologie contre Rufin*). Selon l'*Encyclopédie Catholique*, "Origène a cru que les âmes animent divers corps successivement, et que ces transmigrations sont réglées à proportion de leurs mérites ou de leurs démérites." Rien de bien surprenant lorsqu'on sait qu'il était platonicien. Fut-il nommément condamné par les représentants de l'Eglise, en 553, au Vème Concile oeucuménique ? Certains historiens l'affirment. D'autres le contestent. Retenons l'admirable commentaire du Révérend Patrick Blakiston, Recteur de l'Eglise épiscopale d'Alvechurch, (Worcester) en Angleterre, à propos de la survie de l'âme (il analysait l'article du Dictionnaire d'Oxford de l'Eglise chrétienne sur le sujet) : "L'Eglise d'Angleterre n'est pas liée par les décisions des conciles catholiques romains du Moyen Age et même s'il pouvait être démontré que l'ancienne Eglise /.../ avait interdit officiellement la croyance en la réincarnation, le XXIème de nos Articles de la Religion dit :" Les conciles généraux peuvent se tromper et ils se sont parfois trompés, même pour des choses relatives à Dieu" (mai 63, *Lettre mensuelle aux paroissiens*).

Saint Augustin, Evêque d'Hippone, fut longtemps indécis quant à la réincarnation qu'il rejeta, pour finir. Mais quelques beaux textes demeurent : *"Dites-moi, je vous en supplie mon Dieu, /.../ si mon enfance a succédé à quelque vie maintenant abolie /.../ qu'étais-je avant ce temps, mon Dieu /.../. Étais-je quelque part ? Étais-je quelqu'un ? Qui pourrait me le dire ? /.../ Ne riez-vous pas de moi lorsque je vous pose ces questions /.../ ?"* (*Confessions*, Livre I, Garnier-Flammarion).

Il fait même allusion à la réincarnation à propos de Platon, qui lui avait fait forte impression. Il célèbre Plotin, également platonicien, soulignant qu' (il)" ressemble tellement à son maître que l'on pourrait penser qu'ils vécurent en même temps, ou plutôt – puisqu'une si longue période les sépare – que Platon est né à nouveau en Plotin (*Contra Academicos*).

Nemesius, Evêque d'Emèse au IVème siècle et philosophe, est plus convaincu : "Moïse n'a pas dit que l'âme était créée au moment où elle entrait dans le corps, et il ne serait pas raisonnable de le supposer…L'idée que l'âme ne soit pas ainsi mortelle et que le destin de l'homme ne soit pas enchaîné par sa vie actuelle est démontrée par le fait que les plus sages des Grecs croyaient en la transmigration des âmes et que ces âmes atteignaient différents niveaux selon la vie qu'elles avaient précédemment vécue"(*De Natura Hominis*).

Les gnostiques chrétiens

Ils s'étaient donné pour but de réconcilier toutes les religions. Comment ? En les expliquant par une analyse ésotérique des textes sacrés. Ils étaient initiés aux choses divines selon une tradition secrète, qui plaçait leur savoir au-dessus des dogmes, des adeptes d'une religion. Leur éclectisme et leur réceptivité leur permettaient d'acquérir une connaissance plus grande des lois divines. La notion des vies successives leur était très familière. Malgré l'attitude désapprobatrice et fermée des Eglises orthodoxe et romaine, le gnosticisme se répandit de façon secrète, durant plusieurs siècles. Ce mouvement prit naissance en Asie Mineure, au Vème siècle, semble-t-il, où des gnostiques d'Arménie syrienne firent des adeptes de plus en plus nombreux. Ce mouvement s'étendit peu à peu. Au VIIIème siècle, ils furent chassés vers la Thrace, et la formation s'étendit chez les peuples slaves. On trouve leurs traces aussi en Italie et en Allemagne. Ils s'inspiraient du manichéisme qui professait, on s'en souvient, la séparation du Bien (âme) et du Mal (corps). Les gnostiques contribuèrent à alimenter un foyer d'idées métaphysiques qui allaient donner le mouvement cathare et albigeois. Il fallait se purifier en négligeant les appétits du corps (les oeuvres de chair, les aliments) afin d'abréger son séjour sur terre et rejoindre le Christ. Leur code moral – très simple – influençait ceux qui avaient rejeté l'Eglise, consternés par l'immoralité, l'ambition, l'âpreté au gain et les tendances luxurieuses d'un grand nombre de ses représentants, comme le déplorait Saint Bernard. Les cathares prônaient le renoncement aux biens, le végétarisme, la chasteté, la non-violence et l'amour pour tout ce qui était vivant. C'étaient de vrais mystiques, qui en imposèrent par leur pureté, leur vertu et leur coeur. Malheureusement, comme les gnostiques, ils furent persécutés et aveuglément massacrés par les partisans de la religion officielle, perclus de concepts rigides et d'infaillibles ordonnances. Pourquoi cette croyance en la réincarnation était-elle si menaçante pour eux ? L'explication ne coule pas de source. De nos jours, encore, il semble que le fait d'être responsable des conditions heureuses ou défavorables de notre vie, de ses épreuves ou de ses souffrances, ne soit pas du goût des ecclésiastiques, qui voient leur pouvoir diminuer à proportion du libre arbitre de leurs ouailles. En effet, ces croyants se considéraient comme seuls juges de leurs actes, et les rituels, qu'ils pensaient destinés à ceux qui n'ont pas de religion intérieure, ne les touchaient pas. Ils ne se confessaient qu'à Dieu de leurs fautes et pensaient que l'absolution d'un prêtre ne les déchargerait pas de leurs péchés. Ils essayaient de racheter leurs erreurs par une conduite irréprochable, tout en sachant que c'était dans une vie future qu'ils pourraient payer leur dette. Ils enseignaient des notions très semblables à celles de l'hindouisme. Les hommes bons et purs se réincarnaient en êtres plus proches de Dieu et capables de progresser spirituellement tandis que les pécheurs, ceux qui s'obstinaient dans les actions mauvaises, se retrouvaient dans des corps infirmes, malades ou avaient à traverser de rudes épreuves pour racheter leurs fautes, dans une incarnation ultérieure.

Ces caractéristiques n'étaient pas, on s'en doute, de nature à se concilier les grâces d'un clergé fort corrompu, à l'époque, on l'a vu.

Ces mystiques furent déclarés hérétiques par la Sainte Inquisition, en Europe. Malgré cela, leur doctrine traversa les siècles, grâce aux Templiers, aux alchimistes, aux philosophes hermétistes, aux rosicruciens, ainsi qu'aux cabalistes hébreux et chrétiens. Les écrits de Rudolf Steiner en Europe, d'Emmet Fox aux Etats-Unis, et plus récents encore, les enseignements de l'hermétiste chrétien Charles-Rafaël Payeur, s'inscrivent dans cette tradition et la perpétuent.

L'Église et la réincarnation

La doctrine de la réincarnation retire de son prix à la vie présente, en donnant à l'homme l'impression qu'il peut sans cesse recommencer les mêmes erreurs, remettre à plus tard ses efforts pour effacer ses défauts, ses manquements, ses fautes. L'Eglise a préféré enseigner que nous n'avons qu'une vie pour nous réaliser, sur tous les plans, ce qui nous oblige à progresser en hâte et nous pousse à nous accomplir, aujourd'hui, maintenant. Par ailleurs, l'Eglise n'a jamais condamné la réincarnation, mais la chute des esprits dans la matière. Voici ce qu'affirme un édit du concile de Braga en 563 : "Si quelqu'un dit que les âmes humaines ont d'abord péché dans les demeures célestes et que c'est pour cela qu'elles ont été précipitées sur terre dans des corps humains, comme l'a dit Priscillien, qu'il soit anathème!"

Laissons le dernier mot au Cardinal Mercier : "Il semble difficile de démontrer par la raison que le terme de l'épreuve doit nécessairement coïncider avec le dernier moment de la vie actuelle. On s'explique que certains esprits aient prôné pour l'âme une série plus ou moins longue d'existences, au cours desquelles elles iraient se perfectionnant /.../ Pourvu que l'on admette que dans ces réincarnations, l'âme conserve la conscience de sa personnalité et que, finalement, la série des migrations doit avoir un terme, nous ne voyons pas que la raison, laissée à elle seule, puisse démontrer l'impossibilité, ni même la fausseté de cette hypothèse (*Traité Elémentaire de philosophie, t. 1*).

L'Islam

La croyance en la réincarnation s'est répandue chez les islamistes, qui furent imprégnés, pour commencer, des doctrines gnostiques. En effet, les persécutions subies par les mystiques et les savants en Europe durant le Moyen Age, les avaient poussés à se réfugier en Perse et en Arabie. Les Arabes qui les hébergeaient, bénéficièrent donc très vite de l'apport de la philosophie grecque et du gnosticisme chrétien. Au VIIIème siècle, le philosophe arabe Kindi renouvela dans ses écrits l'héritage néoplatonicien, et il fut relayé par Fârâbî, persan, médecin, penseur et maître du grand Avicenne, au siècle suivant : d'après W. Y. Evans Wentz, spécialiste des religions orientales à Oxford, les Maures d'Espagne étaient presque les seuls en Occident à poursuivre la tradition gnostique. Le philosophe sarrasin Ghazâlî enseignait la doctrine de la réincarnation dans les écoles de Bagdad. Paracelse, un médecin et alchimiste suisse qui vécut au début du XVIème siècle, et Giordano Bruno, un dominicain et philosophe italien qui fut brûlé vif pour ses convictions jugées hérétiques par l'Eglise, furent ses héritiers et ses disciples. Mais peu à peu, l'influence de Ghazâlî s'estompa, surtout parce qu'elle était en contradiction avec l'esprit de l'islam. La notion de guerre sainte, (guerre défensive) a été mal interprétée par les musulmans et a fait place à des guerres de conquête, comme on le voit même dans l'histoire contemporaine. Les républiques et leurs saints philosophes laissèrent la place à des monarchies et à des monarques peu préoccupés de notions métaphysiques. La croyance en la réincarnation suppose une certaine réceptivité aux choses invisibles, aux lois de l'évolution, de rétribution, de cause à effet. Des sectes comme celles des shiites, des ismaéliens, continuèrent, cependant, à maintenir la théorie des vies successives chez de petits groupes de gens plus ou moins initiés. Les ismaéliens, par exemple, acceptent l'idée de l'incarnation périodique chez l' Homme Parfait, le retour du chef spirituel (immam) après sa mort, et la réincarnation des hommes ordinaires. Dans le Coran, le livre sacré des musulmans, quelques allusions de Mahomet à la réincarnation existent, même si elles sont contestées. "Il (Dieu) vous a donné la vie, alors que vous n'existiez pas. Il vous fera mourir, puis il vous ressuscitera et vous serez ramenés à lui" (*Surate II,28*). Mais c'est surtout parmi les soufis que l'enseignement de la réincarnation s'est développé. Ils eurent une influence considérable – quoique occulte – sur la pensée occidentale et moyen-orientale. Ils avaient été, dit-on, initiés par les anciens disciples du zoroastrisme. Les soufis disent ceci : les âmes qui ne sont pas encore sorties de l'obscurité naturelle de la matière physique progressent cependant, en transmigrant de corps en corps, en se purifiant, jusqu'à ce qu'elles n'aient plus besoin de se "souiller" avec un corps. A ce moment-là, elles rejoignent le monde de la sainteté. Mansür Al-Hallaj, un grand poète soufi, écrit, par exemple : "Comme l'herbe des champs, j'ai poussé maintes fois sur les berges des cours d'eau. Depuis cent mille ans, j'ai vécu, oeuvré et fait des efforts dans toutes sortes de corps".

Les soufis de Syrie forment une branche spécifique du soufisme. Ils sont connus sous le nom de Druzes, mouvement qui prit son essor au XIème siècle. Les Druzes ont un système de croyances très particulier, que l'on pense hérité des influences gnostiques, et tibétaines (l'oncle de Mahomet, Hemsa, serait parti pour le Tibet à la recherche de la sagesse secrète et se serait réincarné en Hamza, fondateur de l'ordre Druze). Le Professeur Stevenson pense que des sectes musulmanes voisines, ainsi que des membres d'autres religions les persécutèrent, ce qui entraîna la pratique secrète de leur culte, au cours des siècles qui suivirent. En tous cas, ils croient qu'à la mort d'une personne, l'âme se réincarne immédiatement (comme celle des grands lamas au Tibet). Ils prônent donc une attitude particulière, face au mourant. Il lui faut du calme, de la paix, afin de faciliter la transmigration de son âme dans le corps d'une femme prête à mettre au monde un enfant. C'est chez le peuple druze que les enfants ont le plus de souvenirs de leurs vies antérieures, observe également Stevenson. Ajoutons que les druzes se considèrent comme une minorité élue par Dieu, et que pendant longtemps, on punissait les déserteurs du clan Druze, de même que l'on n'y acceptait pas (ou rarement) les étrangers.

La réincarnation existe-t-elle vraiment ?

LA RÉINCARNATION DEPUIS LA RENAISSANCE

C'est en Italie que refleurissent les concepts de vie après la mort. Dante, le grand poète italien, l'évoque dans le Chant XX du Paradis. Nicéta, un mystique bulgare propagea le catharisme parmi les "Fidèli d'amore" dont la doctrine a de nombreuses similitudes avec le catharisme. Plus tard, dans les années 1400, Georges Gemiste Pléthôn, plus souvent appelé Pléthôn, décrit sa vision originale du besoin de renaissance. Il pense qu'en chaque âme doivent coexister une nature immortelle et une nature mortelle ; que l'homme a besoin d'établir des liens permanents entre les deux. Qu'il l'obtient par l'incarnation, "pour une durée limitée" ; que lorsque le corps est détruit, chacune retourne pour un temps à son indépendance respective, un tel processus se renouvelant" indéfiniment à travers l'éternité". Il est vrai que ledit Pléthôn était un vénérable philosophe byzantin, député de l'Eglise grecque, et qu'il avait créé l'Académie platonicienne à Florence, sous le patronage des Médicis.

A la faveur des guerres de François 1er, le renouveau néo-platonicien passa d'Italie à la Cour de France. L'un des plus fameux propagateurs de la doctrine des vies successives fut Guillaume Postel. Il avait étudié la Cabale sous la direction d'un lettré juif, à Constantinople, et revint écrire *La clé des choses secrètes* (qui traite de réincarnation d'un point de vue scientifique), avant d'être persécuté par l'Inquisition.

En Angleterre, John Colet, célèbre doyen du collège Saint Paul, fit beaucoup pour restaurer Platon. Erasme disait qu'il croyait entendre Platon lui-même, tant il avait pénétré sa philosophie. En Allemagne, les idées réincarnationnistes furent remises en vigueur par un cardinal et philosophe de renom, Nicolas de Cuse, grâce à son intérêt pour Platon. Il fut relayé par Trithème, abbé du monastère bénédictin de Spanheim. Trithème était aussi platonicien et cabaliste. Ses deux disciples Paracelse et Cornelius d'Agrippa firent beaucoup pour étendre ses thèses et les divulguer sous le manteau. Au milieu du XVème siècle apparut alors Reuchlin, conseiller impérial à la Cour de Frédéric III. Malgré cela, il fut expulsé d'Allemagne par les Dominicains, qui ne lui pardonnaient pas d'avoir protesté contre la destruction des Bibles Hébraïques. Ses propres ouvrages sur *la Cabale* furent brûlés. Mais il fut le maître d'Erasme, de Martin Luther et de Mélanchthon. Bien qu'il ait été surnommé le père de la Réforme, il ne trouva pas dans le protestantisme un terrain favorable au développement de ses idées. Pour lui, l'homme était une créature unique, capable de descendre ou de s'élever jusqu'à l'union avec l'Un, comme dans le néoplatonisme. Il voulait, grâce à *la Cabale* et à Pythagore, permettre aux âmes humaines de redevenir des dieux. Mais là encore, l'ascétisme sombre, revêche de la Contre-Réforme et du piétisme allemand ferma l'accès à la tradition hellénique.

A la fin du Moyen Age, des ordres et des fraternités reprirent le flambeau gnostique et cathare. Les Templiers, les Francs-Maçons et les Rosicruciens se focalisèrent sur les mystères de la nature, de la science, de l'alchimie, de la Cabale. Ils étaient intégrés à la vie sociale, économique et politique de leur temps, et se signalaient comme une "société de chrétiens qui remplissaient leurs devoirs professionnels avec une extraordinaire perfection" (Abbé Pluquet). Mais ils durent garder le secret, car le donjon, le supplice de la roue ou le bûcher attendaient les imprudents. C'est pourquoi l'ésotérisme s'enracina parmi eux. Les Rosicruciens avaient des idées très singulières sur la vie, le futur de l'homme et l'existence post mortem. Par exemple, ils considéraient que toutes parcelles de création (végétale et minérale comprises) retenaient en elles un "joyau de lumière" dont le développement permettait l'évolution. Ils pensaient que toutes les plantes pouvaient passer à des développements plus élevés, grâce à leur étincelle de lumière qui leur permettait de s'étendre et de vibrer avec une force plus élevée. Les animaux aussi pouvaient grandir en conscience, s'adapter à des situations de plus en plus complexes. Les Rosicruciens du XXème siècle n'ont rien changé à leurs enseignements profonds.

Léonard de Vinci, lui aussi, fit preuve d'originalité, dans ses conceptions de l'immortalité. Il écrivit, dans ses Carnets : "L'âme désire demeurer dans le corps parce que, sans les membres de ce corps, elle ne peut ni agir ni ressentir…L'âme ne peut en aucun cas être soumise à la corruption du corps, mais elle agit dans le corps comme le souffle qui fait chanter l'orgue : si l'un de ses tuyaux est endommagé, le souffle ne peut y produire aucun son agréable…Lis-moi, ô, lecteur, si tu te plais à me lire, car je ne reviendrai que très rarement en ce monde ; et tu sais que le pouvoir d'une telle déclaration n'est trouvé que chez quelques êtres qui veulent composer de nouveau des choses similaires" (*Manuscrit de Madrid, folio 6*, écrit entre 1497 et 1503).

En février 1600, Giordano Bruno, on l'a vu, était brûlé vif pour ses convictions jugées hérétiques. Sa théorie de la substance et de l'immortalité était un point essentiel de sa philosophie. Cette théorie se retrouve partout dans ses écrits. Il professait que l'évolution spirituelle ne pouvait se faire séparément de la forme. Ses idées inspirèrent les principes philosophiques de Leibniz. Mais à Oxford, il donna des conférences sur la théorie copernicienne, et souleva les professeurs contre lui. Il était convaincu que toute monade est un centre divin, immortel, préexistant, se rapprochant en cela des paroles du Christ, (qui enseigne que le Royaume des Cieux est en nous). Sa théorie d'un univers infini, comprenant une infinité d'autres univers, chacun possédant la qualité inhérente de la vie, fut reprise plus tard par de grands penseurs. Il souligna à quel point il était important de profiter de chaque incarnation, car pour lui, ni les circonstances, ni les avantages, ni les chances ne se reproduisaient deux fois. "Viens, ô Diligence, que fais-tu ? pourquoi nous endormons-nous et sommes-nous tellement paresseux pendant que nous sommes en vie, alors que nous serons forcés de nous reposer pendant si longtemps une fois morts ? En effet, bien que nous attendions un autre monde ou une autre manière d'être nous-mêmes, la vie prochaine ne sera pas la même que celle dont nous sommes en possession aujourd'hui." Quelle magnifique vision que la sienne! Peu de cerveaux ont, depuis, atteint une telle précision et une telle envergure dans leur conception de l'univers et des âmes qui y vivent. Et voici la déclaration qui fut jugée hérétique et le fit condamner au bûcher par l'Eglise : "J'ai déclaré et je maintiendrai que les âmes sont immortelles…Les catholiques enseignent qu'elles ne migrent pas de corps en corps mais qu'elles vont au Paradis, au Purgatoire ou en Enfer. Mais j'ai profondément réfléchi /…/ Puisque l'on ne rencontre pas d'âme sans qu'il y ait un corps et que cependant, l'âme n'est pas le corps, elle peut se trouver dans un corps ou dans un autre, et passer ainsi de corps en corps. Si ceci ne peut être prouvé comme vrai, il semble au moins que ce soit vraisemblable, si l'on se réfère à l'opinion de Pythagore." (*Giordano Bruno, sa vie, sa pensée, son martyr*, William Boulting, Kegan Paul, 1914). Il pensait que son enseignement libérait l'homme de la peur de mourir et affronta ses bourreaux sans se rétracter. ("Vous qui prononcez contre moi cette sentence, vous avez peut-être plus peur que moi qui la subis".) A sa suite, Voltaire, Benjamin Franklin, tous les transcendantalistes américains du XVIIIème, influencés par les Allemands (Kant et Goethe, surtout) manifestèrent leur intérêt et leur adhésion au concept de réincarnation. En France, un économiste surtout connu pour ses propositions de réformes sociales,

La réincarnation existe-t-elle vraiment ?

Charles Fourier, fut un ardent promoteur de la réincarnation. Honoré de Balzac, George Sand, Allan Kardec, Gérard de Nerval, Théophile Gautier, Flaubert, Ernest Renan, Edouard Schuré prirent la relève. Aux Etats-Unis, les nouveaux transcendantalistes lisaient les récentes traductions de la *Bhaghavad-Gitâ,* les *Upanisad,* les *Veda* et se convertissaient à la croyance réincarnationniste. Ralph Waldo Emerson, surtout, s'est amplement attardé sur l'âme de celui qui "se lève et marche pour l'éternité". Un théologien américain, James Freeman Clarke, fit beaucoup pour répandre la théorie des vies successives dans un livre célèbre : *Dix grandes religions*, publié dans les années 1880. Edgar Poe, Charles Dickens, Richard Wagner, Fedor Dostoïevski, Léon Tolstoï, Ibsen, Strindberg ont tous évoqué dans leurs oeuvres cette croyance qu'ils prêtent à leurs personnages. Faut-il en citer d'autres ? George Bernard Shaw, Arthur Conan Doyle, Gustav Mahler, Maurice Maeterlinck, l'industriel américain Henry Ford, Rudyard Kipling, Jean Sibélius, James Joyce, Somerset Maugham, Rainer Maria Rike, Edgar Cayce, l'Autrichien Rudolf Steiner, Herman Hesse, ont tous eu la révélation que l'âme se réincarnait dans des corps différents, pour se purifier, progresser, apprendre et découvrir d'autres aspects du monde, de la Création. Plus près de nous, encore, l'ingénieur métaphysicien américain Emmet Fox, qui pense que l'on se réincarne tous les cinq cents ans, environ, afin d'évoluer grâce à des circonstances complètement différentes, le poète libanais Khalil Gibran, le romancier anglais D. H. Lawrence, l'auteur dramatique T. S. Eliot, l'auteur dramatique américain Eugène O'Neill ("ce n'est qu'après des millions de vies que nos yeux commencent à s'ouvrir"), Henry Miller, Pearl Buck, Aldous Huxley, le célèbre aviateur américain Charles Lindbergh, J. D. Salinger, Norman Mailer, Richard Bach ont relaté les circonstances au cours desquelles l'existence leur est apparue dans une perspective nouvelle, comme une suite infinie de vies. A propos de la mort de Marylin Monroe, Norman

Mailer écrit : "Les tout derniers moyens spectaculaires du raisonnement psychiatrique suggèrent /…/ que pour comprendre la psychologie des êtres exceptionnels comme Marylin Monroe, notre héroïne, il serait temps de considérer le comportement humain comme ayant deux racines. Tandis que la partie dominante de nos actions doit être influencée par le passé /…/ l'autre pourrait se rattacher à quelque défaut ou vertu karmique /…/ dû à notre courage ou notre lâcheté dans des existences antérieures. /…/ Cette théorie /…/ offre un moyen immédiat pour permettre de comprendre la maladie mentale car elle suggère que la même part de bonheur ou de désespoir ne nous est pas impartie à tous, également, au départ dans cette vie-ci. Tout être qui commence son existence avec un passif plus lourd a plus de chances que d'autres de nourrir une ambition démesurée pour solder d'anciennes dettes. /…/ Bien sûr, l'échec que peut connaître une telle ambition doit redoubler le sentiment de désespoir. Ainsi, si l'on veut comprendre Marylin Monroe /…/ pourquoi ne pas supposer qu'elle a pu naître avec un but impératif désespéré, résultant de dettes et de manquements remontant à ses existences antérieures ?"

Mais, objectera-t-on, ces affirmations proviennent de cerveaux d'artistes dont c'est le métier d'inventer de nouvelles espérances. Alors, voici quelques noms de scientifiques qui ont osé exprimer leurs conceptions différentes de la vie. Thomas Huxley, un naturaliste anglais qui étudia passionnément la théologie, affirma : "Comme la théorie de l'évolution elle-même, celle de la transmigration a ses racines dans le monde de la réalité" (*Évolution, Ethique et autres Essais*). Thomas Edison, l'inventeur du gramophone, et de bien d'autres merveilles des temps modernes, pensait que" lorsqu'un homme meurt, cet essaim d'entités déserte le corps pour se répandre dans l'espace, tout en se conservant, pour entrer dans un autre cycle de vies, et qu'il est immortel". Gustav Stromberg, astronome

La réincarnation existe-t-elle vraiment ?

et physicien américain, pensait que notre âme poursuivait son périple "sous la forme d'une autre incarnation sur cette planète ou une autre". Julian Huxley, biologiste anglais, a déclaré : "Rien ne s'oppose à ce qu'une entité individuelle et spirituelle survivant à la mort soit, tel un message radio, envoyée par un appareil émetteur spécialement conçu. Mais /.../ ce radiogramme ne devient un message que lorsqu'il est en contact avec une nouvelle structure matérielle, c'est-à-dire un récepteur. /.../ Il est impossible de penser à une survie /.../ sans disposer d'un corps d'une sorte ou d'une autre" (*Où sont les morts*, recueil collectif). John Wheeler, Raynor Johnson et quelques autres moins connus, ont fait partie des néo-gnostiques de Princeton, qui lancèrent quelques idées "révolutionnaires" sur la fin, le commencement, les transformations et les réincarnations. Le Professeur Ian Stevenson, déjà cité, ancien chef du département de neurologie et de psychiatrie à la Faculté de Médecine de l'Université de Virginie, réalise les recherches sur la réincarnation les plus abouties, à ce jour, méthodologiquement parlant. Ses travaux et découvertes, notamment en matière de marques de naissance et de souvenirs d'enfants qui se disent réincarnés, sont cités à plusieurs reprises, dans cet ouvrage. Régis Dutheil, lui, physicien et professeur à l'Université de Poitiers, a publié, avec sa fille, un brillant essai sur la nature de la conscience et ses multiples dimensions, qui permettent à l'homme de se réincarner à chaque instant, puisque le passé ou le futur n'existent pas, d'un point de vue quantique (*L'homme superlumineux*, Sand).

Sigmund Freud, le père de la psychanalyse, s'est interrogé sur la vie après la mort, lui aussi. Il pensait que l'homme primitif se révoltant contre la mort d'une personne proche, échafauda l'hypothèse d'autres formes d'existence, au moins dans la mémoire de ceux qui demeurent, et que de ce souvenir, il tira la conception d'une vie se poursuivant après la mort apparente.

Jung s'est davantage intéressé à la résurrection et à la renaissance au cours d'une même vie, bien qu'il eût étudié les textes indiens sur la réincarnation, et qu'il ne se fût jamais prononcé en sa faveur. Il s'interroge pourtant sur la valeur de ce concept, en imaginant qu'il pourra se reposer de longs siècles avant que des questions ne se posent au monde qui l'obligent à se réincarner ! Ses distinctions entre le Soi et le moi éclairent un aspect nouveau de la question, à savoir que le Soi est celui qui médite sur le moi de Jung, sa vie terrestre, et peut sortir de ce monde à trois dimensions. En quelque sorte, il pourrait être éternel.

Le docteur et philosophe Raymond Moody a étudié en détail les déclarations des "morts" qui sont revenus à la vie dans sa remarquable étude *La vie après la vie* (Laffont, 1977). Pour lui, qui était habitué à ne voir en l'être humain qu'un amas de chair, d'organes et d'os, découvrir chez des centaines de patients "morts" et revenus à la vie, qu'il existait un au-delà sur lequel tous les témoignages concordaient, bouleversa sa conception du monde. Et celle de millions de personnes. "Si la réincarnation existe, il est alors vraisemblable, dit-il, qu'un épisode intermédiaire, situé dans un autre plan du réel, sépare le moment où l'ancien corps est abandonné de celui où l'âme s'intègre dans le nouveau". Charles-Rafaël Payeur, dans son livre *Apprivoiser la mort* (Editions de l'Aigle), décrit la façon dont il faut aider le mourant à transiter dans l'au-delà, le préparer au choix d'une future incarnation.

Erik Erikson, un psychanalyste américain de renom, synthétise avec une subtile intelligence, dans *Gandhi's truth,* la relation entre les vues hindoues sur la réincarnation et les conceptions occidentales de la vie après la mort : "En Occident, nous refusons avec fierté toutes les idées de prédestination. Mais nous ne manquons pas d'insister sur le fait que l'éducation des enfants ne peut pas faire plus que souligner les dons innés /.../. Et nous pouvons ressentir /.../ combien nous continuons à projeter des idées de fatal destin /.../ sur l'expérience précoce ou sur les traumatismes irréversibles ou encore sur la privation économique et culturelle, c'est-à-dire sur un passé /.../ fatal" (NY, Norton, 1969).

Plusieurs psychologues ont souligné l'importance de l'immortalité de l'homme à travers la réincarnation pour équilibrer l'être psychique. Gina Cerminara : "En premier lieu, l'adjonction d'une telle dimension de temps élargirait la compréhension de la personnalité. /.../ Si l'on adopte le principe de la réincarnation, c'est un flot de lumière qui inonde tout le fond, passé inaperçu, de cette scène (le devant de la scène de l'homme). /.../ Son importance essentielle vient de ce qu'on y distingue les voies tortueuses et lentes par lesquelles les traits de caractère, les attitudes, les qualités actuelles de la personne se sont formés. /.../ Le principe de la réincarnation ne fait qu'étendre le domaine de l'inconscient pour y inclure les charges énergétiques de l'expérience des vies passées" (*De nombreuses demeures*, NY,1957, W. Sloane). Ira Progoff, elle, s'est inspirée de Platon pour démontrer combien ses concepts sont importants pour l'homme moderne. Herbert Fingarette, philosophe et grand psychologue, révèle dans son livre *le Soi en transformation* qu'il n'est pas nécessaire de prouver la réalité de la réincarnation et du karma, qu'il suffit de démontrer leur pouvoir transformateur du Soi. Quant à Denise Desjardins, c'est après avoir découvert, auprès d'un maître hindou, l'une de ses vies antérieures en Inde (*De naissance en naissance*) qu'elle choisit de pratiquer le *lying* pour certains patients très éprouvés. Elle relate, dans un autre livre, *La mémoire des vies antérieures*, quelques cas parmi les plus impressionnants de souvenirs lointains retrouvés.

L'avènement et la généralisation de la psychanalyse a permis au concept de réincarnation de se répandre. Il est, en effet, une réponse symbolique de choix pour l'homme de la fin du XXème siècle, éprouvé par les guerres de religion, les aberrations des systèmes politiques, l'ère de la consommation égoïste, et de la philosophie matérialiste. Il ouvre des perspectives plus claires au monde sans but et sans racines qui lui est offert, et qui l'écrase. Chaque fois qu'un patient découvre, en état de relaxation profonde, (ou de *lying*, ou d'expansion de conscience, ou de sommeil hypnagogique) qu'il est confronté à telle privation dans cette vie parce qu'il a privé quelqu'un dans une existence passée, il découvre une autre dimension de l'esprit. Il sait pourquoi il préfère ne pas se battre, ne pas tricher, ne pas être lâche : pour lui-même. Pour son propre avenir. Dans cette existence, et dans les suivantes. Même s'il n'a aucune preuve de sa survie après la mort, cette perspective possible lui offre une raison d'espérer, de vouloir, de vivre.

Allan Kardec, le premier des spiritualistes modernes, a approfondi la notion de réincarnation, en y consacrant près de six cents pages : *le Livre des Esprits*. Celui qui a fait graver sur sa tombe : "Naître, mourir, renaître encore et progresser sans fin : telle est la loi", a écrit, sous la dictée d'êtres désincarnés, l'un des ouvrages les plus fouillés sur la réincarnation. Il reçut des messages d'"esprits ou génies" qui se manifestèrent lorsqu'ils estimèrent que les temps étaient venus de répandre la Connaissance, au milieu du XIXème siècle (en 1850).

Malgré tout, nous ne connaissons pas la vérité sur la réincarnation. Il y en a sans doute autant que d'hommes qui s'y sont intéressés. Nous ne pouvons déterminer ni sa réalité, ni sa fréquence. Aucune des personnalités sus–citées, aucune des civilisations qui adhèrent à la doctrine de la réincarnation ne se trouvent en accord sur les modalités du phénomène. Il n'est donc pas possible, dans l'état actuel des connaissances, d'en fournir une preuve incontestable. Celui qui, en ce siècle, est allé le plus loin, dans la description théorique des vies successives, est le théosophe et métaphysicien Rudolf Steiner. Mais sa connaissance est le fruit d'une initiation mystique intuitive. Nous sommes dans le royaume des impressions, sensations, perceptions subjectives qu'éxècrent les esprits dits scientifiques et les rationnels. Ce phénomène existe, cependant, par le fait même que des millions de personnes y croient. Il existe sous une forme archétypale, comme un héros qui n'a peut-être jamais vu le jour mais dont les gens ont besoin pour s'élever, pour grandir, pour espérer. Prouver qu'il existe réellement n'est pas là le propos de cet ouvrage. Ce qui est intéressant, c'est de découvrir à quoi il sert. De le découvrir grâce aux individus anonymes, qui, en revivant des vies aussi banales que celles d'un médecin sous l'Empire romain ou d'une épouse d'un Anglais au début du siècle en Inde, extériorisent des souffrances morales et physiques intenses, parfois insoutenables, liées à ces existences. Lorsqu'ils en sortent comme épurés, allégés, renouvelés, réconciliés avec leur personnalité actuelle, on peut se dire qu'une vérité se dégage, qui n'est peut-être pas La Vérité. Mais seule la guérison importe.

La Loi de cause à effet (ou karma)

La Loi dont parlent tous les théoriciens de la réincarnation, la Loi de cause à effet, appelée aussi Loi de Rétribution ou *karma* (chez les hindous), peut se résumer en quelques mots : quelle que soit la manière dont nous nous comportons vis-à-vis des autres, les autres se comporteront de la même façon envers nous. Comme l'exprime le remarquable métaphysicien Emmet Fox (qui avait été ingénieur avant d'enseigner la Bible aux Etats-Unis et en Europe) :"Quiconque est tenté de violer quelque article du code civil ou criminel de son pays, est fort enclin à croire qu'il pourra, d'une manière ou d'une autre, échapper à la loi /…/. Il espère que ceux qu'il va léser lui pardonneront, ou bien qu'ils seront entre ses mains des victimes impuissantes, ou que tout s'oubliera avec le temps. /…/ Cependant, /…/ la loi de gravitation ne s'interrompt jamais, ne s'égare jamais, ne se fatigue jamais ; elle n'est ni clémente, ni vindicative et personne ne peut jamais s'y soustraire ni l'influencer, ni la corrompre, ni l'intimider. /.../ Or, la loi de la rétribution est aussi immuable que la loi de la gravitation universelle. Tôt ou tard, l'eau trouve son niveau, et les injustices que nous commettons finissent toujours par retomber sur nous-mêmes" (*Le Sermon de la montagne*, Éditions Astra). Cette loi ne signifie pas que ceux à qui vous avez donné vous rendront, que ceux que vous avez fait souffrir, ceux-là mêmes, vous feront du mal. Il s'agit d'une énergie, composée de pensées, de paroles et d'actes, qui, si elle a été positive, vous reviendra sous forme d'énergie positive et si elle a causé du tort aux autres, vous reviendra sous forme de malheurs. Il se peut que la personne à laquelle vous avez soustrait trois bibelots, en pensant qu'elle ne s'en apercevrait pas, ne s'aperçoive jamais, en effet, de cette disparition. Mais quelqu'un se trouvera, à un moment ou à un autre, dans la situation de vous enlever quelque chose, à vous aussi, et si ce ne sont pas des bibelots, ce sera votre sac, dans la rue, ou une somme, sur votre compte en banque. Il est des procès, en Haute Cour de Justice, dont on ne comprend pas comment ils ont été perdus, ou gagnés, si l'on ne connaît pas la Justice rétributive. Prenons, par exemple, la médisance. Il n'est rien de plus aisé que de parler d'autres personnes en termes disgracieux ou malintentionnés. Or, ces propos dégagent une énergie destructrice qui reviendra sur nous, par un phénomène naturel. "De la façon dont vous jugez, vous serez jugés vous-mêmes, et c'est la mesure dont vous vous servirez qui servira pour vous" dit Jésus Christ dans l'Evangile (*Matthieu, 7*). Souvent, nous observons que des personnes commettent des méfaits qui restent impunis. De nombreux films actuels et tout un idéal héroïque reposent aujourd'hui sur ce sport : trahir, voler, mentir avec "panache" et sans se faire prendre. Les Hindous croient que ceux qui ont commis un "crime" impuni s'exposent au Karma qui fera retomber sur eux des souffrances destinées

La réincarnation existe-t-elle vraiment ?

à leur faire comprendre leur geste. Jusqu'à ce que leurs actes n'entraînent plus que d'heureuses conséquences. Alors, c'est le dharma, et l'individu s'affranchit.

L'une des raisons pour lesquelles l'église chrétienne n'enseigne pas la réincarnation est que cette doctrine nous permet d'entreprendre demain ce que nous devons réussir aujourd'hui, maintenant : notre renaissance à la Lumière. Chris Griscom, une thérapeute réincarnationniste qui a fait régresser des milliers de patients dans son Light Institute, le formule plus subtilement : "l'enseignement le plus profond que j'ai reçu /.../ dit-elle (dans *Guérir de nos vies antérieures)* fut de constater que les hommes qui se considéraient si intensément /.../ comme des victimes (soit parce qu'ils ont souffert de la brutalité de leurs parents, soit parce qu'ils ont eu des problèmes difficiles à résoudre /.../ avec leur partenaire, soit encore parce qu'il y a d'autres scénarios coupable/victime), posent toujours les mêmes questions :"Pourquoi suis-je justement avec cette personne ? D'où est-ce que je la connais ?" Et ils constatent, à chaque fois, qu'ils ont exercé, face à ces autres personnes, le même pouvoir, dans les vies antérieures, que celui qu'ils subissent maintenant. Mais il est /.../ une découverte qui les choque encore plus, s'ils régressent vie par vie, /.../ ils constatent que cet homme qui leur apparaît comme malfaisant dans cette existence est une âme avec laquelle ils ont passé pas mal de vies". Pour Chris Griscom, la "loi interne" de cet enseignement est de constater que"l'âme a accepté (avant la naissance) la manifestation de cette situation douloureuse".

Il semble donc que l'enseignement que nous recevons, à travers la réparation des torts subis, soit voulu et recherché par nous. L'un des cas que je présente plus loin, celui de Victor, illustre à la perfection cette "loi interne". Victor avait emprunté une assez forte somme d'argent à Maxence (qui exerçait la profession de financier). Puis, il avait mis un temps considérable à le lui rembourser, par portions modiques, et sans respecter leurs conventions initiales. Au lieu de faire intervenir la Loi, Maxence adressait à Victor des menaces de mort, et Victor reportait de plus belle le paiement de sa dette. Il fallut la dépression de Victor, suivie d'une thérapie par la régression, pour qu'il découvre où et comment s'était déclenché le processus. Durant une existence qui remontait, à ses dires, au XVIIIème siècle, Victor s'était fait assassiner par cinq ou six hommes masqués, dans une embuscade, pour ses activités politiques, et Maxence faisait partie des hommes masqués. Ce qui l'avait amené inconsciemment à se "venger" de celui qui lui avait tendu une embuscade. Ces provocations n'avaient fait que raviver les sentiments de jalousie – colère – haine qu'éprouvait toujours son assassin. Victor, en agissant de la sorte, créait de nouvelles tensions, qui allaient, à leur tour, provoquer de nouvelles réactions karmiques.

En revanche, lorsque la loi de la rétribution est apprise et comprise, elle devient une force. Comme l'écrit encore Emmet Fox : "Lorsque l'homme élève son attention vers le monde de l'esprit par la prière et la méditation, il se place d'emblée sous la loi du Bien Parfait, et s'affranchit du karma. /.../ En Orient, où l'on comprend si bien la loi du karma, l'humanité n'a pas reçu le message du Christ. (Dans la Bible, les termes Christ et Jésus ne sont point synonymes. Jésus, c'est l'homme. Le Christ, c'est la Vérité spirituelle absolue en toute chose.) Aussi se trouve-t-elle dans une situation sans issue. /Mais l'homme a le choix /.../. Il peut /.../ vivre exclusivement sur le plan physique et le plan mental, et dans ce cas, il reste étroitement enchaîné à la roue du Karma. Ou bien il peut /.../ en appeler au Royaume de l'Esprit, communier avec la Vérité du Christ, et se libérer"(*Le Sermon sur la montagne*, Éditions Astra).

Chapitre 2

QU'EST-CE QUE « RÉGRESSER » ?

Le mot « régresser » évoque une action passéiste, rétrograde. Mais il prend un tout autre sens depuis que les thérapeutes adeptes de la réincarnation l'emploient pour enquêter dans les vies antérieures. Il signifie : se tourner vers le Soi Supérieur illimité qui détient, dans sa mémoire lointaine, tout un stock d'informations provenant de nos existences passées, informations dont nous ne nous servons pas consciemment mais qui inspirent notre conduite, notre pensée, nos actes. Il y a mille façons de parvenir à ce résultat, la régression pouvant être induite par un état de conscience en expansion (provoqué par la drogue, certains états mystiques, le thérapeute), par la méditation, par un état de semi hypnose (auquel l'on parvient en relaxation, par exemple, ou pendant les instants qui précèdent le sommeil, ou encore dans les moments d'intense concentration), par de l'autosuggestion ou *self hypnosis*, par l'écriture automatique (cf. Tara Stutphen), le dialogue avec l'ange gardien ou un esprit (cf. Allen Kardec), à travers des rêves que Stevenson appelle "vivaces" (détails très précis, couleurs intenses, qui laissent une impression très vive de réalité), par la prière (cf. Mère Yvonne-Aimée de Malestroit), par la vision clairvoyante (Rudolf Steiner), l'astrologie et d'autres. Toutes ces possibilités sont maintenant examinées afin que chacun puisse choisir la méthode qui lui convient le mieux.

LES TECHNIQUES PERMETTANT D'ACCÉDER À SES VIES ANTÉRIEURES

Par quels moyens accéder à ses vies antérieures et quelles précautions prendre pour ce faire ?

Nous sommes dépositaires d'un trésor secret : notre mémoire lointaine. Cette mémoire, qui nous signale, à notre insu, qu'un être, un lieu, une situation nous sont connus, cette mémoire qui nous indique la voie à suivre, qui fait pression sur nous lorsque nous nous égarons, nous avons tendance à négliger les informations qu'elle nous donne. Lorsque nous éprouvons un coup de foudre pour quelqu'un, ce n'est pas trop grave. Mais lorsque nous nous dirigeons vers une situation traumatisante que nous avons déjà connue par le passé – et que nous nous mettons à étouffer, il vaut mieux éviter de prendre un tranquillisant. Sinon, nous masquons ce que notre mémoire lointaine veut nous dire. Comment le faire ? Comment se mettre à l'écoute de cet autre "moi" que nous ignorons ? Ne risquons-nous pas, si nous l'ouvrons, de nous trouver face-à-face avec des masques terrifiants, des dragons qui crachent le feu, des horreurs que nous avons payées de notre vie, pour oublier ? "Les passivités /.../ forment la moitié de l'existence humaine. Cette expression veut dire /.../ que ce qui n'est pas agi, en nous, est subi" écrit Pierre Teilhard de Chardin (*Le milieu divin*). /.../ Les passivités accompagnent sans cesse nos opérations conscientes /.../ dirigeant, soutenant ou contrecarrant nos efforts. Et de ce seul chef, déjà, elles doublent /.../ exactement l'étendue de notre activité. Mais leur zone d'influence s'étend bien au-delà de ces étroites limites. /.../ Nous nous connaissons et nous nous dirigeons mais dans un rayon incroyablement faible. /.../ Immédiatement au-delà commence une nuit impénétrable et cependant chargée de présences."

Qu'est-ce que « regresser » ?

Ces présences, qui peuvent être des doublures de nos vies antérieures ou des âmes déjà rencontrées, ou des formes-pensées de nos émotions agglomérées que nous maintenons dans l'ombre, notre désir les réveille. Il va nous falloir affronter cette part obscure de nous-mêmes pour que de "passivité", elle devienne énergie active. Et cela demande une grande force intérieure, du courage, le désir de s'affranchir de nos limitations et incompétences. Il faut nous poser la question et être sûr qu'après avoir répondu "oui", nous n'allons pas abandonner à la première vision décevante ou ingrate de nous-même. Et lorsque sera conclu ce pacte avec notre moi vulnérable, il faudra peut-être l'aider, dans les premiers temps. Un guide, un ami ou un parent – sinon un thérapeute – peuvent être nécessaires, pour deux raisons. D'une part, permettre au chercheur de s'abandonner plus librement à sa mémoire, aux impressions, parfois violentes ou douloureuses qui surgissent. Le témoin-guide agit comme un garde-fou, dans ce cas. D'autre part, intervenir dans l'enquête, poser des questions, s'enquérir des détails, tous réflexes que le chercheur, pris par ses visions, peut omettre d'avoir. Il est immergé dans ses souvenirs, qui apparaissent parfois par pans décousus, et ne peut plus avoir de réflexion critique (même si sa conscience reste parfaitement éveillée)." La technique de ce genre de mémoire lointaine, écrit Joan Grant-Kelsey dans *Nos vies antérieures* /.../ implique la capacité de déplacer la majorité de son attention du niveau de la personnalité courante vers celui de l'incarnation plus ancienne. On doit en même temps garder assez de conscience éveillée normalement pour dicter un commentaire sur les pensées, les émotions et les sensations de la personnalité antérieure."

Le chercheur peut avoir l'impression, au début, d'imaginer des situations ou des scènes d'après des livres, des films, voire des événements de la réalité, présente ou passée. Il lui est loisible de dissiper ce sentiment en employant la technique préconisée par Joan Grant pour valider ses visions : "…si je voyais deux hommes traversant une cour, l'un vêtu de rouge et l'autre de vert, et pouvais changer la couleur de leur tunique, ou même les transformer en kilts, alors il s'agissait d'une forme de pensée. Si je ne pouvais rien changer à la scène, malgré tous mes efforts, alors j'acceptais sa validité".

Voici la description que fait Isola Pisani dans *Preuves de survie* de la façon dont les choses se déroulent : "…le malade-chercheur est conduit par hypnose légère – à aucun moment, il ne perd la perception habituelle de son corps, de lui-même et de l'endroit où il se trouve – à un changement de niveau de conscience. A ce degré plus intense, il est apte à examiner les images restituées par sa mémoire, particulièrement celles conservées par sa mémoire lointaine".

Dans cet état particulièrement agréable, puisque nous avons l'impression de mettre au repos notre conscience, de renoncer provisoirement aux tensions, aux conflits intérieurs, aux soucis qui nous minent, nous nous trouvons dans une dimension différente, un espace et un temps sans limites. Nous voyons venir à nous des personnages dont nous sentons qu'ils sont nous-mêmes. La race, le sexe, l'âge, les croyances peuvent être très différents de ceux d'aujourd'hui. Cela est important de le savoir : notre frère si macho a pu être courtisane, prophétesse ou épouse accomplie dans d'autres vies. Notre besoin de défendre les Noirs peut provenir d'une existence où nous avons partagé leur sort. Nous avons pu adorer le veau d'or puis Shiva, célébrer Yom Kippour et aujourd'hui croire en la Résurrection du Christ. Nous avons pu être entourés d'une famille où sous des traits différents nous reconnaissons aujourd'hui tel de nos amis, tel de nos parents. Lorsque les paysages, les maisons, le climat d'un lieu nous semblent familiers, nous avons pu y vivre, des siècles auparavant et en avoir conservé des réminiscences.

Qu'est-ce que « regresser » ?

Lorsque nous avons changé d'état de conscience, que nous nous sommes tournés vers nos vies antérieures, peu à peu, les émotions de personnes "imaginaires" surgissent, et sans le vouloir, nous nous sentons captifs de l'une ou de l'autre d'entre elles. Exactement comme un roman où nous nous identifions davantage à l'un des personnages qu'aux autres. Nous vibrons au même diapason qu'elle, nous nous mettons à éprouver ses joies, son chagrin, comme s'ils étaient nôtres. Puis arrivent une crise, un événement inquiétant, un moment d'anxiété ou d'exaltation paroxystiques qui semblent directement remonter à une souffrance, à un conflit, ou à une chance d'aujourd'hui. Nous nous voyons ourdir un complot, agir de façon indigne de nous ou au contraire supporter des ignominies sans réagir – tous événements qui ont contribué à construire notre personnalité d'aujourd'hui, notre structure émotionnelle, nos ambitions.

Nous éprouvons alors un sentiment d'intime soulagement, comme après nous être confessés ou avoir dit à quelqu'un qu'on ne l'aimait plus. L'impression d'être délivré d'un poids trop lourd, de renouer avec soi-même, de ne plus se travestir de faux-semblants. L'impression d'un champ de conscience qui s'élargit, d'un univers qui n'est plus restreint à l'espace-temps mais qui s'ouvre comme si notre esprit s'envolait. On comprend mieux pourquoi on a développé tel sentiment d'insécurité, telle phobie, tel mal chronique. On découvre que rien de ce qui nous arrive d'important ou de grave n'était inconnu de nous. Nous en avions le pressentiment, la précognition. On entrevoit soudain que nos meurtriers de cette vie-là sont ceux qui nous ont donné la vie aujourd'hui. Que nous sommes dépendants, aujourd'hui, de ceux à qui nous avons nui. Ils nous rejoignent, d'une vie à l'autre, comme des chiens qui nous retrouvent bien qu'on les ait abandonnés. On perçoit qu'aucune rencontre, aucune expérience, aucun fait, rien n'est vraiment le fruit du hasard, que nous avons sécrété

la matière de notre existence présente et la qualité vibratoire de ceux qui viennent à nous, comme nous attirons un certain type d'aventures, d'incidents et de conjonctures. Que nous avons répété, vie après vie, les mêmes erreurs ou les mêmes impuissances, en nous croyant victimes des autres ou des circonstances, dans des conditions et sous des identités différentes, jusqu'à comprendre une leçon, une autre et encore une autre. Nous avons enfin la révélation que l'homme qui priait tout le jour sous une tente de désert, comme celle qui séduisait les gardiens pour entrer dans un palais en fête, l'enfant qui se noyait dans une piscine au milieu d'invités scintillants, comme celui qui était abandonné dans un caniveau, sous les pots d'échappement polluants, tous avaient une flamme spéciale, une aspiration, un désir secret qui les unissait : notre conscience."La mémoire lointaine exhume des souvenirs mais dégage surtout l'être permanent, l'être essentiel, l'être immortel qui veille en nous", observe encore Isola Pisani. /.../ Il prend conscience d'une sagesse invulnérable, /.../ il est alors capable d'une vérité plus grande et d'une lucidité suraiguë : il peut résoudre les problèmes insolubles autrement. Il peut guérir les maux provoqués dans son lointain passé par son désespoir, ses erreurs, et même ses crimes. /.../
Après avoir haï pour massacrer, chacun aura la possibilité d'aimer pour sauver. /.../ L'on n'est sûr de cela que si l'on a changé de niveau de conscience. Car la conscience quotidienne, telle que nos sociétés l'ont façonnée et mutilée, ne s'en souvient pas."
Il vaut mieux ne pas entreprendre une telle enquête par curiosité intellectuelle. Cette expérience est destinée à ceux qui souffrent, moralement ou physiquement, d'un mal-être ou d'un mal que la médecine traditionnelle ne guérit pas. Elle n'est pas exempt de dangers. Ainsi, Joan Grant relate une expérience personnelle qui, sans la présence thérapeutique de son mari lui eût valu quelque fâcheuse complication. Elle venait de retrouver l'une de ses

personnalités antérieures, Lavinia, qui avait fait une chute de cheval et s'était cassé la colonne vertébrale, lorsqu'elle s'écria :" Ramenez-moi vite au présent! Je m'identifie tellement à la paralysie de Lavinia que je crains de la voir affecter mes propres jambes". En effet, lorsque son mari l'eut ramenée au présent, elle ne pouvait plus bouger ses jambes. Il la plaça donc sur le ventre et entreprit de lui masser le dos en s'imaginant l'accident et la fracture, afin de transmettre à Lavinia son énergie et la guérir à travers Joan. C'est ce qui se produisit, de sorte que Joan retrouva l'usage de ses jambes.

Une jeune femme m'a rapporté un phénomène similaire qui s'était produit alors qu'elle avait soumis à son "moi supérieur illimité" une question, en état de méditation : elle avait été assaillie par la vision d'un soldat qui avait reçu une épée dans la gorge alors qu'il essayait de prendre un fort d'assaut. Elle avait dû sortir trop brusquement de cette agression pour replonger dans le présent et avait gardé pendant plusieurs jours une brûlure à l'endroit de la gorge où l'épée ennemie l'avait frappée.

Toutes les formes de relaxation, d'hypnose (fût-elle légère) de méditation gagnent à être entreprises avec un guide, au moins dans les premiers temps. Si vous êtes un solitaire, si vous avez résolument besoin d'intimité pour partir en quête de ces autres dimensions de vous-même, utilisez pour commencer de préférence la méthode du dialogue avec l'ange gardien, ou les questions à la boule de cristal, ou la contemplation du miroir. Bien que ces techniques ne fournissent généralement pas autant de détails que les techniques à base d'hypnose, elles s'avèrent moins risquées pour les psychismes fragiles, ou sensibles.

Rappelez-vous que la renaissance intérieure se fait par étapes, qu'il n'est pas nécessaire de brusquer vos défenses et protections psychiques pour obtenir des résultats stupéfiants. Il suffit parfois d'une simple question intérieure, et la réponse vient, simple comme dans un dialogue. Il vous faudra parfois vérifier auprès de bons historiens ou dans des dictionnaires spécialisés, des dates historiques, des repères, des noms de villes, de personnages, dont vous ne connaissez pas, consciemment, l'existence, et qui vous seront spontanément soufflés.

La visualisation

Le scientifique américain Russel Targ (ancien chercheur au Stanford Research Institute, spécialisé dans l'expérimentation des phénomènes parapsychologiques) suggère de fermer les yeux, dans un endroit calme, une bougie allumée et de laisser venir à soi les images. Il faut être dans le même état d'esprit que celui qui s'est concentré, qui a fait un gros effort pour se rappeler le nom d'une rue puis a mis provisoirement de côté son effort de mémoire. A ce moment-là, quelque chose, un déclic se produit et le nom de la rue revient. Dans le domaine de la recherche de mémoire lointaine, le phénomène est similaire. On doit préalablement se poser une question précise, qu'il vaut mieux avoir rédigée. Par exemple : "pourquoi la simple vue d'un chat provoque-t-elle une crise d'herpès ? y a-t-il un événement dans l'une de mes vies antérieures qui ait pu susciter cette réaction dans cette vie-ci ?". Ou bien : "pourquoi suis-je incapable de contrôler mon animosité vis-à-vis de ma soeur ? Un événement dans l'une de mes vies antérieures est-il à l'origine de cette rancoeur ?" Il faut, après plusieurs respirations profondes, vous mettre en état de relaxation profonde – allongé, ou, si vous avez tendance à vous endormir, assis – et laisser venir à vous les images. Ce seront parfois des symboles, ou des détails (par exemple, une épée, ou une fenêtre, ou un kangourou), ou encore une lettre, un prénom, une suite de mots. Notez tout ce qui se déroule, dès que le flux d'images s'est interrompu, avec le maximum de détails, et recommencez. Sachez que ce à quoi vous avez accès n'a de signification que par rapport à vous, donc vous seul en détenez l'explication.

Soyez précis dans votre description, notez jusqu'aux moindres détails, ils peuvent avoir un sens, sinon tout de suite, plus tard, à la lumière d'autres faits. Par exemple, si vous voyez un berceau, dont l'une des roues est abîmée, une casserole en étain, une dague ciselée ou un morceau de toile, prenez soin de dépeindre le plus fidèlement possible les menues particularités de chaque objet, elles pourront s'avérer d'une extrême importance. Les couleurs, les matières, les motifs de la ciselure, la qualité ou la vétusté du bois, etc. Vous devez sentir que vous êtes à la veille de découvrir une énigme importante sur vous-même et que chaque indice compte. Indiquez également, si cela vous est possible, l'ordre dans lequel ces images sont apparues, ainsi que les associations de pensées que ces objets vous font faire (*Journal of Scientific Exploration*, Russel Targ, automne 1994).

Le « griffonnage »

Dans le même esprit, vous pouvez utiliser la méthode préconisée par Robert Mc Kim, dans son livre *Expériences in visual Thinking*. Il trouva des solutions à des problèmes mécaniques ardus en faisant des griffonnages sans signification sur une feuille de papier, mais avec l'intention de découvrir la réponse dans ses crayonnages. Même si vous ne reconnaissez pas vos premières esquisses, quelque chose surgira à un moment ou à un autre, qui aura un sens pour vous. Procédez de la même façon, si vous avez un problème psychique ou physique à résoudre, dont vous sentez qu'il pourrait trouver sa solution dans une de vos vies antérieures. Naturellement, cette technique demande une attention flottante, la capacité de laisser libre cours à l'imagerie visuelle, sans la censurer, sans préjuger de sa signification. Vous découvrirez le sens d'une image, d'une couleur, d'un symbole de façon fortuite, grâce à une information obtenue ultérieurement. Ne laissez rien se perdre, ne jetez pas vos graffitis, chaque détail peut déclencher une histoire.

L'écriture automatique

L'écriture automatique fait partie des moyens "visuels" d'accéder à la mémoire lointaine. Officiellement mise en circulation par Allan Kardec, dans son *Livre des Esprits*, elle a été découverte aux Etats-Unis, par des médiums qui assistaient à la danse des tables. Ils eurent l'idée de demander ce qui faisait bouger les dites tables, en réponse aux questions posées. "La justesse des réponses, leur corrélation avec la question excitèrent l'étonnement. L'être mystérieux qui répondait ainsi, interrogé sur sa nature, déclara qu'il était "esprit" ou "génie" /.../ et fournit divers renseignements sur son compte", écrit-il. On essaya alors de le faire communiquer à travers des ustensiles plus légers, jusqu'à ce que l'on découvre qu'il suffisait de prendre un crayon, de poser sa main sur un bloc de papier et d'attendre, pour que se produise le phénomène de l'écriture automatique. Beaucoup employée par les membres du mouvement Surréaliste, dans la première moitié du XXème siècle, notamment par André Breton, elle n'a eu d'intérêt, pendant un certain temps que pour les poètes et les médiums professionnels. En fait, tout le monde doit obtenir des résultats par cette méthode, avec un peu d'entraînement. Un voyant l'a utilisée lorsque ses guides spirituels lui ont donné l'instruction d'écrire un livre sur le tarot. Elle consiste à laisser sa plume écrire indépendamment de sa propre volonté. A un moment ou à un autre, vous identifierez dans les mots ou les phrases sans logique ou sans suite des idées force dont vous sentirez qu'elles résonnent juste à l'intérieur de vous. Petit à petit vous pourrez capter des phrases entières. Naturellement, il faut avoir une idée précise de ce que l'on veut savoir, et invoquer les esprits supérieurs pour qu'ils vous éclairent. Car il en est du monde des esprits comme du monde matériel : les êtres y sont plus ou moins évolués.

Ces trois techniques sont cependant plus productives si vous avez un tempérament contemplatif, le goût de la solitude, des facultés imaginatives déclarées, un penchant pour la rêverie. Les esprits trop rationalistes risquent de s'autocensurer.

L'astrologie karmique

Lorsque j'ai commencé à dresser des thèmes astrologiques, je me suis trouvée confrontée à des questions sans réponse. En effet, l'astrologie traditionnelle, telle que l'enseigne Henri Gouchon, par exemple, ne révèle pas tous les secrets d'un destin. Il y avait toujours un "au-delà" du thème natal. Quelque chose d'autre donnait sa vraie perspective, son élan et son devenir à la personnalité. Je cherchais quoi. Qu'est-ce qui permettait à certaines personnes d'échapper à leur conditionnement planétaire, de s'en affranchir, alors que d'autres y demeuraient assujettis, leur vie durant ?

En découvrant l'astrologie réincarnationniste avec Irène Andrieu, (auteur de l'*Introduction à l'astrologie d'évolution*, Dangles) et les séminaires de Charles-Rafaël Payeur sur l'astrologie karmique, j'ai pu "ouvrir" au thème de nativité une nouvelle dimension. Dans un article paru en décembre 1945 dans le *Bulletin Saint Alban*, Georges de Cursac écrivait déjà : "L'astrologie scientifique /.../ révèle des analogies extrêmement troublantes dont la probabilité par coïncidence fortuite serait infinitésimale entre le thème de nativité du sujet et ceux des personnages dont il serait la réincarnation. De plus /.../ il est possible, connaissant un fait précis et exactement chronologué d'un individu, de retrouver sa date de naissance et celle des principaux événements de sa vie. Il est donc hors de doute que l'on puisse, de la même façon, retrouver les dates des vies antérieures d'un personnage donné".

Cette liberté devant laquelle l'individu se trouve de s'affranchir de sa "fatalité" personnelle ou de s'y enchaîner, de répéter les mêmes erreurs ou d'adopter résolument un nouveau "scénario de vie" s'explique devant les indications karmiques données par les astres à sa naissance. Devant un diagnostic médical alarmant, l'astrologue comprend quelle compulsion pousse l'un à se détruire, à précipiter sa mort, tandis que l'autre se bat, cherche le recours de la médecine traditionnelle, des guérisseurs, d'un régime alimentaire, ou de la prière, pour guérir, à tout prix. L'astrologie réincarnationniste apporte une réponse complète à la question que pose tout être ; elle donne un aperçu de l'histoire de son âme, de la cause de sa venue en ce monde, de sa mission sur terre, en quelque sorte ; elle autorise une approche vraiment dynamique de sa destinée.

Le rôle de l'astrologue ne consiste pas à soigner un doute, une interrogation, un mal-être, comme le thérapeute, mais à donner à la personne les moyens de se soigner par elle-même. En facilitant l'accès à ses propres forces, l'accès à ses conflits intérieurs. En lui permettant d'en mesurer l'intensité, et de les polariser différemment, de façon qu'ils deviennent dynamiques. Car, une fois comprises, ces énergies se transforment en forces de guérison. Les tensions peuvent détruire ou être une source intarissable de créativité. La thérapie par la régression dans les vies antérieures devient alors un outil complémentaire précieux aux indications fournies par l'astrologie. Elle donne au consultant le moyen d'enquêter par lui-même dans son lointain passé, à partir de données inscrites dans son thème de nativité.

Certaines phobies peuvent être mortelles, parce qu'elles ont donné la mort dans une vie antérieure. Certains comportements boulimiques ou anorexiques sont incompréhensibles sans la lumière de chocs affectifs antérieurs à cette existence. Les vies antérieures sont un héritage psychique qui conditionne l'élan vital de l'individu. Ceux qui, consciemment ou inconsciemment, renouent avec leurs aptitudes et leurs aspirations passées trouvent un état d'harmonie intérieure, de force, d'assurance, qui leur permet de se fixer, dès leur jeune âge, un objectif précis, de l'atteindre plus facilement, en obtenant l'aide ou les opportunités que d'autres peineront à gagner.

Hasard, fatalité ou chance ?

Pourquoi ? Nulle injustice, dans cet état de faits, et nulle "chance" au sens aveugle où on l'entend, lorsqu'on part du principe que chaque existence présente a été préparée. Celui qui a travaillé dur comme esclave sous le fouet d'un tortionnaire, celui qui a accepté sa condition sans se plaindre recevra sa récompense dans une vie future. Il bénéficiera de facilités étonnantes, pour étudier, progresser dans la connaissance. L'astrologue traditionnel ne verrait que les conséquences de sa vie précédente : un ciel plutôt faste, des énergies favorables, qu'on appelle la chance. Mais sans y voir la cause. Or, c'est la cause qui détermine les effets. La cause qui peut se trouver dans une ou plusieurs autres vies. La loi de cause et d'effet nous paraît logique lorsque nous mangeons trop de chocolat et que nous avons mal au coeur. Pourquoi ne se manifesterait-elle pas lorsque nous avons, durant toute une vie, manqué des occasions de nous parfaire, soigneusement renoncé à apprendre, à comprendre, à découvrir, à créer ? Que nous soyons privés d'opportunités de connaître, dans une vie suivante, paraît logique : notre paresse, notre apathie, notre peu de courage auront engendré un "manque à gagner" énergétique. Les forces cosmiques, qui ont ouvert un crédit illimité, à l'homme, ne changent pas. Mais l'homme ferme de lui-même son accès à l'abondance. Par la procrastination, le doute, la peur. Cela ne l'empêche pas de se développer. Mais cela lui demande plus de temps, plus de vies dures, au cours desquelles il renforce sa volonté, sa détermination, son choix, par la frustration. Certains êtres s'épanouissent dans l'abondance. D'autres doivent rencontrer des obstacles pour raffermir leur volonté, leur courage, leur endurance.

La boule de cristal

Parmi les techniques visuelles, la vision dans la boule de cristal connaît un regain de faveur. Jusqu'à présent, l'on reléguait cet objet dans le fourre-tout des chiromanciens et des diseuses de "bonne aventure". Mais la découverte des propriétés du cristal a permis à certaines personnes de l'utiliser, pour commencer, à des fins thérapeutiques. Puis, peu à peu, elle entre dans l'esprit des chercheurs de vérité."De nos jours encore, d'antiques traditions perpétuent l'usage sacré des pierres, écrit Charles-Rafaël Payeur, dans *Pierres et initiation* (Editions de l'Aigle). Ainsi, le chamanisme d'Asie, d'Amérique, d'Océanie et même d'Afrique considère toujours la pierre comme un formidable vecteur d'énergie psychique et spirituelle. Les quartz translucides, ou "cristaux de roche" sont perçus, précise Mircéa Eliade comme des "pierres censées avoir été détachées du trône de l'Etre suprême ou de la voûte céleste. C'est pourquoi, elles peuvent réfléchir ce qui se passe sur la terre". Aussi, en fixant longuement un cristal de roche, le chaman découvre la cause profonde des maladies et des maléfices, les choses cachées, etc. Les amérindiens vénéraient également le cristal de roche comme un"morceau d'éternité".

Le médecin et philosophe Raymond Moody, lui, raconte comment il tomba par hasard sur un livre traitant de la cristallomancie (*Lire dans une boule de cristal* d'Ernest Schal, publié en 1905), qui l'incita à acheter ce "curieux outil". Il fut stupéfait d'y découvrir des images d'une grande précision, défilant assez rapidement. Avec le goût de l'expérience scientifique qui le caractérise, il soumit à l'expérience de la boule de cristal ses étudiants. A la fin, "plus de la moitié d'entre eux avaient eu un résultat ahurissant". Il entreprit alors de passer aux vies antérieures et proposa cette méthode à quelques-uns de ses patients. Ils eurent tous des aperçus assez instructifs de leurs vies antérieures.

Ce que vous obtenez généralement de la boule de cristal, ce sont des vues fugitives, qu'il faut interpréter. Ainsi, une femme qui tenta l'expérience se vit sur une barque, debout, tout en noir et des voiles noirs flottant dans le vent. Elle crut d'abord avoir eu une vision prémonitoire, puis elle se rendit compte qu'elle était en pleine "renaissance" spirituelle : l'image indiquait qu'elle devait faire le deuil de son ancien "moi". Un homme, qui était en instance de divorce, et souffrait des scènes constantes de son épouse, vit deux oiseaux affamés qui ouvraient le bec en piaillant, sans pouvoir bouger de leur nid. Il comprit que ces deux oisillons symbolisaient sa femme et son fils, tous deux attendant la becquée spirituelle, autrement dit, la connaissance, le savoir qu'il avait acquis seul mais n'avait pas partagé. Malgré le fait qu'il avait évolué dans un sens différent, il sut leur apporter la compréhension, l'estime, la considération dont ils avaient besoin pour grandir, et acquit sa liberté lorsque eux aussi eurent progressé.

La contemplation du miroir

C'est une technique qui a été expérimentée par une psychothérapeute de formation classique grâce à une patiente (plutôt jolie) qui se plaignait depuis plusieurs séances de ne pas pouvoir se voir. La thérapeute eut l'idée de lui tendre un miroir et lui suggéra de dire tout ce qu'elle y voyait. L'expérience intéressa la patiente qui, pour commencer, se décrivit, puis constata avec amusement qu'elle avait "attrapé une petite moustache noire à la Marcel Proust, et un air de dandy suffisant". Sa thérapeute eut l'idée d'instaurer un dialogue entre ce dandy et sa patiente, qui, au bout de quelques minutes, s'exclama :

Réincarnation et renaissance intérieure

"mais cet homme, c'est moi !" Elle "vit" alors des images d'une cité anglaise à la fin du XIXème siècle, et cet homme se pressant parmi les fiacres pour aller jouer à son club. Elle le trouva fade, tout occupé de sa petite personne, égoïste et prétentieux. Il avait dilapidé toute la fortune héritée de ses parents pour des femmes, le plaisir et le jeu. Elle sentit que la vie de cet homme était reliée à sa vie présente et cette vision lui fit comprendre pourquoi elle ne pouvait pas se voir.

Après vous être installé dans une pièce calme, où vous vous sentez bien, vous allumez une bougie qui va représenter la lumière spirituelle. La technique consiste donc à demander à votre Moi Supérieur ou à votre subconscient de vous envoyer les images du passé qui vous sont nécessaires pour progresser aujourd'hui. Après avoir formulé votre prière à haute voix ou par écrit, vous vous regardez dans un miroir suffisamment longtemps (avec une attention flottante) pour que votre visage se transforme peu à peu. Vous le verrez peut-être prendre des traits négroïdes, indiens ou asiatiques, ou encore se modifier dans son expression, vieillir, rajeunir, s'arrondir ; des explications y seront corrélées qui viendront de votre voix intérieure. Il faut, là encore, noter avec soin toutes les impressions qui surgissent. Mais ne le faites pas si vous avez facilement des cauchemars ou si vous avez tendance à avoir peur de votre ombre. Des images peuvent surgir, qui, comme dans le cas des régressions, peuvent vous montrer sous un jour violent, triste ou éprouvant. Si vous n'êtes pas prêt à affronter seul vos fantômes, faites-le en présence de quelqu'un en qui vous avez confiance et que vous chargerez d'intervenir si vos visions vous sont trop désagréables. Après quelques séances accompagnées, vous pourrez vous affronter seul à votre Soi Supérieur illimité et l'apprivoiser.

La "clairaudience"

Parfois, au cours d'une visualisation, vous pourriez entendre des sons, des mélodies ou des mots qui semblent vous être dictés par une voix extérieure à vous-même. Une jeune femme m'a raconté qu'au début de ces expériences, elle entendait régulièrement une voix lui répéter : "quel dommage" avec un accent de réprobation qui la paralysait. Pendant plusieurs jours, elle fut interrompue par cette même voix et ces mêmes mots. Jusqu'à ce qu'elle entendît sa mère au téléphone employer distinctement cette interjection, au cours de leur conversation. Elle s'aperçut alors que sa mère répétait cette exclamation à tout propos depuis qu'elle était en âge de la comprendre, et qu'elle avait pénétré son subconscient de façon insidieuse. Elle avait gravé en elle l'idée que, quoi qu'elle entreprît, il y aurait toujours une belle occasion de manquée, il serait toujours trop tard pour que sa tentative réussît. A dater de ce moment, elle eut des visualisations d'une extrême intensité qui lui permirent d'enrichir son activité artistique. Il lui fallait simplement s'affranchir de ces mots qui avaient un effet dévastateur sur sa créativité.

Il peut y avoir des mots qui vous donnent la clé de toute une vision. Denise Desjardins entendit, alors qu'elle n'avait jamais étudié le sanscrit, les mots de TAT TAWAM ASI qui lui furent traduits par un maître indien, grâce à qui elle découvrit qu'ils étaient son mantra dans sa vie antérieure d'indienne (*De naissance en naissance*). Une jeune fille avait "vu" le visage d'un homme qu'elle n'avait jamais rencontré dans la réalité. Cette vision fut accompagnée de l'impression qu'il avait joué un rôle d'instructeur, en Europe de l'Est, dans sa vie antérieure. Elle demanda pourquoi il lui apparaissait. Elle entendit : "C'est un Australien". Cela ne lui parut pas une réponse et elle oublia cette vision. Trois ans plus tard, ses parents, qui ignoraient tout de l'expérience de leur fille, décidèrent d'aller en vacances chez de lointains cousins, qui avaient émigré en Australie. C'est là que la jeune fille rencontra l'homme qui lui était apparu en rêve éveillé!

Le dialogue avec l'ange gardien

Nous disposons tous d'un ange, que nous le sachions ou pas. Il se nomme aussi esprit ou génie, mais il a la fonction de l'ange gardien, dont le devoir est de nous instruire, de nous guider, de nous protéger en cas de danger. Il est chargé de nous depuis notre venue au monde et son nom, comme ses fonctions, dépendent de notre date de naissance, car il est en vibration avec nous. Comment l'identifier ? Il vous suffit de vous reporter au livre du Dr. Paffenhof, *Les anges de votre destin*, (Grancher) ou à l'étude de Mgr. Payeur sur le sujet (voir p. 201). Si vous ne le connaissez pas, vous pouvez quand même l'interroger sur votre mission et votre avenir. Vous pouvez aussi donner une forme, un vêtement, un visage ou une apparence à l'être que vous considérez comme votre ange gardien. Ce peut être une grand-mère très chérie, un héros avec lequel vous vous sentez en profonde harmonie vibratoire (du lointain passé ou contemporain), un saint, auquel vous vous confiez souvent, ou un être de lumière, dont vous ne voyez pas la face, mais dont vous percevez l'aura bénéfique. Shirley Mc Laine, elle, vit un être à l'allure noble, au regard bon et doux, dont l'aura était cuivrée, et qui lui dit être son Soi Supérieur Illimité. Qui que soit votre ange interlocuteur, demandez-lui de vous aider à retrouver la cause de la situation que vous vivez, de votre mal, de votre blocage physique ou moral. Dès qu'il aura donné son assentiment, demandez-lui de vous indiquer dans quelle vie du passé se trouve l'origine de votre mal, et demandez-lui de dérouler sous vos yeux, comme un film, les circonstances, le lieu, les personnes et les conditions dans lesquels se sont déroulés les événements qui aujourd'hui, vous hantent. Insistez pour avoir des images plus nettes, des informations complémentaires, et écoutez les réponses à l'intérieur de vous. Elles peuvent prendre une forme parlée, ou visuelle. Lorsque vous avez compris et enregistré la projection, demandez-lui de déraciner en vous tous les souvenirs nocifs de cette existence antérieure, (ou de ces existences) et voyez-le effacer de la main sur son registre des Réminiscences les événements qui vous font mal, dont vous sentez qu'ils nuisent à votre épanouissement. En échange, faites-lui la promesse qui vous paraît la plus adaptée, à même de le récompenser pour la tâche dont il s'est chargé. (Ce peut être un don, une offrande à quelque oeuvre bienfaisante, ou une aide matérielle à une personne malade, ou la promesse de ne plus vous mettre en colère, ne choisissez pas au hasard, mais comme vous chercheriez un cadeau pour quelqu'un qui vous veut du bien). Lorsque vous l'aurez vu enregistrer votre promesse et vous en remercier, ouvrez-lui votre coeur, exprimez-lui votre gratitude de la façon dont vous le feriez dans la vie : en le couvrant de fleurs, en l'étreignant contre votre coeur, ou d'une quelconque autre façon qui vous corresponde.

"Il est une doctrine qui devrait convertir les plus incrédules par son charme et par sa douceur : celle des anges gardiens. Penser qu'on a toujours près de soi /.../ des êtres qui sont toujours là pour vous conseiller, vous soutenir, pour vous aider à gravir l'âpre montagne du bien, qui sont des amis plus sûrs et plus dévoués que les plus intimes liaisons que l'on puisse contracter sur cette terre, n'est-ce pas une idée /.../ consolante ? /.../ Oui, quelque part que vous soyez, il sera avec vous" (Allan Kardec, *Le livre des Esprits*, Éditions Select).

La répétition d'une prière, d'un son, d'un mantra

"Lorsque l'ancien prêtre hébreu appartenant au Temple prononçait ce qu'on appelait dans la vie ordinaire les pa-

roles, mais dans une certaine combinaison de sonorités, lorsqu'il les prononçait de la manière juste /…/ ceux auxquels il parlait se trouvaient effectivement dans un autre monde…" Rudolf Steiner, Le karma de la profession.

De nos jours, il n'est plus nécessaire que le son soit extériorisé, c'est l'esprit d'ouverture et de confiance dans lequel vous met la "prière" qui vous donne accès aux champs inexplorés de votre conscience et peut vous amener, par la compréhension de votre *karma*, de la mission qui vous incombe, à l'illumination. La prière est bien connue des enfants qui contemplent un coquelicot au milieu des mauvaises herbes comme s'il était le fruit d'un miracle, sans se rendre compte que, pendant ce temps-là, leur train électrique a déraillé. Elle est bien connue des scientifiques qui, lorsqu'ils se concentrent pour trouver une solution à un problème, sentent une sorte de générateur s'allumer dans leur cerveau et leur délivrer dix-huit mille idées à la seconde. Que se passe-t-il ? Ils se sont reliés à une force qui leur ouvre d'autres dimensions. Plus qu'en mots, la prière s'exprime dans cette attitude d'ouverture, d'attention émerveillée qui nous permet de "recevoir" ce que l'on demande. "Si tu pries vraiment, tu connaîtras une grande assurance, les anges /…/ t'illumineront sur les raisons des êtres", dit Evagre le Pontique. Et Isaac de Ninive : "Parfois, la prière engendre une certaine contemplation qui fait s'évanouir la prière sur les lèvres." Quant à Jean Climaque, il écrit : "Point de recherche dans les paroles de votre prière. /…/ Ne vous lancez pas dans de longs discours afin de ne pas dissiper votre esprit dans la recherche des paroles". Et Elie l'Ecdicos : "La prière qui accompagne la contemplation pneumatique (c'est-à-dire, la contemplation spirituelle subtile), c'est /…/ la science des raisons divines sur la Providence et le Jugement " (*Petite philocalie de la prière du coeur*). Yvonne-Aimée de Malestroit, sainte qui mourut en 1951, souffrit beaucoup d'incompréhension et de rejet – surtout de la part des religieux chargés de la diriger – à cause de ses visions, prémonitions et dons supranormaux. Sa biographie, par René Laurentin, nous montre à quel point elle accède à un état tout autre, au moment où elle est en prière : "Tu possèderas les raisons suprêmes de toutes choses, tu apprécieras les choses dans la vérité, d'un regard détaché tu recevras les communications des jugements de Dieu" lui est-il promis, un jour où elle est en prière (F. X. de Guibert). La prière, ou cet état d'attente confiante et d'émerveillement que ressentent aussi ceux qui rejettent les religions, peut conduire à la vision du futur, d'événements mondiaux, ainsi qu'à la connaissance intuitive de ses vies antérieures. Il est bon de garder des notes ou un enregistrement de ce que l'on a "compris", car l'expérience finie, le doute parfois s'installe. Or, les certitudes sont nécessaires, dans ce domaine, c'est le seul moyen de nous délivrer de ces "passivités" que nous subissons autrement. Lorsque le moment que nous avons consacré à la prière nous a délivré quelque information, nous pouvons le clôturer – en éteignant la bougie, et en rendant grâces, silencieusement –. Si la prière ne nous a rien apporté (à part la paix de l'esprit et du coeur, ce qui signifie déjà beaucoup!) ne nous décourageons pas et reprenons-la un autre jour, lorsque nous nous sentirons disposés à nous recueillir.

Le pendule

Le pendule a ses adeptes. Originellement utilisé par les sourciers pour détecter les nappes d'eau sous la terre, il se prête aujourd'hui à différentes consultations. Certains médecins l'utilisent pour savoir si une médication est adaptée à la maladie d'un patient. Des kinésithérapeutes s'en servent pour mesurer l'aura énergétique de leur client. D'autres lui demandent où se trouve un objet égaré. D'autres encore le sollicitent pour toutes sortes de questions pratiques. Il suffit d'établir une convention tacite. Par exemple : s'il tourne à droite, la réponse est positive, s'il tourne à gauche, elle est négative, s'il fait du surplace ou reste immobile, il ne peut se prononcer – ou vous avez bloqué votre énergie. Il faut alors vous détendre, prendre quelques inspirations profondes et recommencer l'expérience. Si le pendule ne bouge toujours pas, vous avez peut-être choisi un mauvais moment, vous êtes crispé, attendez un autre moment pour vous livrer à l'expérience. Le pendule répond à des questions précises. Par exemple, si vous venez de rencontrer un individu qu'il vous semble avoir connu dans le passé, et qui vous inspire des sentiments d'hostilité, interrogez votre pendule : "nous sommes-nous déjà connus dans une vie antérieure ?" Si la réponse est oui, poursuivez l'investigation : "avons-nous été en conflit ?" Si vos intuitions s'avèrent justes, procédez encore par questions "directives". Mais n'oubliez pas que ce sont vos propres réponses qu'il retransmet!

Le « Soi parallèle »

Cette technique fondée sur l'imagination et le don de visualisation est développée par le thérapeute américain Dick Stutphen, dans *Finding your answers within* (Trouver les réponses en soi). Il part de l'idée qu'une âme-souche donne naissance au même moment à plusieurs personnalités qui développent un aspect défini de l'âme-souche, pour une utilisation optimale des possibilités qu'offre l'époque, les pays, les civilisations, etc. Par exemple, une même âme-cœur peut donner vie à un photographe à Miami, à un homme d'affaires au Japon, à une infirmière au Bangladesh, à une mère de famille africaine et à un vétérinaire de Nouvelle-Zélande. Chacune de ces personnalités est une projection de l'âme-racine et comporte les mêmes composantes énergétiques. Par exemple : non-violence, besoin d'aider les autres, amour de l'activité physique, aversion pour la laideur. Mais chacun exprimera ces caractéristiques de façon différente. L'un à travers des photos-témoignage, un autre, au sein de sa famille, un troisième au coeur de l'hôpital, etc. L'exercice consiste donc à se brancher sur l'un de ses soi parallèle (qui est à notre psyché ce qu'un frère jumeau serait à notre affectivité) et de sentir ce qu'il ou elle fait en ce moment. Ensuite, lorsqu'on a bien isolé sa tonalité, qu'on le "voit", nous pouvons nous interroger sur ses vies antérieures. Les réponses qui nous sont fournies valent aussi pour nous, puisque nous sommes partie de l'âme-souche. Nous pouvons alors nous révéler à nous-mêmes des événements, des scènes, des situations que nous ne pourrions pas supporter de "voir" autrement. Cette technique, comme toutes celles qui utilisent un relais psychique, peut produire de pures spéculations imaginatives. Mais, le docteur Raymond Moody le souligne à plusieurs reprises dans son ouvrage (*Voyages dans les vies antérieures*), ce qui importe, c'est le bien-être et le soulagement que vous en retirez. Ces aventures vécues en imagination vous permettent de vous libérer de tensions intérieures comme un film dont vous seriez l'acteur et le héros principal.

La régression, seul ou accompagné

Voici la technique préconisée par Florence Mc Claine dans *Guide pratique du voyage dans les vies antérieures* (Sand) pour entrer en ondes alpha (c'est-à-dire sur une fréquence vibratoire plus basse que celle que nous vivons à l'état de veille), technique qui s'avère la plus efficace. Vous pouvez la faire appliquer par un (ou une) ami(e), une soeur, un cousin, quelqu'un en qui vous avez confiance ou même votre voisin. L'essentiel est que ce soit une personne qui n'a pas d'a priori ou de préjugés. (Autrement, elle bloquerait vos efforts.) Vous pouvez aussi l'enregistrer sur une cassette, et lui demander d'assister à la séance

Réincarnation et renaissance intérieure

de régression, afin d'intervenir si vous abordez un passage pénible ou tendu d'une vie antérieure. Cette méthode a été utilisée et expérimentée par des centaines de personnes. Elle permet à celui qui joue le rôle du guide de ne pas se perdre en vaines spéculations sur la marche à suivre. Si vous préférez décidément affronter l'expérience seul, il vous est possible d'enregistrer ce texte vous-même. Vous verrez plus loin les conditions à observer pour tirer un bénéfice optimal de la séance de régression.

Voici donc le texte qui va vous induire en état de relaxation profonde et vous permettre d'accéder au réservoir de souvenirs gravés depuis vos vies antérieures dans votre inconscient. Rappelez-vous que c'est un exercice de mémoire, qu'il n'y a rien à redouter de cette expérience si vous en demeurez le témoin. C'est-à-dire si vous ne participez pas émotionnellement au déroulement de l'action. Une fois plongé dans cet état d'ondes alpha (qui ralentit votre vibration énergétique et vous délasse) vous pouvez, à tout instant, et sans la moindre difficulté, en sortir. Il vaut mieux respecter la procédure de sortie, qui vous débarrasse de toutes les scories ou résidus mémoriels indésirables, mais sachez que rien ne vous empêche d'arrêter l'expérience quand cela vous convient.

La voici donc, dans sa totalité :

> *"Fermez les yeux. Vous allez maintenant concentrer votre attention sur les paupières. (Deux, trois secondes de pause.) Détendez toute tension qui se produirait dans l'un de vos muscles. (Pause.) Détendez vos paupières. Relaxez chacun de vos muscles, détendez vos paupières. Vos paupières sont complètement reposées. (Pause.) Concentrez-vous maintenant sur votre cuir chevelu. (Pause.) Sentez tous les muscles qui entourent votre tête et détendez-les. (Pause.) Détendez votre cuir chevelu. Votre cuir chevelu est maintenant complètement détendu. (Pause.) Les yeux toujours fermés,*

concentrez votre attention sur votre visage. (Pause.). Sentez chacun des muscles de votre visage se détendre complètement. (Pause.) Votre concentration se porte sur vos mâchoires. Prenez conscience de chacun des muscles qui les contrôlent. (Pause.) Elles se détendent maintenant. Relaxez chacun de vos muscles pour que vos mâchoires soient détendues, parfaitement détendues. (Pause.) Votre attention se porte maintenant sur votre cou. Prenez conscience des muscles qui contrôlent votre cou. (Pause.) Il se détend. Chacun des nerfs se détend. Votre cou est maintenant complètement relaxé. (Pause.) Concentrez-vous sur vos épaules. Toute la tension de vos épaules se dénoue. (Pause.) Maintenant, ce sont vos bras qui se détendent. Tous les muscles de vos bras se détendent peu à peu. (Pause.) Vos bras sont parfaitement détendus. Concentrez-vous à présent sur vos mains. Vous sentez chaque muscle, chaque nerf, chaque cellule se détendre complètement. (Pause.) Vos yeux sont fermés, vous êtes calme. Vous vous concentrez sur votre poitrine. (Pause.) Chacune de vos cellules va fonctionner d'un manière normale, rythmée. Votre poitrine est désormais totalement détendue. (Pause.) Concentrez-vous sur votre abdomen. (Pause.) Chacun des muscles, chacun des organes, chacune des glandes, chacun des nerfs de votre abdomen vont maintenant se détendre. Chaque cellule fonctionne de façon normale et rythmée.

(Pause.) Votre abdomen est à présent complètement détendu. (Pause.) Les yeux toujours fermés, le coeur en paix, concentrez-vous maintenant sur vos jambes. Vos jambes se détendent. Vos jambes sont parfaitement détendues. (Pause.) Maintenant, vous allez vous concentrer sur vos pieds, une région du corps où les muscles peuvent être tendus. Vous détendez chacun des muscles de vos pieds. (Pause.) Vos pieds se détendent. Vos pieds sont désormais parfaitement détendus. (Pause.) Vous

vous sentez maintenant merveilleusement détendu, et cet état de détente est naturel et sain. Chaque fois que vous voudrez retourner à cet état de relaxation, tout ce que vous aurez à faire sera d'inspirer profondément et d'exhaler doucement l'air en vous répétant mentalement, par trois fois, le mot : détente. Vous vous sentirez immédiatement parfaitement détendu.

Vous contrôlez totalement chaque niveau de votre esprit. Vous êtes détendu mais, mentalement, vous êtes conscient et attentif. Si vous décidez de mettre fin à cette séance, il vous suffira d'ouvrir les yeux.

Si, en cas d'urgence ou de danger, quelqu'un vous appelle, vous serez immédiatement en éveil, conscient, et saurez tout de suite où vous vous trouvez et quel est le moment que vous vivez.

Vous pouvez conclure cette séance en comptant de 1 à 5 ou en vous faisant toucher l'épaule par trois fois. Au chiffre 5 ou quand la main de votre accompagnateur vous touchera l'épaule pour la troisième fois, vous ouvrirez les yeux et vous vous sentirez tout à fait en forme.

De votre expérience de régression, vous allez conserver toute chose qui pourra vous être profitable d'une manière ou d'une autre. Vous abandonnerez tout ce qui pourrait vous être préjudiciable de quelque façon que ce soit.

C'est une sensation merveilleuse que de se sentir détendu, c'est un état très sain, tout à fait naturel.

Imaginez maintenant que vous vous trouvez devant la porte de votre domicile. Vous ouvrez la porte. Imaginez que la porte donne sur un long tunnel et que vous pouvez voir une lumière à l'autre bout du tunnel. Je vais maintenant compter de 20 à 1. Lorsque vous entendrez chacun des chiffres, vous imaginerez que vous êtes en

Qu'est-ce que « regresser » ?

train de descendre dans le tunnel, vers la lumière, et que vous revenez à une vie que vous avez déjà vécue. Lorsque j'arriverai au chiffre 1, vous sortirez du tunnel dans la lumière, plongé dans une vie où vous avez antérieurement vécu.

Vingt. (Pause.) Dix-neuf. (Pause.) Dix-huit. Vous allez dans la direction de la lumière, vers une vie dans laquelle vous avez vécu antérieurement. Dix-sept. (Pause.) Seize. (Pause.). Quinze. Vous marchez vers la lumière et vous reculez dans le temps. Quatorze. (Pause.) Treize. (Pause.) Douze. Lorsque j'atteindrai le chiffre 1, vous vous trouverez dans une vie antérieure à cette vie-ci. Onze. (Pause.) Dix. (Pause.) Neuf. (Pause.). Huit. Vous avancez vers une vie où vous avez vécu avant cette vie. Sept. (Pause.) Six. Vous retournez en arrière dans le temps. Cinq. (Pause.) Quatre. (Pause.) Trois. Vous avez vécu antérieurement. Deux. (Pause). Un. Vous vous trouvez maintenant dans cette vie antérieure. Regardez avec les yeux de votre esprit, écoutez grâce à vos oreilles intérieures, regardez mentalement vos pieds. Que portez-vous aux pieds ?

Attendez la réponse puis reprenez :

Que portez-vous sur le corps ?

Etes-vous un homme ou une femme ?

Comment vous appelez-vous ? Regardez maintenant autour de vous. Où vous trouvez-vous ? (Pause.) Décrivez ce qui vous entoure.

Savez-vous quelle est l'époque où vous êtes ?

Savez-vous dans quel pays vous vous trouvez ?

A quoi ressemble votre mère ?

Quels sont vos sentiments à son égard ?

Vous entendez-vous bien ?

Quel âge a-t-elle ?

Quel âge avez-vous ?

Avez-vous des frères et soeurs ? Des amis proches ?

Décrivez une journée de votre vie. A quoi passez-vous votre temps ?

Avancez jusqu'à ce que vous ayez cinq ans de plus. Cela ne prend qu'un moment. Vous allez sentir le temps passer autour de vous comme un calendrier que l'on feuillette rapidement.

Dites-moi quand vous y serez.

Où êtes-vous ? Que faites-vous ?

Etes-vous marié ?

Avez-vous des enfants ?

Croyez-vous en une puissance supérieure ?

Appartenez-vous à une forme quelconque de religion ?

Y a-t-il quelque chose que vous aimeriez changer dans votre vie ?

Etes-vous heureux ?

Passez à un moment de cette vie particulièrement significatif pour vous. Vous n'en avez pas pour très longtemps. Parlez-moi de tout événement important, de toute réussite que vous aimeriez faire partager. Y a-t-il quelque chose de spécial que vous n'avez pas réussi à accomplir ?"

Vous vous rendrez compte par vous-même, au cours de la séance, des questions qui méritent d'être développées. Ou votre partenaire le fera. Il vaut mieux éviter d'être directif, dans les questions que l'on vous posera. Demandez que l'on vous offre toujours une alternative, par exemple : vivez-vous dans un endroit peuplé d'arbres ou sont-ce des maisons qui vous entourent ?

Si cette vie n'a rien donné d'intéressant en regard du problème qui vous préoccupe, dirigez-vous vers une autre vie. Si c'est un ami qui mène la régression, voici comment il doit procéder :"Vous allez maintenant reve-

nir à une vie antérieure à celle-ci. Vous n'en avez pas pour longtemps. Prévenez-moi dès que vous y serez. Cela ne vous prendra pas longtemps. Vous aurez environ douze ans".*

Ensuite, il vous posera le même type de questions que celles qu'il vous a déjà posées. Il ne doit pas paraître surpris ou dubitatif quant aux informations que vous lui donnez, cela pourrait vous bloquer. Au contraire, il doit manifester une tacite complicité et une vraie empathie pour vous, de façon que vous vous sentiez encouragé à poursuivre votre démarche, même si vous tombez dans des situations épineuses ou que vous vous laissez prendre émotionnellement par les événements que vous revivez. Une jeune femme, qui retrouvait une existence où elle était morte à six mois de froid et de faim, abandonnée par ses parents (eux-mêmes avaient été emmenés par des soldats), se mit à frissonner en sanglotant : "J'ai froid, j'ai faim". Naturellement, si un cas de ce genre ce présente, il faut que votre conducteur ne vous laisse pas souffrir, qu'il vous rappelle que ce n'est qu'un exercice de mémoire, et vous dirige vers une autre vie. Lorsque votre conducteur et vous êtes prêts à terminer cette séance, il doit dire :

"Je vais bientôt compter de 1 à 5. Lorsque vous entendrez le chiffre 5, vous ouvrirez les yeux à l'époque actuelle et ici-même, vous vous sentirez frais et dispos. Vous emporterez avec vous tout ce qui, à quelque niveau que ce soit, pourra vous être utile. Vous laisserez derrière vous tout ce qui pourrait vous faire du mal, d'une façon quelconque. Un, deux, trois. Au chiffre cinq, vous vous retrouverez dans la vie présente, en tant que : (nom, prénom). Vous vous sentirez en pleine forme. Quatre, cinq. Ouvrez les yeux, vous vous sentez frais et dispos."

Si vous n'êtes pas prêt à faire cette expérience avec une autre personne, fut-elle proche de vous (par pudeur, ou par inhibition) vous pouvez tenter d'enregistrer la cassette avec votre voix, pour vous-même. Il faut en ce cas vous réserver un long moment pour l'enregistrer (dans une pièce calme où vous ne risquez pas d'être dérangé par la sonnerie du téléphone ou l'irruption d'un chiot turbulent) en marquant des temps de pause assez longs (deux, trois secondes sont un minimum).

Mais, pour entreprendre cette expérience seul, il est plus sage de l'avoir tentée au moins une fois avec un thérapeute professionnel ou un témoin, surtout si vous êtes une nature émotive. Voici pourquoi : ils vous permettront de sortir d'une situation émotionnellement chavirante sans en garder de traces ou d'impressions trop fortes. Alors que seul(e), les images, les situations revécues pourraient s'amplifier, prendre des proportions impressionnantes, comme un événement vécu dans la journée vous poursuit beaucoup plus âprement si vous n'avez personne à qui en parler.

Par ailleurs, sachez qu'il peut ne rien se produire la première fois, ni la deuxième, ni même la troisième. C'est normal, le trac bloque l'imaginaire et la mémoire, comme la peur peut bloquer des réflexes et des activités cérébrales. Abordez la séance de façon détendue, comme s'il s'agissait d'un exercice de mémoire. Le scepticisme, en revanche, n'empêchera pas les images de débouler devant vos yeux. Simplement, vous les attribuerez à des créations de votre imagination plutôt qu'à des faits qui se sont réellement passés autrefois.

Sachez aussi que ces séances qui vont être déterminantes pour votre cheminement intérieur et votre renaissance (car l'élargissement de la conscience conduit toujours à un agrandissement de la vie) doivent être menées dans un état d'esprit un peu particulier. Vous touchez à une dimension secrète de votre être, en aucun cas vous ne pouvez traiter ces expériences avec légèreté ou désinvolture. Vous abordez un passé qui vous a été celé jusqu'à présent, et ce n'est pas un hasard si les moyens d'y accéder sont aujourd'hui à votre disposition. Servez-vous en mais comme d'un outil précieux, dont la valeur affective occulte dépasse de beaucoup la signification apparente...

Autres méthodes permettant d'entrer en « ondes alpha »

Certains appellent cet état "expansion de conscience", (Patrick Drouot), d'autres état hypnagogique (c'est l'état de conscience où nous nous trouvons lorsque nous nous éveillons ou que nous sommes sur le point de nous endormir). Il est d'autres méthodes très proches de l'expansion de conscience et de la régression, ce sont celles de la méditation (elle consiste à atteindre un état de profond éveil intérieur en éliminant les pensées, les réflexions et tout le bruitage mental qui nous assiège en permanence), de la relaxation (phase qui précède la régression telle qu'elle a été présentée plus haut, mais dans laquelle peuvent surgir des images du passé), de yoga, d'hypnose légère (comme on l'a vu avec Joan Grant) et celles de la sophrologie (méthode de relaxation par l'utilisation de la voix, et dans la voix, d'une gamme de sons qui facilitent l'entrée en ondes alpha). Le but de toutes ces techniques est de permettre à la conscience de se reposer et au cerveau d'abaisser ses vibrations énergétiques. Il passe des ondes bêta rapides, aux ondes alpha, beaucoup plus lentes, qui favorisent la survenue d'informations oubliées, d'images inconnues, de connaissances perdues, de causes enfouies.

Comment nous débarrasser de ces émotions anciennes

"Dans cette obscurité aussi vaste, riche, trouble et complexe que le passé et le présent de l'univers, écrit Pierre Teilhard de Chardin (*Le milieu divin*), nous ne sommes pas inertes, nous réagissons /…/ . Mais cette réaction qui s'opère /…/ par un prolongement inconnu de notre être, fait encore partie /…/ de nos passivités. /…/ D'un côté les forces amies et favorables qui soutiennent notre effort et nous dirigent vers le succès. /…/ De l'autre, les puissances ennemies qui /…/ réduisent nos capacités réelles ou apparentes de développement /…/"

Que faire de ces souvenirs exhumés des couches profondes de notre mémoire ? Que faire de ces vieux habits qui ne nous vont plus ? Les vider de leurs émotions, en revivant chaque scène nécessaire du passé, en les déchargeant de leur pouvoir sur nous. C'est cela, la renaissance : construire en nous aidant du passé comme d'un outil bien à nous. Les souvenirs déchargés de cette émotion se transforment en expérience. Autorisons-nous à nous affranchir de nos chaînes. Maintenant que notre âme n'est plus parasitée des fantômes du passé, nous allons pouvoir utiliser notre énergie à entreprendre tout ce que nous désirons. Et cette vie nouvelle dont nous vivons attirera à nous les êtres et les circonstances qui lui correspondent. Nous n'aurons plus à lutter, à redouter, à souffrir. Nous aurons seulement à définir nos nouveaux objectifs et à nous laisser porter par le pouvoir créateur que nous avons en nous.

Chapitre 3

LA GUÉRISON DES MALADIES DE L'ÂME

LES BLESSURES DE L'ÂME

"Toute la peine, la souffrance, la douleur qui existent sous toutes sortes de formes en ce monde ne viennent que de ce nous connaissons l'amour. Si tu n'as rien que tu aimes, la souffrance ne te l'ôtera pas."

Bouddha

Les peurs inexpliquées, les phobies, les complexes, les obsessions peuvent littéralement détruire un individu. On voit tous les jours, dans la presse ou relatés par les télévisions et radios, des exemples de gens qui ont "trouvé" la mort dans des conditions qui nous paraissent incroyables. Ce sont souvent ces phobies, ces complexes, ces blocages, qui provoquent des dépressions nerveuses ou empoisonnent la vie. Or, comme le remarquait le professeur Stevenson, "on peut reconnaître un vestige de vie antérieure à un signe : lorsqu'une réaction, une parole, un comportement sont plus forts que soi, que l'on ne peut pas s'en empêcher".

Ce désir si incontrôlable, cette pression intérieure que l'on ressent à faire ou à dire quelque chose, provient, selon Rudolf Steiner, de notre état d'esprit dans nos vies antérieures. "Celui qui n'a pas la science initiatique sait en réalité toujours /.../ par un certain besoin intérieur, par une impulsion, ce qu'il doit faire" (*Le Karma*, Triades). On peut imaginer alors que celui qui résiste à cette impulsion – parce qu'elle n'est pas rationnelle, par exemple, ou parce qu'elle dérange ses projets – puisse, en créant une dissociation entre le désir de sa "mémoire lointaine" et sa volonté consciente, provoquer l'une de ces maladies de l'âme. Supposons une chose aussi banale que de ne pas dire la vérité à quelqu'un que l'on croit aimer. Si nous mentons à cette personne, nous prouvons par notre mensonge que nous ne l'aimons pas. Cela induit en nous un malaise, un dédoublement de notre personnalité, une angoisse irraisonnée. Si nous répétons souvent cette erreur de mentir à une personne que l'on dit aimer, que l'on croit aimer, on finit par former un agrégat de matière inerte, au fond de nous, qui nous étouffe, mobilise notre énergie avec de l'angoisse, des répulsions, des dépendances, des obsessions. Celles-ci ne sont qu'un déplacement du malaise ressenti au moment du mensonge, mais nous ne nous en sommes toujours pas aperçus. L'angoisse augmente, pour nous contraindre à découvrir la contradiction en nous. On doit alors prendre conscience du fait que nous n'aimons pas la personne que nous croyons aimer. Ou cesser de lui mentir si nous l'aimons vraiment. Lorsque de telles attitudes – qui induisent en nous la division – se répètent durant plusieurs existences, les symptômes deviennent beaucoup plus désagréables, d'une certaine manière, ils nous empêchent de vivre. Cela ne signifie pas que ceux qui disent la vérité aiment. Il est des personnes qui ne parviennent pas à aimer, et disent cependant la vérité par devoir. Celles-là éprouvent un manque de désir de vivre, un ennui, une indifférence à ce qui les entoure, mais pas d'angoisses, ni de phobies, ni d'obsessions.

Toutes ces "maladies" viennent de l'amour qui a été bloqué, pour une raison extérieure à notre volonté ou inconsciente. Comme on le verra, elles continuent de hanter l'être parce qu'une émotion très vive y était corrélée. Autrement dit, celui qui ment à un être qu'il aime, pour reprendre l'exemple cité plus haut, doit également éprouver une émotion très vive – comme la culpabilité, ou la peur d'être découvert – pour que ce mensonge le divise. Si non, il démontre que l'amour qu'il croit éprouver pour la personne à qui il ment n'existe pas. Dans les cas qui suivent, nous verrons combien la charge émotive était lourde pour s'être inscrite dans les racines de l'âme.

Angela, hantée par l'échec

C'était le cas d'Angela, cité par Raymond Moody (*Voyages dans les vies antérieures*, J'ai lu). Angela est hôtesse de l'air, "petite, blonde et enjouée". Elle s'est progressivement engluée dans la peur de l'échec. Tout ce qu'elle entreprend, elle l'abandonne à mi-chemin, pétrifiée à l'idée d'être jugée, critiquée. Ses angoisses prennent de telles proportions qu'elle n'ose plus servir de rafraîchissements aux passagers lorsque l'avion décolle. C'est alors qu'elle consulte une thérapeute qui lui permet de découvrir, en régression, une existence de gladiateur, à Rome. Là, elle dispose d'un entraîneur personnel, elle dîne à l'écart des autres gladiateurs, elle bénéficie d'un traitement à part. Elle acquiert, peu à peu, un certain renom, elle est exhibée dans les rues de la ville comme un champion que les gens se pressent pour apercevoir. Puis, arrive le jour de sa mort. Elle se voit dans une arène, blessée au flanc par son adversaire. Entendant le public réclamer sa mort, elle se rend alors compte qu'elle n'a jamais été aimée, ni admirée comme elle le croyait naïvement. Qu'elle a été le jouet des gens, qui se divertissent de son malheur. Elle meurt dans un état d'esprit de profonde humiliation. A la fin de ses régressions, elle trouve une étroite correspondance entre les événements de son existence, qui lui font fuir les groupes ou les assemblées, comme si elle risquait d'être à nouveau conspuée, et ceux de cette vie ancienne. Ce cas est particulièrement instructif quant au pouvoir libérateur de cette thérapie : Angela a été guérie en cinq séances. A la suite de cela, elle a proposé plusieurs améliorations – qui ont été acceptées – dans la compagnie aérienne pour laquelle elle travaillait et a pu animer une émission de télévision sans le moindre trac. La possibilité d'exprimer à nouveau son amour aux gens a libéré Angela et de sa névrose d'échec et de sa hantise que les gens la méprisent. Sa propre énergie chaleureuse affluant vers autrui a permis aux autres de lui renvoyer, à leur tour, une nouvelle force aimante.

L'anorexie et la boulimie

L'anorexie et la boulimie sont des maladies classées parmi les maladies mentales bien qu'elles puissent affecter le corps de façon irrémédiable. Il est reconnu que les individus qui souffrent de boulimie et d'anorexie – ce sont plus souvent les femmes que les hommes – sont en lutte contre leur famille, leur mère, plus précisément. N'est-ce pas elle qui nourrit le foetus encore dans son ventre, elle qui est censée donner le premier biberon ou le premier lait de son sein ? Voici la description très émouvante que fait Chris Griscom de sa propre naissance et de la relation privilégiée qui s'établit entre elle et sa mère : "Après la naissance de ma soeur aînée, les médecins avaient averti ma mère qu'elle ne pourrait plus avoir d'enfants. Ce fut, effectivement, une grossesse très difficile, au septième mois, elle fit une septicémie suivie d'une complication néphrétique /…/. L'accouchement prématuré faillit entraîner la mort /…/. Cette énergie /…/ qui a stimulé mon cerveau /…/ s'élevait parce que ma mère, en dépit de sa septicémie, développait un désir de vivre et de me donner la vie. Cette volonté /…/ de survivre et de me nourrir au sein défiant le fait que son corps n'aurait pas dû supporter une telle grossesse m'ont démontré ultérieurement combien notre vie dépend d'une volonté puissante." (Chris Griscom est une thérapeute réincarnationniste qui a fait notamment régresser Shirley McLaine.) Si cette tâche nouricière n'est pas bien assumée par la mère, qui refuse sa maternité ou sa fonction nourricière, l'enfant peut se révolter en devenant un ogre, ses fonctions régulatrices ne marchent plus, il n'a jamais la sensation de satiété, et c'est la boulimie. Si la mère, au contraire, se sert de cette responsabilité pour exercer un pouvoir sur son enfant, (ce sont les mères qui disent :"si tu ne manges pas ta salade, maman ne t'aimera plus") l'être s'insurge contre le chantage exercé à travers la nourriture, et il y échappe en refusant de s'alimenter. Ces maladies sont donc la plupart du temps soignées par une psychothérapie individuelle ou familiale. Mais il arrive que les origines d'une anorexie ou d'une boulimie remontent à des traumatismes subis dans une vie antérieure. C'est le cas de Céleste, qui m'a été relaté par elle, et c'est celui d'Eva, rapporté par Dick Stutphen.

Le cas de Céleste, qui ne pouvait plus s'alimenter

L'histoire de Céleste est bouleversante parce que sa dépression a failli lui coûter la vie. Elle est danseuse dans un théâtre de variétés et s'apprête à se marier lorsque se déclare un étrange dégoût de vivre. Cette belle jeune femme devient, en quelques mois, un simulacre de corps humain, rongé par la maigreur. Elle refuse de se mettre à table en dehors de chez elle, que ce soit au restaurant ou chez des amis. Chaque fois qu'elle absorbe un mets, quel qu'il soit, elle est prise d'écoeurement et doit vomir. Son fiancé, Marc, un homme débonnaire qu'elle chérit depuis son adolescence, n'y comprend rien. Elle perd son emploi et ne peut se décider à chercher quoi que ce soit d'autre, persuadée que sa mort est imminente. En effet, les médecins qu'elle consulte l'alertent. Elle n'écoute pas les avertissements, perd ses cheveux, ses muscles, sa beauté. Elle-même s'en rend compte, mais c'est comme une force qui la pousse à se détruire, dit-elle. Après plusieurs séances en thérapie classique, elle demande à sa psychologue, spécialisée en sophrologie, de la guider dans une vie antérieure, ce que la psychologue accepte de faire. Aussitôt entrée en état d'hypnose, Céleste décrit une vie d'indigène en haute montagne, dans une région très pauvre d'Amérique du Sud, elle entend des sons chantants, elle voit des vêtements aux couleurs vives, bariolées, comme en portent les Péruviens ou les Guatémaltèques. Elle vient de s'installer dans la maison – de branchages et de boue séchée – du garçon qui l'a choisie, Paolo, avec lequel elle va se marier. Ses frères et soeurs, ses tantes et quelques neveux vivent là avec la mère de Paolo, en tribu. Céleste sent l'hostilité de la mère de Paolo à leur mariage (une bouche de plus à nourrir, dans une famille pauvre, cela compte), mais comme elle veut s'en faire aimer, elle accepte les breuvages que sa future belle-mère lui offre. Les jours passent. Céleste tombe malade. Son fiancé s'inquiète, se propose d'appeler le guérisseur. Sa mère s'y oppose. Elle dit que Céleste sera remise pour leur mariage. Bien qu'elle se sente de plus en plus faible, Céleste n'ose pas contredire sa future belle-mère : elle se montre plus compatissante avec elle, depuis sa maladie, lui prépare des mixtures et des tisanes connues pour rendre la force à ceux qui l'ont perdue. Mais, à mesure que les jours passent, la santé de Céleste se dégrade. Elle souffre de nausées, de dysenterie ininterrompue, de douleurs insupportables au ventre. La mère de Paolo repousse toujours le moment d'appeler le guérisseur, disant : "Elle va aller mieux". En fait, Céleste s'affaiblit au point de ne plus pouvoir se lever. Quelques instants avant sa mort, elle comprend, avec horreur, qu'elle a été empoisonnée.

En revivant cette scène où, sur son lit, sans force, elle a capté l'expression meurtrière, dans les yeux de la vieille femme penchée sur elle, Céleste ressent toute l'horreur éprouvée par la jeune fiancée qu'elle était, dans cette incarnation antérieure, sans secours, isolée de sa famille. Elle se débat contre celle qu'elle traite, en hurlant, de "démon" avec une violence et une terreur qui ressurgissent, intactes. Lorsqu'elle sort de sa relaxation profonde, sa thérapeute lui demande pourquoi elle a accepté de se laisser empoisonner alors qu'une part d'elle le savait. "C'est vrai, je m'en doutais. Mais je ne pouvais pas croire que Paolo ne se rendrait compte de rien". C'était le problème que Céleste avait emporté jusque dans cette vie-ci. Elle avait gardé une rancune tenace à l'égard de son fiancé, qui n'avait pas su détecter les manoeuvres de sa mère et la sauver de la mort.

Après avoir rappelé à sa conscience le souvenir de cette épreuve, Céleste a développé et davantage écouté son intuition. Elle n'a plus une confiance aveugle dans les gens et n'attend pas que d'autres personnes prennent sa défense si elle est attaquée. Elle s'est rendu compte que sa terreur ancienne avait rejailli au moment de ses fiançailles, et elle a pu se marier avec celui qu'elle aimait. Elle a retrouvé son emploi. Mais il lui reste une sourde inquiétude quand elle doit absorber un repas qu'elle n'a pas elle-même préparé!

L'histoire d'Eva qui avait mangé de la chair humaine

Le cas d'Eva, relaté par Dick Stutphen (voir p. 257) est très troublant. Eva, allemande, était arrivée aux Etats-Unis en 1953 et n'avait pas cherché à connaître l'histoire de son pays d'adoption. Elle n'avait jamais entendu parler de la "caravane Donner" qui s'était enlisée dans les neiges durant l'hiver 1846. Elle était venue voir ce thérapeute parce qu'elle souffrait de graves crises de boulimie, suivies de crises de jeûne et qu'elle ne parvenait pas à en guérir. Il la mit en état d'hypnose et la fit régresser jusqu'à l'origine de sa maladie. Elle se retrouva, petite fille de 10 ans nommée Mary, dans un groupe de personnes qui émigraient, à pied et en carriole. Ils furent bloqués dans les Rocheuses, en plein hiver, par une tempête de neige. Le groupe et ses chariots ne purent avancer pendant plusieurs mois. Un à un, les hommes furent tués par les femmes pour nourrir les enfants."Il ne reste que deux familles, rapporte-t-elle. Mais ce n'est pas vraiment des vraies familles complètes. Il ne reste pratiquement que les femmes et les enfants /.../ tout le monde sait la vérité, maintenant, sauf les bébés. Je ne devrais pas manger ça". Stutphen interroge Eva, toujours en hypnose : "Maintenant, vous revoyez votre vie et vous me dites ce qui est arrivé". Eva révèla que le printemps venant, les survivants purent être sauvés. Ils étaient "une quinzaine". Mais ils durent changer de nom et la petite Mary fut séparée de ses frères et sœurs, la famille éclata, sa mère mourut et aucun des membres restants ne chercha à se revoir tant ils voulaient oublier le cauchemar et la honte d'avoir mangé leur grand-père. Elle-même ne révéla jamais à personne, de son vivant, la tragédie qu'elle avait connue, pas même à son mari. Elle avait donc vécu dans la terreur que l'on découvre son horrible secret et elle était morte dans l'angoisse de retrouver son grand-père, dans l'au-delà. On imagine aisément pourquoi Eva éprouvait une telle attirance – répulsion pour la nourriture, après la faim qu'elle avait connue dans cette vie antérieure, et le dégoût d'elle-même qu'elle avait dû éprouver lorsqu'elle avait été contrainte à manger la chair de son grand-père.

Les complexes

Les complexes sont des sentiments subjectifs si forts qu'ils colorent la vision de celui qui en est victime, au point qu'il ne perçoit pas la réalité telle qu'elle est et souffre de façon totalement insupportable. "Je me vois avec le corps d'un éléphant "me disait Anaïs, une camarade de faculté qui était à peine plus potelée que les modèles exangues des magazines de mode. Elle s'interdisait de se mettre en maillot sur une plage, se bandait les seins si serrés qu'elle manquait d'oxygène et s'évanouissait souvent. Elle refusait de se faire examiner par le médecin lorsqu'elle était malade. Je ne sais ce qu'elle est devenue, mais je sais que c'était l'une des plus jolies filles de l'amphithéâtre. Mais aucun compliment, aucun témoignage d'admiration, aucun hommage, rien – sinon un vrai travail thérapeutique – ne pouvaient la guérir de sa vision déformée, dévalorisée d'elle-même.

Dans ce domaine comme ailleurs, les complexes peuvent s'être noués dans une ancienne incarnation et avoir été revivifiés par quelque situation, quelque réflexion reçues dans l'existence actuelle. C'est le cas de François, et c'est celui d'Anastasia.

Le complexe de François

Le cas de François, expert en tableaux d'art, est l'histoire d'un complexe poussé à son paroxysme. François a commencé à devenir chauve à 24 ans, et bien que, dans sa famille, on le lui ait prédit, puisque son père l'était, la vision de ces milliers de cheveux qui constellaient son lavabo provoquait en lui des crises d'angoisse irrépressibles. A ces moments-là, il lui semblait qu'il n'allait même plus pouvoir sortir de chez lui. Il transpirait à grosses gouttes, avec l'impression qu'un groupe allait se former en bas de chez lui et lui faire cortège en le couvrant de quolibets. Dans les transports publics, il s'asseyait du côté où l'on pouvait le moins voir sa calvitie, et malgré ses nombreuses conquêtes féminines, il ne pouvait pas se délivrer d'un sentiment constant de honte. Il avait entrepris une psychothérapie, pour se guérir, mais elle n'avait rien donné. Il se sentait aussi mal avec une perruque que sans, et lorsqu'il commença à ne plus pouvoir parler normalement à ses clients (leur regard lui paraissait dirigé vers son crâne dénudé et il se mettait à balbutier des onomatopées sans signification), il se résolut, sur le conseil d'une voisine, à rencontrer un numérologue, qui s'avéra médium et lui dit, avant même qu'il ait donné sa date de naissance et le motif de sa visite : "Vous, vous avez beaucoup fauté dans votre dernière vie. Vous étiez une femme, avec une belle chevelure châtaine…Vous vous êtes livré à des hommes que vous n'aimiez pas…que vous méprisiez, même…Pour de l'argent. Vous avez gagné beaucoup d'argent mais vous n'en avez pas profité, on vous a tondue, traînée dans les rues, les gens vous crachent dessus, ils vous injurient, il y en a plusieurs autour de vous, on cherche à arracher vos vêtements, on vous griffe, on vous mord, oh, pauvre de vous." En entendant ces paroles, François sourit. Mais quelques jours plus tard, il fit un rêve où il se voyait exactement comme le numérologue le lui avait décrit, en femme aux moeurs faciles (caractéristique qu'il a transportée dans sa vie présente) tout fier d'être la plus demandée, de soutirer un maximum d'argent aux soldats mais capturée à la fin de la guerre et tondue, et conspuée par tous les gens de la ville. Certes, la calvitie de François n'a pas disparu depuis cette révélation et ce rêve. Mais il se sent libéré de cette hantise d'être chauve. Lorsqu'il songe à ce poids de honte, de misère et de persécution qu'il éprouvait, il lui semble qu'il s'agissait d'un autre homme.

Janice et les hommes

Dans son livre *Blame it on your past lives* (cf. p. 257), Tara Stutphen rapporte le cas de Janice, qui, à trente-six ans, n'a toujours pas d'homme dans sa vie. Elle est très attirante, pourtant. Et elle désire profondément fonder une famille. Mais une timidité maladive interdit toute relation autre qu'amicale et passagère avec les hommes qu'elle croise. Elle a vu plusieurs psychiatres et conseillers qui n'ont pas pu comprendre qu'elle ait tant de problèmes avec le sexe opposé. A l'âge de vingt-cinq ans, elle a envisagé le suicide, pour échapper à sa solitude, mais un rêve l'en a dissuadée. Depuis lors, elle vit dans un état dépressif quasi permanent et s'adresse à Tara en dernier recours : "Aurai-je jamais une relation amoureuse qui dure plus de deux secondes ?" écrit-elle. La réponse est apportée à l'auteur (en écriture automatique) par une religieuse, Maria Francesca, qui dit avoir passé de nombreuses vies en sa compagnie, dans les couvents. Cette religieuse l'entoure de sa protection, du plan invisible où elle se trouve, et même si Janice ne s'en rend pas compte, elle sent son aide, inconsciemment. Elle révèle que Janice a été une prostituée, dans la Rome ancienne, puis qu'elle a passé de nombreuses vies de religieuse cloîtrée, qui avait choisi cet état parce qu'elle ressentait le besoin de se discipliner. Aujourd'hui, elle n'a plus besoin de cette discipline, mais elle a du mal à passer de l'état religieux à une relation d'amour physique et spirituel normale avec un homme. La religieuse poursuit, de ses plans supérieurs : dès qu'elle sera au clair avec elle-même, les choses rentreront dans l'ordre ; elle va bientôt rencontrer un homme bon, avec lequel elle aura des enfants.

Dans ce cas, le complexe vis-à-vis des hommes est né du pli que l'âme a pris, pendant plusieurs existences de recluse.

L'homosexualité

Bien que l'homosexualité soit de nos jours intégrée à la société, elle provoque dans l'âme de certaines personnes un malaise, une impression d'étrangeté. Elles craignent d'être exclues, incomprises. Et suscitent, par leur attitude même, le rejet. Or, bien souvent, ces êtres sont hantés par le sexe de leur vie antérieure. S'ils ont aimé être une femme, le fait de se retrouver en homme bouleverse leur attirance : ils gardent le désir d'aimer et d'être aimés par un homme. S'ils ont eu une incarnation épanouie d'homme, et qu'ils se réincarnent en femme, ils gardent en mémoire des comportements et des besoins physiques antérieurs à leur vie présente. Ils continuent de rechercher les femmes, d'être physiquement troublés par elles. Pourquoi ce changement de sexe s'est-il produit, alors que l'âme se sentait virile, agissait et pensait en homme ? On peut avancer de multiples raisons. La première est une raison d'ordre biologique : si la réincarnation s'est faite trop rapidement, il se peut que l'esprit ne se soit pas entièrement affranchi de son ancienne individualité. Comme dans les cas de marques de naissance, il a gardé l'empreinte du passé. La deuxième raison peut être affective. Par amour, un enfant peut désirer se réincarner auprès d'un parent qui n'aimait que les filles, par exemple, auquel cas il s'adaptera à cette nécessité, alors qu'elle ne correspond pas à sa personnalité. Mais il peut arriver que les sexes aient été inversés, par le passé, auquel cas celui qui était femme devient homme, (père) et c'est sur lui que se cristallise la sexualité. Ce qui expliquerait pourquoi les pères des homosexuels sont souvent faibles, ou leurs mères ont des poignes d'acier.

Le sexe choisi par Paolo

Le cas de Paolo, relaté par Ian Stevenson dans son livre (cf. p. 257) est complexe et instructif. Les parents de Paolo avaient perdu leur fille Emilia, qui s'était empoisonnée à 19 ans avec du cyanure. Elle avait tenté plusieurs fois de se suicider (une fois, à l'arsenic, et on l'avait sauvée en lui faisant boire des litres de lait) et, sans s'en ouvrir à ses parents, avait souvent regretté amèrement d'être une fille, devant ses frères et soeurs. Elle leur avait même dit : "Si la réincarnation existe, je veux revenir en homme". (En 1921, année de sa mort, le Brésil n'était pas un pays facile pour les femmes, qui ne pouvaient espérer aucune liberté.) Elle avait déploré de ne pouvoir réaliser son rêve : voyager, connaître l'aventure, explorer le monde, à cause du fait qu'elle était une femme. On lui connaissait une seule passion, la couture. Aussi sa mère lui avait-elle acheté une machine à coudre dont elle se servait constamment, avec plaisir et virtuosité. Elle montrait beaucoup de dons dans ce domaine, voire du génie, alors que sa mère n'y connaissait presque rien et ses soeurs guère plus. A part cela, elle avait refusé toutes les demandes en mariage, disant qu'elle mourrait célibataire. Sa dernière tentative de suicide fut la bonne.

Peu de temps après sa mort, la mère d'Emilia assista à une réunion spirite où elle reçut une communication de "l'esprit d'Emilia". Celle-ci lui demanda de lui pardonner son suicide et d'accepter qu'elle revienne dans la famille sous les traits d'un garçon. La mère d'Emilia, qui n'avait jamais entendu ce désir exprimé de son vivant, crut à une supercherie. Mais l'esprit de la défunte fille répéta à trois reprises cette requête : "Maman, accepte-moi comme ton fils". Et, bien quelle pensât ne plus pouvoir être enceinte, (elle avait déjà douze enfants), un an et demi plus tard, la mère d'Emilia mit au monde un garçon : Paolo.

Jusqu'à l'âge de 5 ans, Paolo s'obstina à porter des vêtements de fille. Il jouait "avec les filles et avec des poupées". Tout petit, il montra à la servante comment utiliser la machine à coudre et lorsque l'une de ses soeurs lui demanda comment il savait si bien s'en servir, il répondit : "Cette machine était à moi et je piquais beaucoup avec". Il finit une broderie qui avait été laissée inachevée sur la machine. A trois ans et demi, il dit à un enfant qui portait quelque chose à sa bouche : "Attention! les enfants ne devraient pas mettre n'importe quoi dans leur bouche, ça peut être dangereux".

Il entamait les quignons de pain, comme elle, avait la phobie du lait, comme elle, et décrivit avec précision la maison de Dona Elena, chez qui, dit-il, il avait été. Or, Emilia avait suivi des leçons de couture chez cette dame, mais pas Paolo. Un pantalon pour lui avait été taillé dans une ancienne jupe d'Emilia. Il reconnut l'étoffe et dit : "Qui aurait cru qu'après avoir porté ce tissu en jupe, je le porterais en pantalon ?" C'est à ce moment-là qu'il surmonta son aversion pour les habits de garçon. Pourtant, il disait souvent "Je suis une fille". Selon Stevenson, qui le rencontra en 1962, "à trente-neuf ans, Paolo avait encore "un côté féminin, plus dominant chez lui que chez la plupart des hommes de cet âge /.../ il ne s'était jamais marié et n'en avait absolument pas manifesté le désir /.../. Il avait peu de contacts avec les femmes, sinon avec ses soeurs". Stevenson rapporte que Paolo eut des activités politiques au sein du parti ouvrier"Trabalhista", mais que la destitution du Président du parlement brésilien par des dirigeants militaires amena une période de terreur et de répression dans le pays. Paolo fut arrêté, interrogé et torturé. Ensuite, il vécut dans la peur obsessionnelle d'être à nouveau arrêté, jusqu'en septembre 1966, où il se suicida par le feu."Paolo, en tant qu'homme, avait pleinement profité de sa liberté, écrit Stevenson. Il avait passé toutes ses vacances à voyager et avait pratiquement continué jusqu'à sa mort. Mais il avait, semble-t-il, acquis cette liberté au prix de la solitude /..../. Peut-être le conflit entre son besoin de liberté et ses tendances féminines l'avait-il empêché de se marier et de fonder une famille".

Il faut observer, dans ce cas assez extraordinaire, l'écart qui existe entre le désir d'Emilia de se réincarner en homme et la difficulté qu'a éprouvée Paolo à concrétiser, à incarner sa condition masculine. Il ressort de cette troublante histoire l'impression que ni Emilia ni Paolo n'ont pu vivre une relation amoureuse "normale". Ni l'un ni l'autre n'a même pu exprimer une quelconque attirance sexuelle. Sans doute les pulsions de mort étaient-elles plus fortes que les pulsions de vie, chez eux. Selon toute vraisemblance, l'aspiration aux voyages d'Emilia fut comblée à travers Paolo, mais celui-ci ne trouva pas davantage le bonheur qu'elle, étant intérieurement captif d'un corps qui ne correspondait pas à son âme.

Les blessures de l'âme

Un homosexuel pieux et cultivé

Un homme d'une quarantaine d'années, très cultivé, et pieux, est allé voir le docteur Denys Kelsey (auteur de *Nos vies antérieures* cf. p. 256) car il était homosexuel et souffrait d'une grande solitude. Après nombre de séances de psychothérapie classique qui ne donnaient rien, Denys Kelsey se décida à le mettre en état d'hypnose pour rechercher dans sa "mémoire lointaine" ce qui avait déclenché son homosexualité dès la puberté et ce qui déterminait son impression de solitude. Dès les premiers instants, le patient se retrouva sous les traits d'une femme hittite, épouse d'un gouverneur. Les envahisseurs étrangers de son pays nécessitèrent une absence prolongée du gouverneur et l'épouse, balayant toutes les objections du mari, s'était obstinée à vouloir l'accompagner. Or, cet interminable voyage la fit souffrir : inconfort, manque d'hygiène, vents de sable, insectes, fièvres, maladies se succédèrent, jusqu'à ce que sa beauté et sa santé altérées, l'épouse fût délaissée par son mari pour…un joli garçon! Sa jalousie lui fit éprouver une "haine obsédante" et l'amena à maudire son mari. Lorsque le patient fut revenu au présent, il porta un jugement très dur sur cette femme."Une horrible créature", affirma-t-il, coupable d'un"péché sans rémission". Denys Kelsey lui demanda alors : "Si vous étiez prêtre et que cette femme vous eût confessé sa faute, en vous disant qu'elle en éprouvait un profond remords, que lui diriez-vous ? "Je lui donnerais l'absolution", répondit le patient, sans hésiter. A dater de ce moment, il se sentit libéré d'une malédiction. Il trouva la paix intérieure, n'éprouva plus le sentiment de solitude qui l'étreignait jusque-là et s'engagea dans des liens hétérosexuels qui le comblèrent.

La phobie

La phobie est un phénomène connu mais peu compris. On emploie ce mot à propos de n'importe quelle peur, même des plus légères. Or, la phobie consiste souvent en une véritable terreur éprouvée par une personne face à un objet ou une situation qui paraît vraiment anodine aux autres. La plus connue et la plus répandue, sans doute, est la peur de l'avion. Plusieurs de mes amis ou relations l'ont connue, à un moment ou à un autre de leur existence. En général, cette terreur est née dans des circonstances banales et disparaît sans raison – si elle disparaît –. (Un seul ancien phobique a pu me fournir une explication censée à sa soudaine libération : il avait vécu de si horribles tourments dans ses affaires, avait subi de telles humiliations et de telles trahisons de ceux qu'il considérait comme ses plus proches amis, que l'idée de mourir en avion lui avait ensuite paru enviable.)

Mais il est d'autres phobies, parfois paralysantes : la phobie des transports en commun comme le train ou l'autobus, l'agoraphobie (terreur de la foule), la claustrophobie (terreur des lieux fermés) ; la phobie de certains animaux (chiens, chats, serpents), la phobie de certaines fonctions (médecins, dentistes, ecclésiastiques), de certaines couleurs (du noir, du rouge, etc.), celle de certains éléments (la mer, le feu). Les psychanalystes sont d'accord pour y voir une cause liée à l'inhibition. Par exemple, lorsqu'une femme mariée ne s'autorise pas à vivre ses fantasmes sexuels avec d'autres hommes, il est vraisemblable qu'elle développe une réaction de nature phobique, qui lui inspire une terreur déplacée. En fait, ce qu'elle redoute à travers l'objet de sa phobie, ce sont ses propres fantasmes. Toutes les maladies phobiques ne sont sans doute pas relevables de la thérapie hypnotique, mais certaines, comme on va le voir, n'ont pas résisté à une investigation dans une vie passée.

La phobie des plumes

Alec était psychiatre. Il s'était rendu chez Denys et Joan Kelsey (auteurs de plusieurs ouvrages sur la réincarnation), mû par une vague curiosité à l'égard de la réincarnation. Ils devisèrent et Alec se préparait à repartir, lorsqu'on lui fit cadeau d'un couple de faisans. Il parut alors très embarrassé, recula et demanda que l'on enveloppât le gibier. Comme l'auteur du cadeau expliquait que ces oiseaux supporteraient mieux le voyage sans être emballés, Alec s'écria : "Je ne peux pas toucher les plumes". Joan, qui est aussi médium, perçut aussitôt des images liées à la vie passée du psychiatre : "Vous êtes mort /.../ abandonné sur un champ de bataille, lui dit-elle, je ne sais où ni quand mais le sol est aride, c'est du sable clair avec des rochers gris ici et là. Des vautours vous surveillent...six vautours. Vous êtes gravement blessé mais vous pouvez encore remuer les bras. A chacun de vos mouvements les vautours reculent un peu. Puis ils reviennent. Ils sont si proches maintenant que vous pouvez les sentir, ils commencent à vous déchirer."

Elle ne put continuer. Alec s'était affalé sur le sofa, dans l'incapacité de repartir. Dans la nuit, il souffrit de frissons et se débattit, en agitant les bras, en suppliant que l'on chasse les vautours qui sautillaient autour de lui. Joan Grant découvrit que cet homme avait souffert d'avoir été abandonné par ses camarades sur le champ de bataille. Lorsqu'il comprit qu'ils ne l'avaient pas abandonné mais qu'ils l'avaient cru mort, il put se libérer des émotions qui étaient restées collées à la sensation des plumes qui l'obsédaient depuis son enfance. Par la suite, il prit même plaisir à caresser les oiseaux.

Virgilia et la phobie des crustacés

Virgilia ne supportait pas la vue d'une écrevisse, d'un homard ou d'une langouste, voire des grosses crevettes, vivantes ou mortes. Si elle devait passer devant un vivier, comme il y en a dans certains restaurants, elle avait aussitôt la chair de poule, éprouvait une sensation de mort et devait s'éloigner. Elle ne supportait évidemment pas que quelqu'un en mange à sa table (sauf si la bête était entièrement décortiquée) et quand elle nageait dans la mer, sa nage était souvent gâchée par des visions imaginaires : elle se voyait, par exemple, attaquée par des langoustes. A la suite de deux événements anodins qui s'étaient transformés en drames, elle rechercha l'aide d'un psychothérapeute, qui ne résolut rien. Elle prit alors rendez-vous avec un médium connu pour percevoir certains faits marquants survenus dans la vie de ses clients, et parfois dans leur vie antérieure. Virgilia ne l'informa pas de sa phobie afin de ne pas influencer ses perceptions. Il lui décrivit avec assurance plusieurs vies, qui correspondaient à ses impressions, réminiscences diffuses et aptitudes présentes. Il évoqua dans le détail un certain nombre de personnes avec lesquelles elle était en relation dans son existence actuelle. Parmi les vies relatées, une retint l'attention de Virgilia : la vie d'un jeune mousse qui s'était embarqué dans un grand port d'Italie, sur un navire en partance pour l'Amérique, ou les îles, et qui était mort noyé, pendant le naufrage du bateau. Elle ressentit une parenté avec l'inexpérience et l'effroi de ce marin, amoureux des océans. Elle se renseigna sur la vie des crustacés, apprit qu'ils foisonnent dans toute la Méditerranée, et que, justement, ils se délectent des cadavres. Elle n'a pas voulu revivre cette supposée noyade sous hypnose, mais elle peut maintenant se baigner sans être assaillie des visions de crustacés et si elle n'est pas totalement débarrassée de sa répulsion pour ces bêtes, elle n'a plus ces réflexes de panique incontrôlable.

La phobie des araignées

Un homme de cinquante ans était encore terrorisé par les araignées, au point de hurler de façon hystérique, d'être pris de tremblements irrépressibles lorsqu'il en voyait une : de son propre aveu, il devenait lâche, il était prêt à n'importe quelle compromission, pour échapper à ce qui n'était pour d'autres qu'une bestiole. Il n'était plus lui-même. Un rêve lui a fourni l'explication de sa panique. Il se voyait piqué par une araignée géante, dans une jungle tropicale, alors qu'il s'était endormi, épuisé, en quête de nourriture. Sa piqûre enflait, enflait sous la chaleur. Il essayait de crier, d'appeler à l'aide, mais il étouffait, le venin ayant provoqué un emphysème des poumons. Ceci est un exemple typique des peurs phobiques qui peuvent être soignées par la découverte – ici, en rêve – de leur origine.

Celle qui redoutait la flamme d'une bougie

Florence Mc Claine relate dans son livre (cf. p. 256) un cas de phobie du feu : laissons-lui la parole."Il y a quelques années, je conversais tranquillement avec une jeune femme à la maison, lorsque je décidai d'allumer une cigarette. Horrifiée, elle se leva soudain et, toute tremblante, me confia qu'elle vivait dans la terreur constante du feu, sous toutes ses formes. Il suffisait d'une flamme de bougie ou d'une allumette pour qu'elle se sente envahie d'un sentiment de panique, qu'elle se mette à trembler, à transpirer jusqu'à s'enfuir en larmes hors de la pièce. Ce phénomène était source d'embarras et de désagrément. Cette jeune femme était bien consciente de la disproportion de sa réaction, mais ne semblait pas pouvoir se contrôler. Ni ses parents, ni elle-même ne se souvenaient d'un événement susceptible d'expliquer ce traumatisme.

Nous avons découvert, au cours de la régression entreprise sur sa demande que, dans sa dernière vie antérieure, restée bloquée dans une vieille ferme en bois, elle avait trouvé la mort dans un incendie. Les affirmations positives, énoncées en fin de séance, permirent de faire disparaître, en grande partie, ce traumatisme. La séance terminée /.../ elle admit que connaître la provenance de cette phobie lui avait rendu l'esprit plus léger, débarrassé d'un poids immense. Jamais, ajouta-t-elle, elle ne s'était sentie aussi libre. Elle me demanda une boîte d'allumettes. Je manifestai quelque réticence, puis finis par la lui donner. Prenant une grande inspiration, elle en gratta une ; lorsqu'elle tint l'allumette enflammée, son visage s'illumina de soulagement. Elle craqua l'une après l'autre toutes les allumettes de la boîte : aucune réaction. Cette phobie grave s'était guérie en un temps record. Mais toutes les peurs ne trouvent pas une solution aussi rapide".

Les obsessions et idées fixes

L'obsession, l'idée fixe, sont la peur imaginaire d'un danger qui entraîne des comportements compulsifs et peut gâcher la vie d'une personne. Par exemple, une femme qui avait l'impression de mal agir dans un héritage allait se laver les mains toutes les dix minutes, en une tentative désespérée pour se purifier. Certaines obsessions sont bien connues : celles du robinet de gaz mal fermé, de la porte d'entrée laissée ouverte ou des clés oubliées. Mais il y a aussi des obsessions plus fragilisantes, comme celle de Marie, qui pensait toutes les nuits à se placer sur le ventre et à disposer ses cheveux sur la nuque avant de s'endormir pour éviter d'être égorgée en plein sommeil (pourtant, Marie avait eu une enfance protégée et calme, et n'avait eu à subir aucune violence dans sa vie d'adulte).

Florence et ses têtes coupées

Denise Desjardins, dans son livre *La mémoire des vies*

antérieures" (p. 256), relate le cas d'une jeune femme, Florence, qui était hantée par des têtes de mort. Elle les voyait suspendues en face d'elle, dans des circonstances les plus variées, par exemple quand elle conduisait, ou quand elle lisait. Ces visions étaient aussi précises que possibles : elle les voyait grimaçantes, tendues devant elle par une main invisible. De plus, elle ne pouvait supporter d'être séparée de son fiancé plus d'une heure sans avoir l'impression qu'il lui était arrivé quelque chose de dramatique, aussi déboulait-elle souvent, à la grande surprise de celui-ci, échevelée, hagarde, habitée d'une angoisse indescriptible, dans l'amphithéâtre où il suivait ses cours. Elle redoutait qu'on les voie ensemble, par exemple quand ils s'embrassaient, elle vérifiait toujours qu'ils étaient loin des fenêtres et que les rideaux étaient bien tirés.

Lorsqu'elle prit contact avec Denise Desjardins, elle ne vivait plus normalement. Et dès la première séance en *lying* (terme de psychologie anglais qui désigne l'action d'être allongé, en état de relaxation profonde), elle a la vision d'elle à douze ou treize ans, témoin d'une scène où des hommes en uniforme viennent chercher ses parents pour les emmener quelque part, elle ne sait où. Instinctivement, l'enfant se cache alors des soldats, pour leur échapper. Mais ils la convainquent de les suivre et de faire ce qu'ils veulent pour "sauver ses parents". Elle accepte donc un entraînement intensif d'espionne, puis d'infiltrer les réseaux de Résistance, et livre aux nazis – puisque c'est d'eux qu'il s'agit – des juifs, des communistes et des résistants. Avec, toujours, l'espoir de retrouver ses parents. Afin de l'endurcir, on l'oblige à assister aux tortures des personnes qu'elle a contribué à faire capturer. Jusqu'au jour où l'un de ceux qu'elle va dénoncer démasque sa véritable fonction et lui révèle la vérité : que ses parents sont morts depuis longtemps, et que les nazis l'utilisent pour une cause perdue. Il parvient à la convaincre de travailler pour lui, d'obtenir des informations sur les plans des Allemands et ils deviennent amants. Durant plusieurs mois, elle mène une existence en sursis, sachant qu'un jour ou l'autre les Allemands découvriront la supercherie. Elle vit son amour pour ce résistant dans un qui-vive de tous les instants, dans la terreur de le perdre et de se perdre. Jusqu'au jour où, en effet, elle est prise en flagrant délit de complicité avec l'ennemi. Elle meurt, après des jours et des nuits de torture, sans avoir donné le réseau de l'homme qu'elle aime.

Ces *lyings* permirent à Florence de s'affranchir de ses comportements proches de l'aliénation et de connaître enfin un amour serein avec celui qu'elle avait choisi.

Le matelas mouillé

Denys Kelsey, dans *Nos vies antérieures* (cf. p. 256), relate le cas d'un jeune homme littéralement hanté par une idée fixe. Rien ne pouvait lui ôter l'idée qu'il était responsable de l'arthrite dont son père avait été atteint, treize ans après qu'il eut accompli son "forfait". Quel était-il ? Ses parents s'étant absentés pour une heure ou deux, sa nurse l'avait prié de l'aider à faire leur lit. Alors qu'elle allait chercher les draps, il passa un chiffon mouillé sur le matelas. La nurse ne s'en aperçut pas et le lit fut fait. Mais le petit garçon, qui avait alors sept ans, se mit à développer une anxiété et une culpabilité que rien ne pouvait calmer. Bien que consciemment il sût qu'il ne pouvait attribuer ce geste à la maladie de son père il était dévoré par cette idée fixe. Quatre-vingts séances de psychanalyse n'y firent rien. Son analyste et lui décidèrent donc d'interrompre le traitement. Deux ans plus tard, le jeune homme reparut : son père venait de mourir d'une attaque d'apoplexie. Plus que jamais, le matelas humide avait gangréné son psychisme : il considérait qu'il était responsable de la maladie et de la mort de son père. Denys Kelsey eut alors l'idée de le mettre en hypnose. Quelques minutes plus tard, il découvrit qu'il avait été une jeune femme à l'époque d'Edward V, en Angleterre, qui, pour épouser l'homme qu'elle aimait, tentait de se débarrasser d'une vieille tante autoritaire en humectant draps et matelas pour qu'elle prenne froid et meure. Lorsqu'il sortit de cette seule séance, le jeune homme fit de lui-même la relation entre sa culpabilité ancienne et le transfert qu'il en avait fait sur son père. Son idée fixe ne reparut plus jamais par la suite

Les addictions

"Si on prend un toxicomane ou un alcoolique et que l'on désintoxique son organisme, puis qu'on l'éloigne de l'alcool ou de la drogue pendant plusieurs années, toutes les anciennes cellules qui étaient "chimiquement dépendantes" auront complètement disparu. Cependant, la mémoire persiste et si l'occasion lui est donnée, elle s'attachera de nouveau à la substance responsable de la dépendance. /.../ En d'autres termes, le phénomène de dépendance est une mémoire déformée" Dr Deepak Chopra.

L'addiction à une drogue, à l'alcool, à un quelconque aliment est sans doute l'une des maladies de l'âme les plus difficiles à guérir. Elle met en jeu des réactions biochimiques à l'intérieur du corps qui anesthésient la souffrance morale. Parfois, une thérapie classique est suffisante pour guérir l'être qui en est affligée. Parfois, au contraire, cette addiction résiste à toutes les approches thérapeutiques classiques. La régression peut, en ce cas, apporter une explication libératoire. Cela ne veut pas dire que l'être en guérit. Mais il a plus de moyens psychiques pour remettre en marche sa volonté.

Le jeune soldat qui souffrait trop

Dans son ouvrage *Guide pratique du voyage dans les vies antérieures* (voir p. 256) Florence Mc Claine décrit le cas d'un homme alcoolique qui vint la voir parce qu'il ne pouvait plus se supporter en cet être dépourvu de volonté et de courage. Il avait tout essayé, depuis la thérapie individuelle jusqu'aux réunions des Alcooliques Anonymes, sans résultat. La thérapie régressive était son dernier espoir. Lorsqu'il fut en état de relaxation profonde, elle lui demanda de revenir à l'existence où se trouvait la cause de son alcoolisme." Il revécut sa vie en tant que très jeune soldat confédéré. Il avait très peur, voulait fuir le fracas de la bataille, le sang, les combats /..../. Au cours des derniers jours de la guerre de Sécession, il fut gravement blessé. Aucune aide médicale ne pouvait lui être apportée, mais l'un de ses compagnons avait avec lui un fond de whisky. Cela suffit à atténuer momentanément sa douleur. Le jeune homme connut une agonie de deux jours, pendant lesquels l'alcool lui manqua pour combattre la douleur et effacer l'horreur qui l'entourait.

A la fin de la régression, l'homme éclata en sanglots, me disant qu'il ne pouvait se souvenir d'un seul moment de sa vie au cours duquel il n'avait pas ressenti le besoin impérieux de boire de l'alcool. Il avait essayé différents traitements, était entré en contact avec différents groupes, mais le réconfort n'était que passager. Il avait maintenant le sentiment d'être en possession d'informations solides, à partir desquelles il pourrait travailler. Durant d'autres régressions nous avons découvert qu'au cours d'une /.../ vie précédente, il avait noyé ses problèmes dans l'alcool. (Des conflits solidement ancrés, des peurs profondément enracinées trouvent parfois leur origine en amont de plusieurs vies antérieures.) M'étant assurée que ces deux vies antérieures étaient les seules au cours desquelles l'alcool avait joué un rôle important, je transformai les formules positives de fin de séance en disant : "Vous emporterez avec vous la connaissance qui vous est bénéfique, en comprenant, à tous les niveaux, pourquoi vous avez cet impérieux besoin de boire. Vous laisserez derrière vous, et à tous les niveaux, le désir et le besoin d'alcool."

Des mois durant, l'auteur n'entendit plus parler de lui. Un jour, il l'appela au téléphone : son besoin d'alcool avait quasiment disparu. Sa pulsion s'était peu à peu dissipée. Lorsque, parmi d'autres personnes, refuser un verre eût paru peu convivial, il l'acceptait et le faisait durer toute la soirée, sans avoir le moins du monde besoin de s'en servir un autre. Il pensait qu'il n'aurait plus jamais besoin de recourir à cet expédient pour éviter d'affronter une souffrance ou un problème.

Ce cas est particulièrement réussi : hélas, tous ne débouchent pas sur une libération aussi spectaculaire. Mais, pour ceux qui sont affligés d'un tourment de cette sorte, et qui veulent s'en défaire, la régression dans les vies antérieures peut déclencher une réconciliation avec son moi profond et par cette réunion, provoquer la guérison.

Les tendances suicidaires

Comme on l'a vu avec le cas extrêmement attachant de Paolo, relaté par Stevenson, dans *Vingt cas suggérant le phénomène de réincarnation* (voir p. 257), les tendances suicidaires peuvent s'être accumulées au cours de vies successives. Peut-être la réincarnation rapide – autrement dit qui révèle un attachement trop fort à des choses ou des êtres sur terre— en est-elle la cause ? Peut-être l'individu qui n'a pas pu supporter des conditions de vie trop dures et s'est donné la mort est-il appelé à renaître jusqu'à ce qu'il ait appris à dompter ses réactions d'esquive ?

Ce qui est sûr, c'est que dans le cas de Paolo, le désir de mettre fin à ses jours était aussi fort que chez Emilia, dont il disait être la réincarnation. Avant de se suicider par le feu, il avait même tenté de s'injecter de l'air dans les veines, à l'aide d'une seringue, comme Emilia l'avait fait. (Il va sans dire que personne ne le lui avait rapporté.)

L'autre personnalité aux tendances suicidaires décrite par Stevenson, celui de Marta, qui disait avoir été Sinha, montre aussi un caractère dépressif."Je voulus savoir si Marta n'avait jamais eu de tendances suicidaires / comme Sinha/, écrit Stevenson, à la fin de son rapport sur le cas de Marta. (cf. p. 257). Elle admit très franchement avoir souvent souhaité la mort. /…/ Elle n'avait jamais /. ./ attenté à sa vie mais pensait qu'elle l'aurait fait, un jour ou l'autre, si elle avait eu une arme à sa disposition."

Il y a, heureusement, une grande différence entre se suicider et y penser. Donc, à cet égard, Marta avait évolué par rapport à Sinha, puisqu'elle avait pu surmonter l'affliction de deuils très douloureux de proches parents.

Mais, comme le dit Florence Mc Claine, "à moins que vous n'ayez vous-même fait l'expérience de la détresse dans laquelle l'esprit humain est capable de s'abîmer /…/, comment juger ? La solitude est parfois si profonde que la vie semble vraiment n'avoir plus aucun sens ; vous vous sentez si désemparé, si désespéré que nul endroit ne semble propice à vous offrir refuge, nul moyen ne vous permet de communiquer votre douleur. Vous n'avez d'ailleurs même pas envie de chercher de l'aide. Il y a un moment où vous vous promettez, devant l'intensité de la douleur, que jamais, plus jamais vous ne souffrirez, que plus jamais vous ne connaîtrez une pareille douleur. Cela vous procure un sentiment de calme. C'est alors que vous prenez la décision de vous suicider /…/ C'est la décision de faire quelque chose pour stopper la souffrance qui ramène le calme et non pas la décision de mourir, en soi."

Il est très frappant de voir que, dans la plupart des cas, les tentatives de suicide n'aboutissent pas à la mort. Elles sont encore un appel à l'aide. Les êtres qui se tuent n'ont généralement rien dit pour préparer leur entourage. Ils sont souvent entourés d'un compagnon, parfois d'une famille, qui les aiment et qu'ils semblent aimer. Mais quelque chose d'une intensité insupportable les pousse à se supprimer. On a souvent le sentiment que rien, personne n'auraient pu les empêcher de commettre ce geste. Pour Allan Kardec, cela peut être le fait de mauvais esprits qui s'acharnent sur un être fragile et qui lui inspirent de disparaître. Ces esprits portent en eux le mal, ils aiment exercer leur pouvoir délétère sur les vivants, et tentent de l'égarer par des suggestions mauvaises. C'est pourquoi il est si important de développer ce que Emmet Fox appelle la "divine" faculté de discernement, car elle permet à l'individu sans cesse confronté – à son insu – aux esprits, bons ou mauvais, de distinguer le bien des uns et le mal des autres.

Jim l'homme tendre qui voulait mourir

Florence Mc Claine relate le cas d'un homme Jim, qui était affligé de telles tendances. Un homme "remarquablement intelligent, tendre, avec une personnalité généreuse et douce. Il parlait couramment plusieurs langues et transformait en or tout ce qu'il touchait. Il aimait bien vivre et était l'un des êtres les moins égoïstes /qu'elle ait connus/. Il semblait que sa vie était comblée. Pourtant /.../ il n'en était rien. /.../ A l'âge de vingt ans, Jim, souvent déprimé, avait des pensées suicidaires. /.../ Lorsqu'il eut atteint la trentaine, ce schéma de douleur et de désenchantement s'intensifia. Il voulait que sa misère cesse. Il tenta par deux fois de mettre fin à ses jours." Florence Mc Claine lui propose alors une régression dans ses vies antérieures, qu'il accepte d'entreprendre. "Il trouva dans ses vies passées l'origine de certains de ses problèmes et découvrit qu'il avait déjà utilisé le suicide, à diverses reprises, pour échapper à ses soucis. Il décida de résoudre autant de problèmes qu'il le pouvait et d'apprendre à vivre avec les autres. Il commença à s'estimer un peu plus /.../. Dans des circonstances extrêmement difficiles il fit tous les efforts possibles. Au cours des dernières années de sa vie, alors qu'il semblait que le monde entier s'écroulait sur lui, il tint bon et conserva sa nature douce et aimante". Ce cas, pour schématique qu'il paraisse, montre qu'il est possible de se libérer du cycle des suicides, en faisant preuve de résistance à la douleur et de ténacité. Mais dans le cas de Jim, l'élément déclencheur fut de revivre en état d'hypnose les nombreuses vies précédentes où il avait mis fin à ses jours. Cela lui permit de se rendre compte d'un point très important de la Loi divine à laquelle nous coopérons : toutes les situations, tous les êtres, toutes les circonstances auxquelles nous cherchons à échapper nous sont à nouveau présentés, afin que nous apprenions la leçon que nous refusons. Les difficultés sont parfois accrues, du fait que l'on a développé une énergie négative puissante, qui nous revient, à un moment ou à un autre. Ce fut apparemment le cas de Jim, qui dut endurer, à la fin de sa vie, un déluge de problèmes – sans doute tous ceux qu'il n'avait pas résolus dans ses vies antérieures, additionnés à ceux de sa vie présente –. Comme le soulignent plusieurs métaphysiciens, dont l'anthroposophe Rudolf Steiner, vouloir échapper aux enseignements d'une vie que nous avons par ailleurs nous-même choisie équivaut à refuser des cours particuliers que nous aurions payés d'avance, ou à renvoyer des plats commandés avec soin pour être en bonne santé. La progression passe par toutes sortes de leçons, et nous savons à l'instant de notre naissance ce que nous sommes venus apprendre.

Le fait que nous ne connaissions pas à l'avance la difficulté des cours ne veut pas dire que nous n'y soyons pas préparés : la loi divine nous envoie les bonheurs et les chagrins que nous sommes en mesure de supporter.

Rudolf Steiner (*Le Karma* cf. p. 257) mentionne aussi le cas d'un homme qui avait passé vingt-sept ans en prison dans une vie antérieure. La vie suivante, il se donna la mort à vingt-sept ans, comme si son inconscient l'autorisait à vivre seulement les années qu'il avait manquées.

La possession

Le cas de Sumitra possédée par Shiva est l'une des histoires les plus émouvantes qui ait été rapportée sur le sujet. Il est minutieusement décrit par Ian Stevenson dans *Journal of scientific exploration* (N°1, 1989).

Sumitra est une jeune femme de 17 ans, mariée et mère d'un petit garçon. Elle appartenait ainsi que toute sa famille à la caste Thakur. Son enfance s'était déroulée de façon inhabituelle pour une petite Indienne de milieu paysan : son père ayant cherché à obtenir un emploi stable, dans une plus grosse bourgade, elle vécut huit ans séparée de lui, dans le village qu'habitait une de ses cousines plus âgée, qui l'éleva, lui enseigna les rudiments de lecture et d'écriture qu'elle avait et lui tint lieu de mère, à la mort de celle-ci, en 1979. Sumitra avait alors 11 ans. A l'âge de 13 ans, elle fut mariée à Jagdish (selon la coutume indienne des mariages arrangés) et partit vivre dans le village de son mari. Son mariage fut la réplique exacte de ce qu'elle avait connu en tant qu'enfant : il consistait en des séparations continuelles. Son mari, en effet, avait quitté leur village pour aller chercher du travail à la ville (à Delhi) et restait parfois plusieurs mois absent. Elle donna naissance à son bébé trois ans après son mariage. Un ou deux mois plus tard, elle commença à souffrir de pertes de conscience durant lesquelles ses yeux se révulsaient et ses dents grinçaient. La durée de ces états variaient de quelques minutes à une journée entière. Souvent, elle en sortait en disant qu'elle avait été possédée par Santoshi Ma (déesse hindoue considérée comme la protectrice des femmes pieuses et fidèles). A deux reprises, elle sembla possédée par des esprits désincarnés. L'un de ces esprits dit qu'elle était une femme qui s'était noyée dans un puits. Un autre dit qu'il avait été un homme d'un autre état de l'Inde. Elle donna quelques précisions concernant cette vie qui ne furent pas vérifiées.

Durant ces épisodes d'apparente possession, Sumitra semblait être en si mauvaise condition physique que ses parents consultèrent un guérisseur local. Il eut une influence apaisante sur elle, mais n'arrêta pas ses moments de transe. Un jour, elle prédit sa mort. Trois jours plus tard, le 19 juillet 1985, elle perdit conscience et sembla mourir. Son pouls avait cessé de battre et elle devint aussi blanche qu'une morte. Ses parents et tous les gens du village commencèrent à envisager ses funérailles, certains se mirent à pleurer. Quand elle revint à elle, quelque dix minutes plus tard, elle ne reconnut plus personne de ceux qui l'entouraient. Elle ne prononça que trois ou quatre mots le jour de sa résurrection. Ensuite, elle se mit à dire qu'elle était Shiva et décrivit tous ceux qui entouraient Shiva.

Qui était Shiva ? c'est ce que les enquêteurs de l'équipe de Stevenson découvrirent. Elle était née en 1962 (soit six ans avant Sumitra) dans une famille de caste brahmiane, à quelque cent kilomètres de chez Sumitra. Elle avait été élevée avec ses cinq frères et soeurs, avait reçu une éducation poussée, (école puis collège) et elle était diplômée d'économie. A dix-huit ans et demi elle s'était mariée à Chedi. Elle avait eu deux enfants, qui avaient 18 mois et 6 mois lorsque leur mère mourut. Shiva vivait, comme c'est la coutume en Inde) chez sa belle-famille, et des frictions entre elle et des membres de sa belle-famille se produisirent. Sans doute les manières supérieures de Shiva et son éducation les irritèrent-ils.

Ils manifestèrent un certain mécontentement lorsque leur belle-fille dut s'absenter pour passer un dernier examen au Collège. (Elle se plaignit de ce que sa belle-mère lui avait dit : vas-y et pends-toi). A un moment donné, son beau-père écrivit à son père en lui suggérant de la ramener chez

Les blessures de l'âme

lui, mais il n'y eut pas de réponse. Dans la deuxième quinzaine de mai 85, une querelle plus sérieuse se déclara. Shiva avait été invitée au mariage d'un membre de sa famille et sa belle-famille, après avoir accepté son absence, changea d'avis et lui interdit de quitter la maison. Brijesh, l'un de ses oncles qui vivait dans un village voisin, appela Shiva le 18 mai dans la soirée : elle lui raconta la querelle qu'elle avait eue avec sa belle-mère et l'une de ses belles-sœurs, et pleura, se plaignant d'avoir été battue par elles. Cependant, malgré son indignation, elle ne semblait pas déprimée et ne parla pas de suicide. L'oncle tenta de calmer les choses en parlant aux membres de la belle-famille. Il leur conseilla d'appeler le père de Shiva pour qu'il vienne et établisse une paix plus durable entre les parties. Le lendemain, malheureusement, Brijesh et ses frères apprirent que Shiva était morte dans un accident. On avait trouvé son cadavre sur des rails de chemin de fer. Sans attendre l'arrivée du père de Shiva, que Brijesh allait chercher, (cela devait prendre 4 heures) ils la firent brûler avec une hâte suspecte, en jetant du fuel sur le bois pour que sa crémation aille plus vite. Mais outre ses plaintes à son oncle, la veille de sa mort, des personnes avaient vu les beaux-parents de Shiva, dans la nuit du 18 au 19 mai, la porter jusqu'à à la gare, qui se trouvait à quelques centaines de mètres de chez eux. Les beaux-parents avaient expliqué à ces personnes qu'ils l'emmenaient à l'hôpital. Cela suffit à éveiller les soupçons du père de Shiva, Ram Syia, qui porta plainte à la police puis signa une accusation de meurtre à l'encontre de la belle-famille de sa fille. Son mari et son beau-père furent arrêtés puis relâchés faute de preuves. Quant à sa belle-mère et à sa belle-soeur, elles prirent carrément la fuite et ne reparurent pas pendant plusieurs mois. Lorsqu'elles revinrent chez elles en 1986, elles furent arrêtées et relâchées dans l'attente du procès.

Sumitra, dans laquelle Shiva semblait s'être réincarnée, ne

reconnut aucun des membres de sa famille présente. Elle commença par rejeter les avances amoureuses de son mari et refusa de s'occuper de son fils. Puis elle s'adapta progressivement à sa nouvelle belle-famille, qu'elle trouvait attentionnée. Elle accepta de s'occuper du bébé en disant que "sinon, Dieu ne prendrait pas soin des deux enfants à moi, là-bas". Elle changea sa façon de se vêtir (portant sari et sandales, ce que Sumitra, en jeune fille de paysans, ne faisait pas). Ses intérêts changèrent : elle s'adonna avec plaisir à la lecture et à l'écriture, activités que Sumitra accomplissait rarement et avec difficulté. Elle reconnut en photo ou en leur présence 23 membres de la famille de Shiva, et continuait à dire qu'elle était Shiva, lorsque Stevenson et son équipe la rencontrèrent en octobre 1987. Elle prétendait aussi que son fils était celui que Jagdish avait eu de son premier mariage. Ram Syia, le père de Shiva, entendit parler de Sumitra (dans des circonstances fortuites que Stevenson dépeint) et la rencontra ensuite. Il reconnut quelques traits frappants de la personnalité de sa défunte fille, notamment son audace et son goût pour les plaisanteries.

Possession ou réincarnation ? Le cas est à la charnière des deux. Mais on ne peut s'empêcher de penser que l'enfant Sumitra avait été en quelque sorte dépossédée de sa vie par l'absence du père, de la mère et ensuite du mari. Les seules connaissances qu'elle avait acquises, elle les devait à sa cousine, qui elle-même n'avait pas été longtemps à l'école. Il semble qu'elle ait laissé la place à Shiva, comme on s'efface devant quelqu'un qui a plus de chances de réussir. Ce n'est d'ailleurs pas un hasard si le mari de Sumitra – qui avait été absent durant toutes les premières années de son mariage – redevint très présent dès lors que l'identité de Shiva eût occupé le corps de Sumitra. Comme si l'état de conscience ayant disparu, l'attitude de l'entourage, lui aussi, changeait.

Les hallucinations

Moira Schaeffer était une artiste de trente-trois ans qui se battait pour s'imposer. Elle fut invitée à une soirée à Greenwich Village (dans New York), où se trouvaient d'autres artistes et des marchands, afin de trouver de l'aide pour faire avancer sa carrière. C'était une jeune femme timide, pratiquant l'introspection, avec une légère tendance à s'apitoyer sur elle-même. Elle rentra chez elle dans un état de choc traumatique qui se détériora si rapidement en actes autodestructeurs qu'il fut nécessaire de la faire interner. Dans son délire, elle hurlait de terreur devant quelqu'un qui voulait lui faire du mal, et redoutait par-dessus tout que "l'homme au parapluie noir revienne la voir".

Edgar Cayce fit une "lecture" de sa vie en état d'hypnose et la vit en Nouvelle-Angleterre au temps de la chasse aux sorcières. Elle s'appelait alors Mana Smyrth, avait un don (mineur) de clairvoyance qui l'amena promptement au banc des accusés. Le verdict, comparé à celui d'autres personnes accusées de sorcellerie, fut relativement léger. Elle fut condamnée à être publiquement immergée, à plusieurs reprises. Mais ces bains forcés étaient administrés de façon si brutale qu'ils provoquaient des noyades. Mana s'en sortit, mais pleine d'amertune et de désir de vengeance. Elle souffrit beaucoup de ces persécutions et de l'assujettissement qu'elles lui imposaient. L'intensité de sa haine et de sa colère réduisit à néant le bénéfice qu'elle aurait pu connaître si elle avait pardonné à ses ennemis. Ce faisant, elle viola la Loi de Grâce et se retrouva piégée à nouveau dans la loi karmique de cause à effet, où une tâche inachevée l'attendait, d'une vie d'artisan dans une lointaine incarnation en Arabie. De grandes perturbations physiques et mentales surgirent de cette existence-là. Cependant, elle trouva des opportunités pour exprimer sa vision de la beauté dans l'art. Malgré l'opposition de l'hôpital où elle avait été internée (qui refusait de lui donner le traitement ostéopathique préconisé par Cayce) la jugeant "violente et incurable", Cayce obtint, par ses requêtes véhémentes et réitérées, de la faire soigner comme il l'entendait. Le traitement fut long et difficile : elle était si dérangée qu'elle ne reconnaissait plus personne de son entourage familial, et ne pesait plus que quarante kilos. Mais elle guérit, et Cayce lui conseilla alors de s'orienter vers le style de Rubens – car elle avait été une apprentie du Maître (né en 1577, mort en 1640) - et qu'à partir de cette base, elle imposerait alors progressivement son propre style. Elle fut surprise car on lui avait souvent dit que sa peinture rappelait celle de Rubens, mais elle suivit à la lettre les conseils de Cayce et réussit. On ne sut jamais avec certitude à quel outrage elle avait été soumise, mais sa sœur, qui avait entendu son délire, pensait qu'elle avait utilisé une forme d'envoûtement contre ses bourreaux, avant d'affronter ses premières persécutions, et qu'elle avait été prise au piège de ses propres fantômes, qui revenaient la hanter, des siècles plus tard.

Les blocages

Les blocages sont souvent le fait de traumatismes psychologiques subis dans la petite enfance. Qu'un gamin qui a été sans cesse rudoyé par son père, quand il était enfant, à propos de problèmes mathématiques éprouve, à l'âge adulte, un blocage devant tout raisonnement logique, n'a rien d'étonnant. Mais il est des blocages qu'une enquête minutieuse dans la petite enfance ne résoud pas. Denise Desjardins relate le cas complexe, à multiples rebondissements, d'un homme qui ne pouvait atteindre l'orgasme, quelle que fût sa partenaire. Et Raymond Moody rapporte l'histoire d'un homme qui désirait, plus fort que mourir, devenir écrivain, et se voyait incapable d'écrire même une lettre. Dans ces deux cas, l'investigation dans les vies antérieures des protagonistes a permis de découvrir leur secret caché derrière leur nouvelle naissance.

L'écrivain "manqué"

Raymond Moody (cf. p. 256) narre le cas d'un homme qui désirait à tout prix être écrivain. Mais il était bloqué, et cela prenait de telles proportions qu'il ne pouvait plus même écrire une lettre. Il entreprit de régresser et se vit dans une chambre minuscule et pauvre, surchargée, par la fenêtre de laquelle il apercevait des rangées d'entrepôts et des voitures attelées. Il était heureux car il allait remettre son livre enfin achevé à l'éditeur et il espérait qu'il en tirerait de quoi se sortir de sa pauvreté et aider sa famille. Il était heureux, aussi, de pouvoir prouver que la voie qu'il avait choisie était la bonne et qu'il avait eu raison de s'y obstiner. Mais l'éditeur lui refusa son livre, ainsi que tous ceux à qui il le présenta. Il pleura mais se dit qu'il persévérerait jusqu'à ce que quelqu'un veuille de ses écrits. Puis il se vit à la fin de sa vie, vieillard aux cheveux blancs, travaillant dans une bibliothèque, cherchant dans des fiches. Il se sentait aigri, en regardant tous ces livres dont pas un ne portait son nom.

En sortant de ses régressions, cet homme comprit d'où provenait son blocage : son désir d'écrire avait survécu, mais il avait gardé le souvenir de tous les ouvrages rédigés en vain, de tous ses échecs, dans une existence antérieure, et ne voulait pas perdre sa vie présente à pondre des écrits qui ne seraient jamais lus par personne. Sur le conseil de son thérapeute, il prit donc la décision d'essayer ce métier pendant deux ans et si, au bout de ce laps de temps, il n'avait pas réussi à faire accepter un manuscrit, il renoncerait, sans regret, sans amertume, content d'avoir au moins essayé.

C'est ce qu'il fit. Au bout de deux ans, voyant qu'aucune réponse satisfaisante ne lui parvenait de la part des éditeurs, il renonça définitivement à cet art et put se tourner vers d'autres intérêts.

Réincarnation et renaissance intérieure

Celui qui ne pouvait pas connaître le bonheur sexuel

L'histoire de Francis (relatée dans *La mémoire des vies antérieures*, cf. p. 255) commence de la façon la plus banale. Il arriva chez la psychothérapeute Denise Desjardins en disant qu'il ne pouvait éprouver aucune émotion. Ou plutôt, une seule, très négative. Dès qu'une femme, même amie, lui parlait de l'homme avec lequel elle avait partagé sa vie, la moindre allusion à un compagnon du passé le mettait dans des rages incontrôlables et il se sentait capable de violence meurtrière à l'égard de celle qui évoquait un souvenir de ce type. A part cette anomalie affective, il avait, selon lui, "une brique à la place du coeur". De plus, la région génitale était comme anesthésiée et l'union sexuelle, même avec une femme aimée, ne pouvait lui apporter aucun plaisir. Dès les premières séances de *lying* ("pendant une heure, chaque jour, la permission vous est donnée de tout exprimer, de tout laisser monter, ceci, c'est le *lying*") il ressentit des douleurs violentes autour du sexe, comme s'il était mutilé. Ensuite, les douleurs se localisaient dans les mains (il pensait qu'elles avaient été écrasées), puis il ressentait des coups à la nuque, des coups de pied, et une impression de paralysie comme si ses reins étaient cassés et que ses jambes ne pouvaient plus bouger. Puis il éprouva une telle violence, une telle envie de tuer, qu'il prit un coussin et le lacéra de coups. Au cours d'un lying suivant, un désir de meurtre monta, monta, jusqu'à un moment où il entendit sa propre voix dire : "un missionnaire ne doit pas tuer".

A ce moment, les événements de sa vie antérieure déferlent : sa mère lui enseignait à se cacher, sous un banc, et à y rester sans bouger. L'autre jeu auquel ils jouaient – plusieurs fois par jour – consistait à faire semblant d'avoir perdu son identité. Sa mère le harcelait de questions, et il devait tenir bon. Puis il se souvint que sa mère lui montrait un chandelier, que son grand-père allumait en disant des prières, et qu'elle lui montrait aussi une croix dorée, lui disant : le chandelier, la croix, c'est le même Dieu. Elle lui répétait souvent : "Tu sais, un jour, je ne reviendrai peut-être pas." Elle lui faisait alors promettre d'aller à l'église qu'il connaissait et de prier jusqu'à ce que quelqu'un vienne le chercher, et de ne jamais dire son nom, ni d'où il venait, comme dans le jeu auquel ils jouaient souvent. Tout ce à quoi elle l'avait préparé arriva : des soldats vinrent chercher sa mère et son grand-père, mais ne virent pas le petit Ismaël qui s'était caché sous le banc. Dès qu'ils furent partis, il courut jusqu'à l'église, où un prêtre le trouva, l'emmena chez lui, et se mit à le battre pour qu'il parle, qu'il dise qui il était, d'où il venait. Mais l'enfant tint bon. Pendant plusieurs années, il endura avec horreur tous les sévices que le prêtre voulut lui faire supporter, sodomisation comprise. Puis un abbé l'emmena dans un monastère, loin, il y faisait un climat rude, et le forma d'une façon extraordinaire à la vie monastique. De sorte qu'à trente, trente-trois ans, Ismaël avait développé un sens à sa vie : il voulait être missionnaire

Il avait donc pris un bateau, et s'était retrouvé parmi des Noirs qu'il évangélisait. La colonie blanche qui se trouvait là ne l'appréciait pas, car il dénonçait leurs pratiques violentes et leurs mauvais traitements à l'égard des indigènes. Un jour, une femme vint le voir en pleurant, se plaignant des mauvais traitements de son mari qui la battait. Il se prit de compassion pour cette jeune femme, puis s'en éprit, au point de renoncer à toutes ces années de chasteté voulue. Ensuite, comme le mari continuait de battre sa femme, le missionnaire, un jour, ne put contrôler sa colère et le tua. Puis il s'enfuit dans la jungle, avec elle, mais sans beaucoup d'espoir de s'en sortir vivant. Lorsqu'il entendit les Blancs s'approcher, il tua aussi la jeune femme, afin de ne pas la laisser torturer. Ils le capturèrent, le ramenèrent à son église, qui avait été incendiée, où tous ses serviteurs noirs avaient été pendus (ils semblaient le regarder, de leurs yeux morts). Là, il fut émasculé, puis torturé à mort.

Or, comme pour ajouter foi à ce récit, parmi les participants à ce *lying* se trouvait une jeune femme qui témoigna du fait suivant : un de ses lointains cousins avait vécu en Ouganda au début du siècle, et sa correspondance évoquait un missionnaire lapidé pour avoir séduit une femme!

Dans la vie présente de Francis, ces terribles traumatismes s'étaient traduits par une séparation d'avec sa mère (comme par une fatalité, puisque sa mère l'avait laissé en otage à sa propre mère adoptive) contre laquelle il ne s'était jamais élevé. Il voyait sa mère un jour par semaine, et lorsqu'elle repartait, il ne songeait pas à exprimer son désespoir, son désir d'être avec elle. (En fait, il était resté sous l'interdit de sa mère "d'avant", qui lui avait fait jurer de ne pas parler pour ne pas être capturé par les soldats allemands.)

En retrouvant la cérémonie de sa circoncision, dans cette existence antérieure, puis les séances de sodomisation, puis les tortures du missionnaire, Francis avait condensé une forte dose de souffrance liée au sexe. La retrouver et la faire éclater lui permirent d'envisager son mariage avec d'autres yeux et le libérèrent des émotions qui, pendant trente-trois ans, n'avaient pu s'exprimer.

Chapitre 4

LA GUÉRISON DES MALADIES DU CORPS

"Parmi les thérapeutes qui utilisent les régressions, écrit Raymond Moody (cf. p. 256), ceux qui croient à la réincarnation considèrent la maladie d'un point de vue métaphysique. Ils pensent que nous choisissons /.../ nos maladies parce qu'elles ont quelque chose de spécifique à nous apprendre /.../. La maladie peut entièrement modeler notre perception de la réalité. Même quelque chose d'aussi banal qu'un mal de gorge peut nous faire apparaître le monde sous un autre jour. /.../ Le fait que nous souffrions de certaines maladies ou catastrophes personnelles dérive du fait que nous avons beaucoup à apprendre à un niveau spirituel, de notre perpétuel retour dans le courant de la vie".

Et le Docteur Deepak Chopra, qui a assisté à de nombreuses guérisons dites miraculeuses, de se poser la question : "Qu'est-ce qui différencie un rescapé d'un non rescapé ? Apparemment, les vainqueurs ont appris à encourager leur propre guérison /.../. Ce sont les génies de l'association esprit-corps. /.../ Leur capacité prend naissance à un niveau si profond que nul ne peut aller au-delà. /.../ Pour atteindre ce point /.../ on doit dépasser les niveaux plus élémentaires de l'organisme /.../ et arriver au point de jonction de l'esprit et de la matière, le point où la conscience commence réellement à produire un effet."

LES IMPRESSIONS MATERNELLES ET L'ÂME AVANT LA NAISSANCE

Il faut se pencher un instant sur le rôle de la mère dans le processus de la grossesse. De plus en plus de thérapeutes adeptes du "rebirth"(méthode thérapeutique consistant à faire revivre au patient l'instant – ou l'éternité - de sa naissance) l'attestent : durant tout son séjour dans l'utérus, le foetus reçoit très fortement les émotions, les impressions et les sensations de sa mère. Il pourrait même, selon Denise Desjardins, n'avoir pas d'existence propre, n'être que le prolongement émotionnel de sa mère. Aussi lui devrait-il toutes ses peurs, tous ses vices et toutes ses attirances.

Ce qui veut dire qu'une mère peut créer une attitude confiante, optimiste et créatrice chez son enfant par l'influence qu'elle exerce sur lui durant les neuf mois de sa gestation. J'ai connu une femme qui avait donné naissance à un enfant myopathe. Elle disait avoir eu une grossesse sereine et épanouie jusqu'au troisième mois, où, par un hasard malheureux, elle avait lu un article sur la myopathie, ses causes, ses conséquences. Pourquoi cet article la frappa-t-elle à ce point ? (En tant que journaliste, elle passait son temps à lire et à suivre l'actualité, dans tous les domaines.) Dès ce moment, elle fut obsédée par une seule pensée : pourvu que mon enfant ne soit pas myopathe. S'agissait-il d'une prémonition, comme elle le croyait elle-même ? Ou hypothèse plus inquiétante, aurait-elle pu créer, par sa connaissance et son horreur de la maladie, la myopathie de son enfant ? Elle disait avoir été "obsédée par cet article", au point d'y "penser jour et nuit," de "se reprocher de n'avoir pas fait le test" car il s'agit de transmission génétique par la mère.

La guérison des maladies du corps

Ne dit-on pas depuis les travaux du couple Simonton (cf. p. 257) que la visualisation est créatrice, génératrice de guérison ? Que l'image, les pensées chargées d'intense émotion impriment une marque dans la chair ? Autrement dit que l'esprit forge le corps ? S'il peut apporter la guérison des cellules cancéreuses chez un malade, ne peut-il agir (malheureusement) en détériorant les tissus ? Cette femme disait "redouter" que son enfant soit myopathe, durant les six derniers mois où elle l'a porté. N'a-t-elle pas pu, par son obsession répétée, son intense et sourde appréhension, transmettre un défaut, un désordre génétique dans le code ADN du fœtus ?

Les preuves du lien étroit qui existe entre l'esprit et le corps affluent, et les scientifiques eux-mêmes constatent les phénomènes sans l'expliquer.

Cette impressionnabilité de l'être s'exerce plus fortement sur la femme enceinte, qui est en état de réceptivité et d'attente. Les articles de Stevenson sur "les impressions maternelles" nourrissent cette supposition. Il rapporte le cas, décrit par Carreras en 1910, d'un petit garçon qui fut blessé à la tête par une voiture. Son cuir chevelu avait été endommagé de sorte qu'il lui fallait être recousu. Sa mère qui était alors enceinte de deux mois accompagna son fils à l'hôpital, et elle était présente au moment où sa blessure fut découverte. Elle voulait garder les yeux fermés, mais ne put s'empêcher de la voir, un court instant. Cette vision la perturba profondément. Lorsqu'elle donna naissance à sa petite fille, 7 mois plus tard, Carreras vit qu'à l'emplacement exact où son frère avait été blessé, le nouveau-né portait une marque d'environ 6 centimètres de long sur 1 centimètre de large qui ressemblait à une blessure guérie. Dans ce cas, le temps durant lequel la mère est exposée au stimulus pathogène semble moins important que l'effet qu'il a produit sur elle et sa tendance à y repenser par la suite.

Etrange épidémie

Une autre femme qui en était aux premiers mois de sa grossesse entrevit quelqu'un qui était affligé d'un bec-de-lièvre non opéré. Cela l'affecta énormément. Elle alla voir son médecin, le docteur Theyskens, lui dit qu'elle était persuadée que son enfant aurait un bec-de-lièvre. Theyskens tenta de la rassurer, en vain. Son bébé naquit avec un bec-de-lièvre. Cela suscita un certain remue-ménage dans le voisinage et plusieurs femmes enceintes vinrent se rendre compte par elles-mêmes de la situation. De sorte que, quelques mois plus tard, Theyskens dut opérer trois autres becs-de-lièvre dont étaient affectés les nourrissons des visiteuses. Cette petite épidémie relatée par Stevenson s'est produite en Belgique, à la fin du XIXème siècle, chez Theyskens, qui en fit le rapport. (cf. p. 257).

Les mains blessées du père et de son nouveau-né

Le cas d'Astride Stevaux, née en Alsace, est troublant. Son père, André, avait été blessé à la main droite, à 17 ans, alors qu'il aidait à manoeuvrer une machine agricole dans une ferme (ses doigts avaient été pris dans les lames). Il avait perdu beaucoup de sang, et il fut nécessaire d'amputer l'index et le majeur de la main blessée. Les deux derniers doigts furent sauvés mais ne purent retrouver leur entier mouvement. Plus tard, il recouvra presque totalement l'usage de sa main et devint boucher. Sa fille Astride, la première de ses trois enfants, naquit avec une malformation à la main gauche. (Les trois doigts du milieu manquaient). Plusieurs personnes de leur entourage attribuèrent aussitôt la malformation d'Astrid au fait que sa mère voyait tout le jour la main amputée de son mari. Pourtant, Antoinette, la mère d'Astrid, dit n'avoir jamais prêté la moindre attention à la main déformée de son mari et ne s'être jamais attendue à retrouver cette infirmité chez son enfant. Stevenson pense quand même que la mère ayant vu tous les jours de sa grossesse la main de son mari, cette vision a pu l'impressionner inconsciemment et ainsi "marquer" son bébé. Si l'on adopte le point de vue de Rudolf Steiner (selon lui, l'âme évolue autour de ses parents plusieurs années avant de s'incarner) l'âme d'Astrid, déjà "amoureuse" de ses parents, aurait vu l'accident et en aurait gardé l'empreinte. On voit à quel point les mécanismes du psychisme sont impressionnants, au sens premier du terme, et peuvent, à l'insu de la mère, intervenir dans le subtil processus de procréation. La visualisation créatrice et la communication émotionnelle avec le fœtus, comme le préconise l'aptonomie, sont donc des instruments utiles pour aider à la formation harmonieuse du bébé et à une délivrance sereine.

"Les enfants nés infirmes ou idiots ne se seraient-ils pas gâtés plutôt dans des vies antérieures ?" (166ème lettre de St Augustin à St Jérôme).

LES MARQUES DE NAISSANCE HÉRITÉES DES VIES ANTÉRIEURES

Certaines malformations, certaines particularités et marques semblent héritées de conditions de mort traumatisantes dans la vie antérieure.

Le Professeur Stevenson, qui en a fait une étude approfondie, dans un livre à paraître aux Etats-Unis, en 1995, constate dans nombre de cas que les malformations ou marques qui affectent les personnes à leur naissance (dans leur vie présente) correspondent à une mort violente, ou à une impression très forte reçue avant la mort dans la vie antérieure. Il semble alors que l'âme ait gardé une forte empreinte des souffrances endurées, sur une table d'opération, après avoir roulé sous un train, après avoir reçu une balle de fusil de chasse à bout portant. Plusieurs de ces cas, brièvement décrits dans le *Journal of Scientific Exploration* (n°4), sont impressionnants. Notamment, celui d'un Thaïlandais, né avec deux marques de naissance. La première, une large marque à l'arrière de sa tête, que l'on voyait malgré ses cheveux drus et noirs. La seconde, une déformation très nette du gros orteil droit. Cet homme, dans son enfance, se souvenait d'avoir été son oncle. Or, celui-ci avait été frappé par un lourd couteau à la tête et était mort presque instantanément. Il avait aussi souffert, pendant plusieurs années, jusqu'à sa mort, d'une infection chronique à l'ongle de ce même gros orteil. Ce que l'histoire ne révèle pas, ce sont les raisons pour lesquelles l'oncle en question avait été frappé à la tête, et pourquoi cette infection du gros orteil s'était déclarée, ce qui nous aurait éclairés sur les raisons karmiques de cette mort violente. Mais le point de vue scientifique dans lequel se place le Professeur Stevenson ne permet pas d'extrapoler, ne de se perdre en vaines hypothèses.

Autre cas frappant de marque de naissance correspondant à des souvenirs de vie antérieure : celui d'une petite fille birmane, qui disait se rappeler la vie de sa tante, morte sur une table d'opération, où elle était opérée d'une grave maladie de coeur. L'enfant présentait une longue entaille verticale, de couleur plus claire que sa peau, au milieu de son torse et jusqu'en haut de son abdomen. Cette marque correspondait à l'incision qui avait été pratiquée pour l'opération de sa tante.

A l'inverse, un petit garçon turc présentait à la naissance une longue trace horizontale sur la partie supérieure de son abdomen. Il se rappelait, encore tout petit, la vie de son grand-père paternel, qui avait eu une jaunisse. On l'avait opéré avant qu'il ne meure, sans doute d'un cancer du pancréas.

Le Professeur Stevenson relate le cas d'un autre enfant turc, né avec une grave déformation de l'oreille droite et un côté du visage mal développé. Il disait se rappeler la vie d'un homme qui avait été tué d'une balle de fusil de chasse tirée à bout portant. Cet homme, dont Stevenson a retrouvé le rapport médical, avait été transporté à l'hôpital, où il était mort six jours plus tard, des suites de blessures au cerveau qu'avait faites la balle en fracassant le côté droit du crâne.

Parmi les cas les plus graves rapportés dans cet article, figure celui d'une petite fille née avec tout le bas de la jambe droite en moins. Elle se rappelait avoir été écrasée par un train, dans son existence antérieure. Les témoins du drame rapportèrent à Stevenson que la fille avait eu la jambe droite broyée avant de passer entièrement sous le train.

Tous ces cas sont troublants, mais n'apportent aucun éclairage métaphysique sur les raisons de ces morts douloureuses ou violentes. (C'est d'ailleurs la volonté de l'auteur, comme nous l'avons vu.)

Si je les cite ici, c'est que le pouvoir de l'esprit sur le corps semble s'exercer par-delà la mort. Comme l'écrit le Dr. William A. Mc Garey, "la tendance à tel ou tel type d'émotion naît dans les glandes qui sont imprégnées de la mémoire des vies antérieures."

Les maladies, les émotions et le psychisme

"Qu'est-ce qu'une cellule ? C'est une mémoire qui s'est entourée de matière, formant ainsi une structure spécifique. L'organisme est tout simplement l'endroit où la mémoire habite" Dr Deepak Chopra.

La maladie est une autre façon de faire réagir l'individu enfermé dans des contradictions insolubles. Le docteur Bernie Siegel raconte, dans son remarquable ouvrage

L'amour, la médecine, les miracles (voir p. 257), la façon dont la maladie représente le seul événement dans leur vie qui attire l'attention des autres et c'est pourquoi les malades s'y accrochent. Si on les guérit, ils tombent malades d'autre chose. L'arrivée de la maladie est toujours le signal que quelque chose doit être exprimé qui ne l'a pas été par les voies de communication normales. Il y a les maladies refuges, dont parle si bien Dominique Brunet (cf. p. 255), que les individus développent parce que cela leur permet d'éviter d'entreprendre un balayage complet de leur subconscient. Ou parce qu'elles leur épargnent une action qui les effraie. Il y a les maladies fuites, véritables suicides qui permettent de tirer sa révérence en sauvant les apparences.

Il y a les maladies symptômes d'un état de conscience endolori et trop malheureux, déchiré. Il y a les maladies spirituelles, celles qui peuvent être guéries par la Connaissance, la prière, le jeûne. Celle de l'aveugle qui, lorsqu'il cessa de croire que Jésus était le fils de David, mais vit qu'il était le Christ, put recommencer à voir. Il y a les maladies qui sont un héritage de famille : si plusieurs générations ont commis un avortement ou un suicide, un descendant va hériter de problèmes physiques graves, selon le psychologue et médecin Ken Mac Call (*Maladies psychiques et guérisons spirituelles*, Dervy). Il y a celles qui ne sont pas destinées à instruire la personne qui en est victime mais son entourage. Ainsi, lorsqu'on vient lui apprendre que son ami Lazare est malade, à cette nouvelle, Jésus dit : " Cette maladie ne mène pas à la mort, elle est pour la gloire de Dieu, afin que le Fils de Dieu soit glorifié par elle" (*Jean, 11,3*). Tous les miracles peuvent être placés dans cette catégorie, ainsi que toutes les guérisons obtenues par les saints et celles qui peuvent être guéries par la prière, le jeûne spirituel, les vœux.

Rudolf Steiner analyse en clairvoyant les causes de la maladie. Il considère que chez quelqu'un de malade physiquement, il y a des troubles dans son corps éthérique et dans son corps astral. Ce qui lui permet de guérir, c'est la réharmonisation de son corps astral (doublure invisible où siègent les émotions, les affects) et la force de son corps éthérique (qui contient les énergies immatérielles, sa spiritualité, son sens du bien et du mal, etc.). Ce qui nous explique pourquoi le corps éthérique d'un être se modifie selon son âge, les influences qu'il subit, les connaissances qu'il acquiert : le bien, le mal, le vrai, le faux, le juste, l'injuste, toutes ces valeurs influent sur son corps éthérique, l'altèrent ou le purifient.

Qu'arrive-t-il lorsqu'on franchit les portes de la mort ? Le corps physique est abandonné, le corps éthérique s'en dégage alors, avec le corps astral et le moi. Au bout de quelques jours, le corps éthérique est abandonné à son tour. Cependant, un extrait en est conservé pour les temps à venir. Tout ce qui a pénétré dans ce corps du temps de la vie, les conséquences des actes bons ou mauvais, le résultat de ses pensées, de ses désirs, de ses mensonges, restent concentrés en essence et imprègnent son nouveau corps, lorsqu'il se réincarne. C'est pourquoi l'homme, en renaissant, a dans son corps éthérique, lui-même influencé par les émotions du corps astral, les conséquences de ses vies passées. Et le même corps éthérique dépose son empreinte sur le corps physique de l'enfant nouveau-né. Comme l'exprime Rudolf Steiner : "Nous pouvons à peu près retrouver dans la forme d'un corps humain qui vient au monde l'empreinte d'actions accomplies par l'être dans une vie précédente". (*Manifestations du karma*, Triades.) C'est pourquoi notre santé est intimement liée aux événements de notre vie passée. C'est aussi pourquoi il est si important de nous nourrir d'aliments à forte énergie éthérique, comme le sont les végétaux, spécialement les graines en germe ; d'écouter les vibrations harmonieuses de belles musiques, d'être environné de beauté, d'harmonie, de personnes positives et enthousiastes. Tout cela contribue à modifier les composantes de notre corps éthérique. Cela vaut encore plus pour les enfants, qui, au moins jusqu'à la puberté, se nourrissent de l'énergie éthérique de leurs parents. S'il y a disharmonie entre leurs deux parents, s'ils sont en conflit avec le monde extérieur, s'ils sont entourés de critiques, de reproches, de colère, d'agressivité, les enfants développent très vite des maladies physiques ou morales dont leurs parents seront en grande partie responsables.

Le rôle du psychisme est considérable aussi pour la guérison des maladies, cela n'est plus à démontrer. Un cas de guérison temporaire relaté dans une revue scientifique américaine, devrait nous faire réfléchir sur le rôle incroyable des médecins. Ce cas témoigne de la façon dont l'agent humain extérieur agit sur le corps éthérique d'un individu et touche son corps physique par l'intermédiaire de son corps astral (porteur de ses émotions).

Le miracle éphémère du Krebiozen

Dans un article intitulé *Healing and the mind*, Larry Dossey (un chirurgien qui a vécu au Viêt-nam pendant la guerre) observe que dans un grand nombre de cas, les effets négatifs des émotions nocives apparaissent liés à la signification qui leur est prêtée, autrement dit, à ce qu'un événement symbolise et représente, ou ce à quoi il correspond dans l'esprit d'une personne. Ce n'est pas la survenue d'événements psychologiquement stressants qui peuvent menacer la santé ou la vie d'une personne, mais l'interprétation que l'on en fait. Les événements de la vie qui s'attachent à un sentiment de détresse, d'impuissance, de désespoir semblent particulièrement dangereux.

Dans un même ordre d'idées, certains sociologues ont observé qu'il y avait une connection directe entre des événements significatifs, comme un anniversaire ou des vacances religieuses, et la mort d'une personne. Des exemples typiques nous sont fournis par Thomas Jefferson et John Adams (pères fondateurs des Etats-Unis) qui tous deux attendirent le 4 juillet 1826 pour mourir, date du 50ème anniversaire de la Déclaration d'Indépendance. Comme l'a rapporté son médecin, les derniers mots de Jefferson furent les suivants : "Sommes-nous le 4 ?"

De même, on a constaté qu'il y avait une baisse de morts dans le mois qui précédait l'anniversaire de naissance, baisse suggérant que les personnes n'étaient pas "disposées à mourir" durant cette période. L'on constata également qu'il y avait une augmentation du nombre de décès dans les quatre mois qui suivaient l'anniversaire. Bien plus : on a observé que, lorsque deux personnes (ou plus) ont été soumises à des comportements, des suggestions, ou des expressions négatifs, il peut s'ensuivre des effets destructeurs sur leur santé. Ces effets sont beaucoup plus fréquents que ce que l'on croit généralement, et peuvent avoir des conséquences dévastatrices. C'est pourquoi, l'auteur pense qu'il serait bon d'alerter les médecins, qui peuvent être par nature pessimistes ou sceptiques, sur l'incidence de leurs convictions sur les malades qu'ils traitent.

Larry Dossey cite le cas d'un homme qui avait un cancer très avancé des glandes lymphatiques. Il entendit parler d'une substance, le Krebiozen, qui était considérée par beaucoup d'enthousiastes comme le remède miracle. Il insista pour être admis parmi ceux qui feraient l'essai de ce médicament. Ses médecins acceptèrent, bien qu'ils fussent persuadés qu'il ne lui restait que deux semaines à vivre, tout au plus. Il était dans une situation critique : cloué au lit et respirant avec difficulté. Dans les dix jours qui suivirent sa première prise de Krebiozen, ses tumeurs se rétrécirent considérablement, "comme des boules de neige dans un four chaud", d'après l'un de ses médecins. Et il put quitter l'hôpital. Deux mois plus tard, les médias diffusèrent des informations décourageantes sur le médicament, et le patient dut retourner à l'hôpital : ses tumeurs avaient repris de plus belle. Le médecin lui dit que le Krebiozen qu'on lui avait injecté la première fois faisait partie d'un lot qui s'était détérioré pendant le stockage et qu'il allait en recevoir de nouveaux flacons. Puis il lui administra des injections d'eau. Les tumeurs régressèrent à nouveau de façon spectaculaire et le malade put rentrer chez lui, en pleine forme. Plusieurs mois s'écoulèrent ; sa santé ne connut plus la moindre éclipse. Puis, des informations furent retransmises à la télévision et dans la presse écrite. Elles révélaient que des tests pratiqués au niveau national avaient démontré que le Krebiozen n'avait pas d'effet sur le traitement du cancer. Et moins de quarante huit heures plus tard, le patient mourut.

Cet exemple démontre que les hommes de science doivent prendre en considération leur rôle psychologique.

Le Troisième Œil de Shirley Mc Laine

Shirley Mc Laine raconte dans son livre *Danser dans la lumière* qu'elle avait eu une petite tumeur cancéreuse entre les deux sourcils, dans la zone appelée le Troisième Oeil. Chris Griscom, sa thérapeute, au moment de stimuler cette énergie, remarqua que le tissu cicatriciel était dense."L'excroissance est sans doute une réaction à un souvenir que tu conserves dans cette région. L'âme impose son empreinte sur chacune des cellules du corps", lui indiqua-t-elle. Au bout de plusieurs séances, Shirley Mc Laine retrouva enfin l'origine de cette tumeur. Voici ce qu'elle raconte : "A un moment, surgit une incarnation qui me causa tellement d'émotion que je voulus arrêter là l'expérience. J'avais onze ans, et j'étais un petit garçon inca, vivant au Pérou. Les prêtres tribaux m'apprenaient à utiliser le pouvoir de mon Troisième Oeil. Pour accélérer les progrès de ma perception, ils avaient ouvert un trou peu profond au centre de mon front. /.../ Ma réaction devant les crânes du musée de Lima me revinrent en mémoire. Un affreux mal de tête se saisit de moi. Je refusai de poursuivre. Puis je demandai à Chris si cela était vraiment nécessaire." Chris Griscom lui propose alors de poser la question à son Soi Supérieur illimité. Si je voulais progresser, il me fallait me défaire de cette douleur psychique enfouie au creux de ce souvenir. /.../ L'image revint : j'étais dans une cellule de pierre, austère. Un prêtre s'occupait de moi avec tendresse, appliquant herbes et fortifiants sur l'ouverture de mon Troisième Oeil. La douleur aiguë m'empêchait de penser. Je sentais simplement que l'on forçait ma volonté. /.../ Pour moi, c'était extrêmement douloureux et humiliant : je haïssais la violence physique qui m'était imposée, autant que la violence psychique, mais je n'avais aucun moyen de les contrôler. /.../ Je m'arrachai à son étreinte et m'enfuis loin de lui".

A la suite de cette séance (particulièrement pénible), Shirley Mc Laine put supporter les aiguilles d'acupuncture à cet endroit – auparavant, elles tombaient toujours d'elles-mêmes – et ouvrir consciemment sonTroisième Oeil.

Histoire d'Elsa

Elsa est née avec les pieds fragiles. A deux ans, elle jouait dans le sable si on l'y portait, mais refusait d'y mettre les pieds. A douze ans, elle souffrait de verrues plantaires douloureuses. Plus tard, à la suite d'une déception amoureuse, elle vit en quelques semaines ses ongles de pieds dévorés jusqu'à la racine par une mycose. Comprimés, traitements locaux, rien n'y fit. Désespérée de ne pouvoir se mettre en sandales ou se baigner en public, elle demanda à être opérée. Elle voulait qu'on les lui retire tous, sous anesthésie."Impossible" dit le médecin. "Vos ongles ne repousseraient jamais. Il faut maintenir votre traitement pendant six mois, un an, jusqu'à ce que vous soyez débarrassée de ce problème". Deux ans se passèrent et la mycose rongeait toujours ses ongles de pieds, s'étendant parfois à toute la plante des pieds, malgré les soins intensifs qu'elle leur prodiguait, deux fois par jour. Elle était tellement handicapée, psychologiquement, par ce qu'elle considérait comme une sorte de mutilation, qu'elle entreprit alors une psychothérapie, avec un praticien dont la méthode consistait à faire visualiser à sa patiente, le plus souvent possible, des pieds guéris. Elle devait fermer les yeux, entrer dans un état de conscience modifié par la relaxation profonde, et voir de nouveaux ongles, lisses, transparents. A la deuxième séance de visualisation créatrice, une scène horrible se présenta devant ses yeux fermés. Un homme d'une cinquantaine d'années, vêtu d'une longue tunique de laine blanche, dans un lieu proche d'un désert, était torturé par deux individus munis de fers qu'ils rougissaient à une flamme : des sortes de pointes, qu'ils enfonçaient sous ses ongles de pieds. Puis, lorsqu'il se fut évanoui, ils tirèrent son corps sur le sable jusqu'au creux d'une dune et le laissèrent là, les pieds ensanglantés, sous le soleil écrasant. Là, sans eau, incapable de se déplacer, affaibli par ses blessures, il trouva la mort. Cet homme, c'était elle.

Elsa put parler de cette vision avec son psychothérapeute, découvrir, lors d'une séance ultérieure, les raisons pour lesquelles elle avait subi ces tortures mortelles. Il est intéressant de noter que la vulnérabilité des pieds qu'Elsa avait depuis sa petite enfance était due, certes, à un souvenir de torture physique, mais que cette torture était liée à une forte émotion : on voulait la punir pour ses croyances religieuses. Or, Elsa se trouvait, avec sa famille présente, dans le même conflit lié à la religion qu'autrefois. Et tant qu'elle ne s'était pas affranchie de cette tyrannie, la torture continuait.

Marta et ses laryngites

Le Professeur Ian Stevenson rapporte le cas d'une jeune

La guérison des maladies du corps

Brésilienne, Marta, qui fut jusqu'à l'âge de dix ans, continuellement affligée d'extinctions de voix, de laryngites, d'infections des voies respiratoires et d'angines. Elle attrapait alors une voix rauque qui faisait dire à certaines personnes du voisinage qu'elle ressemblait à Sinhà. Elle-même avait la sensation, à ces moments-là, d'être "dans un corps d'adulte", et "sur le point de mourir". Or, Sinhà était une jeune fille amie des parents de Marta, qui était morte victime de la tuberculose, après que sa laryngite eut gagné les poumons. (Elle s'était laissée mourir, plus exactement.) Elle avait avoué à son amie, (la mère de Marta), avant sa mort, qu'elle "avait cherché à se rendre malade et qu'elle reviendrait dans le corps de sa prochaine fille."Dès que je serai en âge de parler du mystère de ma réincarnation, je raconterai les événements de ma vie actuelle et vous comprendrez la vérité", avait-elle ajouté. Une petite fille était née, en effet, dix mois après cette prédiction. Et bien que les parents eussent jalousement gardé le secret, Marta semblait la réplique exacte de Sinhà, en toutes circonstances. Elle fit beaucoup de réflexions et de descriptions sur la vie de Sinhà, alors qu'elle était encore toute petite. Elle manifestait la même phobie du sang, avait la même horreur de la pluie (Sinhà avait attrapé la laryngite qui allait lui être fatale en s'exposant au froid, à l'humidité et à la pluie), et la même passion pour les chats. Les personnes étrangères qui avaient connu Sinhà remarquaient leur ressemblance. (Tout en ignorant ce que les parents de Marta savaient.) Lorsque Stevenson rencontra Marta, à l'âge adulte, elle disait être encore très fragile des voies respiratoires, et, fait très important, ne jamais avoir oublié le fiancé pour lequel Sinhà s'était donné la mort. Elle pensait même qu'il était revenu deux fois en deux de ses fils morts en bas âge. Autrement dit, là, comme dans le cas de Marguerite, relaté plus loin, la vulnérabilité physique correspondait à une émotion affective intense. Ce cas, très riche et longuement développé par le Professeur Stevenson dans son livre (voir p.257) donne à penser que les réincarnations trop rapides semblent aussi apporter plus de vestiges de vie antérieure, comme si l'esprit n'était pas passé par toutes les "révisions" utiles avant de se réincarner.

Fran et la polio de Mary

Dans son livre sur le prophète et voyant Edgar Cayce, (cf. p. 256) Noël Langley rapporte l'histoire de Mary qui arriva un beau matin dans le voisinage de Fran, installant une petite boutique de cadeaux pour les touristes de l'été. A peine plus jeune que Fran, Mary souffrait d'une forme de poliomyélite qui l'avait rendue obèse et infirme. Elle n'avait pu marcher sans aide depuis l'âge de un an. A l'instant où elle rencontra Fran, elle développa un amour obsessionnel et névrotique pour elle, hantant ses moments de loisir et lui manifestant une affection aussi maladroite que débordante. Fran parvint à surmonter son embarras et son irritation envers elle. Elle alla demander à Cayce une "lecture" dans les registres de l'Akasha (qui contiennent toute la mémoire de l'humanité) auxquels le voyant ne pouvait accéder qu'en état d'hypnose. Il prescrivit une série de massages qui étaient d'un coût beaucoup trop élevé compte tenu des modestes revenus de Mary. La mère de Fran éprouva une profonde compassion pour elle et la prit chez elle. Durant trois mois, Fran lui fit les massages quotidiens et les enveloppements prescrits. L'état de Mary s'améliora progressivement et, plus tard, elle fut en mesure de marcher. Elle-même demanda alors une "lecture" à Cayce. Il lui apprit qu'elle avait été la fille de Fran dans sa vie précédente, qu'elle avait souffert de malnutrition lorsque les servantes indiennes s'étaient enfuies avec elle pour lui sauver la vie. Devenue adulte, elle était devenue une actrice ambulante convaincue que sa mère l'avait volontairement abandonnée. (En fait, Fran s'était enfuie pendant l'attaque des Indiens à Fort Dearborn – aujourd'hui appelée Chicago

– et sa famille avait été dispersée. Elle en retrouva presque tous les membres dans sa réincarnation à Norfolk, grâce à Cayce.) L'amertume de Mary à son égard ainsi que son refus de lui pardonner s'étaient manifestés sous la forme d'une polio déformante. Quand elle partit pour mener sa carrière ailleurs, Mary et elle se séparèrent en toute amitié.

Mélanie et sa mère, mourante depuis 10 ans

Mélanie est fille unique. Elle a été élevée par une mère seule, avec des principes solides : travail, ordre, discipline. Elle a fait de bonnes études et s'est très vite affranchie des conventions surannées de sa génération. Elle a refusé de se marier jusqu'à 56 ans, et elle a vécu une vie indépendante – tant professionnellement qu'affectivement – jusque-là. A 56 ans, elle a épousé un homme qu'elle avait pour ami depuis trente ans, est allée vivre avec lui en Belgique, et sa mère est tombée malade. Voilà dix ans que, trois jours par semaine, Mélanie vient à Paris pour passer ses journées à l'hôpital auprès de sa mère, qui ne peut plus s'alimenter, se laver ni même parler. Seulement lorsqu'elle est là, sa mère avale quelques bouchées, fait quelques gestes et accepte d'être lavée. Elle vit pour ces trois jours, puis retombe dans son apathie dès que sa fille repart. Les médecins pensent que seule une force surnaturelle permet à cette femme de survivre dans cet état. Récemment, une amie de son mari, voyante, a dit à Mélanie que la maladie de sa mère était une dette karmique héritée d'une autre vie, et que Mélanie, par sa compassion et son amour atténuait sa dette karmique. Malgré son scepticisme absolu, Mélanie a été encouragée par cette "communication" paranormale qui lui a insufflé de nouvelles forces pour assister et soigner sa mère.

L'épaule bloquée de Marguerite

Patrick Drouot relate dans son livre (*Des vies antérieures aux vies futures*, cf. p. 255) une histoire étonnante qui est arrivée à sa femme, Marguerite, à la fin d'une soirée passée avec l'une de leurs amies. Son épaule commence à la faire souffrir. Comme elle n'est pas sujette aux rhumatismes, ni vulnérable des articulations, Patrick Drouot ne s'inquiète pas. Au bout de deux jours, la douleur de Marguerite s'est aggravée, et son épaule est complètement bloquée. Patrick Drouot décide alors de la faire régresser comme il le fait pour ses patients, jusqu'à l'origine de cette douleur. Et sa femme tombe dans une colonne d'Indiens, un jour d'hiver, aux Etats-Unis, en 1870, marchant "sur la terre gelée le long d'une rivière. /.../" Ces Indiens sont persécutés par les Blancs, qui veulent les parquer dans une réserve. Ils cherchent à s'affranchir en gagnant le Canada. Ils ne sont plus qu'une centaine, après vingt ans de guerre qui les a décimés, réduits à être de pauvres nomades sans terre. Ils décident de s'arrêter, "au fond d'une vallée /.../ pour y planter leur campement et y tenir conseil : doivent-ils continuer coûte que coûte vers le Nord /.../ en dépit des enfants, des vieillards, des blessures, des engelures et de la faim ?" Tous les hommes donnent leur avis. Certains plaident de se rendre, d'autres de continuer. Une jeune Indienne demande alors la parole. /.../ "Les Blancs sont plus forts que nous, dit-elle. /.../ Maintenant /.../ nous sommes fatigués, nous n'avons plus d'énergie, même plus de quoi manger /.../ . Il faut continuer à fuir et nous arrêter le moins possible". La discussion se poursuit, toute la nuit. La jeune Indienne se met en colère : leur temps leur est compté, ne s'en rendent-ils pas compte ? Au petit matin, dans les arbres alentour, elle distingue des ombres : les Blancs les ont rejoints. Elle hurle pour prévenir les siens : "Les soldats!" Puis elle est touchée à l'épaule droite par un tir de fusil, tombe abattue et meurt quelques heures plus tard. Mais elle assiste au massacre des Indiens, de sa tribu, des siens, par les soldats américains, car même si son corps est détruit, son moi Supérieur illimité survit. Et sa colère contre ceux de sa tribu qui ne l'avaient pas écoutée persistait dans sa vie d'aujourd'hui. La présence de cette amie (qui avait fait partie de la tribu indienne, comme Marguerite le découvrit) avait réveillé une douleur à l'épaule, liée à sa mort dans des circonstances émotionnellement intenses. Le lendemain de cette séance, Marguerite n'avait plus la moindre douleur à l'épaule. Le fait d'avoir extirpé de sa mémoire la colère et l'angoisse attachées à cette mort l'avait guérie.

Une triple dette karmique

Dans son livre intitulé : *Edgar Cayce, on reincarnation* (voir p. 256), Noël Langley relate l'histoire d'une petite fille, Sarah Crothers, qui était affligée depuis sa naissance d'une épilepsie tenace. Selon Cayce, les parents de la petite fille étaient aussi responsables que leur enfant de cette maladie. En effet, il constatait, en état de vision paranormale que Sarah avait été utilisée par ses parents, durant la révolution américaine, alors qu'elle était toute jeune, comme espionne contre ses propres compatriotes, car ses parents craignaient la défaite de l'Angleterre, qui leur apporterait la ruine financière. Ses parents (qui étaient les mêmes aujourd'hui) ne comprenaient pas ses facultés psychiques latentes, mais ils les utilisèrent. Son père incita celle qui s'appelait alors Marjorie Desmond à séduire de jeunes officiers et à les compromettre dans des inconduites sexuelles. Le crime karmique, dit Cayce, était moins dans la trahison à l'égard de cette jeune colonie que dans le dangereux attelage de l'énergie psychique utilisée à des pratiques sexuelles, elles-mêmes destinées à obtenir un sordide profit. Cayce ne ménagea pas les parents, au cours de cette séance, leur imputant en grande part la responsabilité de la maladie de l'enfant. Elle-même s'était mise dans les difficultés par deux fois avant cette vie-là, – deux fois elle avait fait partie de la communauté des Lévites, de sorte que la rancune, la rébellion avaient laissé leur empreinte sur son caractère – . Avant cela, la jeune fille avait vécu sur la terre d'Égypte, parmi des descendants atlantes, bien qu'elle fût née et élevée en Égypte pour servir dans ce que l'on pourrait appeler aujourd'hui un hôpital, un endroit où l'on prend soin du corps et de l'âme. Les parents demandèrent quel type d'éducation Sarah devrait recevoir pour se préparer à la vie. Cayce répondit : la musique et l'infirmerie. Elle recouvrera la santé seulement si ceux qui l'ont amenée dans cette existence remplissent leurs devoirs envers elle. Il lui faut aussi des efforts physiques, des exercices et des activités qui structurent son corps.

Par la suite, le père de Sarah écrivit à Cayce plusieurs lettres où l'on voyait combien son subconscient était récalcitrant et résistant aux suggestions de Cayce. En fait, les progrès de l'enfant furent minimes. Sans doute sa dette karmique n'a-t-elle pas été allégée de beaucoup, son environnement familial n'ayant pas été capable de la soutenir.

"Si nous observons l'expérience humaine sur de nombreuses incarnations, écrit le Dr Mc Garey (dans *Les remèdes d'Edgar Cayce* cf. p. 256), et les maladies qui ont été construites par la loi karmique de cause à effet, est-il possible de renverser le processus grâce à des efforts spirituels ou en s'aidant de thérapeutiques physiques ? /.../ Depuis que je fais des recherches sur les "lectures" de Cayce, (il appelait "lectures "les séances où, en état d'hypnose, il lisait grâce aux registres de l'Akasha qui s'ouvraient pour lui, les renseignements sur le consultant), j'ai fini par arriver à la conclusion que la plupart des maladies à évolution lente sont karmiques : maladies graves et de dégénéresence, comme la maladie de Parkinson, les rhumatismes, les arthrites, les scléroses, les paralysies musculaires, etc. /.../

La guérison des maladies du corps

Cependant il y a toujours un point où le karma doit cesser /.../ c'est-à-dire où la personne enfin apprend la "leçon karmique "."

Or, le plus difficile, lorsque l'être a compris la "leçon karmique,"c'est d'obtenir qu'il se pardonne à lui-même. Bien souvent, sans savoir pourquoi, les êtres se fustigent toujours plus, dans une sorte de refus radical de leur personnalité et de tout ce qui s'y rattache. Ils refusent l'aide des médecins, des membres de leur famille, de leur entourage, ils refusent de se nourrir parce qu'ils ne se supportent plus eux-mêmes. Ce faisant, ils peuvent aller jusqu'à la mort. Et là, comme le remarque Rudolf Steiner, ils retombent dans le péché de l'orgueil : refuser ce que l'on est, c'est encore servir l'ego. "Ainsi, s'accepter soi-même est nécessaire à la guérison" conclut le Dr. Mc Garey. Lorsqu'une personne ne se pardonne pas, elle devra revenir et réapprendre une leçon (d'humilité, sans doute).

"Ne portez pas de jugement sur le destin des autres hommes. /.../ Certains être humains réclament conseil et assistance, d'autres ne veulent pas se laisser secourir. /.../ Avant même de s'incarner, ces hommes avaient opté pour un destin de souffrances", dit "le technicien" de l'au-delà, qui communique ses messages sur l'ordinateur d'un couple luxembourgeois (Hildegarde Shäfer p. 257).

Chapitre 5

LA PRÉDESTINATION DE LA VOCATION

"En chaque homme, le visage de Dieu attend de briller. En chaque homme, il vaut la peine de retrouver l'oeuvre d'art de la forme divine, et chaque homme, que ce soit Léonard de Vinci, Mozart, Shakespeare, toi ou moi, porte au fond de lui-même une image, une musique, une parole d'éternité qui ne pourra s'exprimer qu'en lui, ne se chanter qu'en lui, ne se jouer qu'en lui. /.../ Ce n'est ni l'action, ni la rigueur, ni la violence, ni la volonté mais bien plutôt l'art de la contemplation patiente, de l'écoute pleine de compréhension /.../ qui suscite dans le "jardin" de l'humanité sa plus belle floraison" Eugen Drewermann.

Le caractère

Pour Rudolf Steiner, les actions que nous accomplissons durant notre vie se transforment, après la mort, en sentiments, aucune barrière physique ne les obligeant plus à s'exprimer en actes. Et ces sentiments réimprègnent le corps physique à la nouvelle naissance. Ainsi, lorsqu'un être arrive dans "l'au-delà", qu'il voit défiler ses actions, bonnes ou mauvaises, il naît en lui le désir de réparer ses fautes, d'acquérir une plus grande vertu, liée à ce qu'il a fait, dans sa vie passée, et il se réincarne avec ces tendances. Il construit en partie son corps avec les énergies positives ou négatives qu'il apporte de ses vies passées, qui lui fournissent son caractère. C'est ainsi que des traits fortement implantés – par exemple, le refus ou l'horreur du mensonge – peuvent, curieusement, provenir d'existences antérieures où l'on a menti souvent. Lorsque ce menteur invétéré a franchi la barrière de la mort, il s'est trouvé confronté aux conséquences de ses mensonges, de ses duperies. Et un sentiment de contrition l'a envahi. Il s'est alors promis de réparer dans sa vie suivante les problèmes qu'ont engendré ses mensonges. Pour renforcer sa résolution, il risque de se confronter à des situations de tentation, où il devra lutter avec une véhémence accrue par sa compréhension spirituelle, contre la commodité que représente le mensonge, contre les menteurs et les ennemis de la vérité.

La plupart du temps, l'âme accentue ses dispositions caractérielles positives et atténue les traits défectueux. Ainsi, un être coléreux se rendant compte, après la mort, des effets dévastateurs de la colère sur son entourage, se réincarne avec une tendance volcanique qu'il bride. Mais il peut, à tout moment de sa vie, voir ressurgir la violence qu'il a connue. De même, un homme qui a appris la vertu peut encore succomber à une tentative de corruption, ou à une gratification de nature orgueilleuse. Alors, la punition est plus lourde, parce qu'il a agi en connaissance de cause.

Le "petit moine"

Parmi les cas les plus intéressants d'un caractère particulier, hérité d'une autre vie, et étranger à sa famille, figure celui de Duminda, au Sri Lanka, relaté par le professeur Erlendur Haraldsson, dans la revue américaine *Social science research Institute*. En juin 87, le jeune Duminda a 3 ans. Il est particulièrement sage, digne, demande à être appelé "petit moine", proteste lorsque sa mère lui touche les mains (les femmes au Sri Lanka ne doivent jamais toucher les mains des moines). Il dispose ses vêtements à la façon des moines bouddhistes de Ceylan, et va, chaque matin et chaque soir porter des offrandes de fleurs au Temple le plus proche de chez lui, fleurs qu'il dispose à la manière typique des bouddhistes. Il ne veut pas jouer avec

La prédestination de la vocation

les autres enfants, –, les premières fois qu'on l'emmène à l'école maternelle, il proteste, disant qu'il y a "trop de petites filles qui le touchent" – se montre d'une propreté méticuleuse, récite des versets religieux en langue Pali, qui est l'ancien langage du bouddhisme cingalais et que les moines apprennent encore de nos jours. Il aime la solitude et marche seul de l'école à chez lui. Il parle à ses parents d'une vie où il a été abbé au Temple et monastère Asgiriya, qui est l'un des hauts lieux de pèlerinage bouddhiste. Il réclame souvent à ses parents d'aller au Temple Asgiriya. Naturellement, ils n'y sont jamais allés, n'ont jamais évoqué la possibilité de s'y rendre et sont réticents à sa requête, craignant que leur fils (Duminda est le deuxième d'une famille de trois garçons) les quitte pour devenir moine. Ils lui font cependant rencontrer Jinasara, moine dans un Temple voisin, en août 87 (il a trois ans et trois mois). Jinasara demande au petit garçon ce qu'il voudrait avoir. Il répond : "un éventail, comme ceux des moines" (c'est un accessoire important de l'attirail des moines, mais seulement ceux qui prêchent l'utilisent) et Jinasara lui en donne un. L'enfant s'en saisit, le place devant son visage, d'une façon caractéristique et récite un verset bouddhiste. Personne, naturellement, ne lui a jamais appris tout cela. De plus, durant toute sa petite enfance, il a refusé de s'alimenter après midi, ce qui est de tradition chez les moines. Plus tard, il a accepté de partager le repas du soir avec ses parents. Mais il continue de prier qu'on le conduise au temple Asgiriya. En novembre 1990, sa mère finit par capituler et l'inscrit au monastère pour l'année suivante, à l'âge minimum requis pour y entrer. En juin 90, entendant annoncer la mort d'un abbé du Temple Malwatta, (voisin d'Asgiriya), Duminda dit, spontanément : "Lui, je l'ai connu", (l'abbé en question était entré au Temple en 1916). Les enquêteurs ont retrouvé, grâce à des indications plus précises fournies par l'enfant quand il avait trois ans ("j'avais une voiture rouge, une radio et un porte-monnaie, j'ai eu une très forte douleur à la poitrine avant de mourir"), l'abbé dont Duminda disait être la réincarnation. Il s'appelait Gunnepana, avait vécu au Temple Asgiriya entre 1921 et 1929, conduisait une voiture rouge, prêchait beaucoup, avait un gramophone et était mort brutalement d'une crise cardiaque. Lorsque l'on présenta à l'enfant une photo des cinq abbés qui avaient vécu au Monastère entre 1921 et 1975, il désigna sans hésiter Gunnepana, ajoutant : "C'était moi".

Ce cas est particulièrement instructif, parce qu'il permet de s'affranchir de l'idée d'hérédité parentale. La famille de Duminda est de tradition bouddhiste mais aucun de ses membres ne pratique cette religion, de même que personne, chez les ascendants paternels et maternels n'a été moine ou religieux (au dire du Professeur Haraldsson). Duminda s'est très tôt distingué de ses frères et des autres enfants par ses manières distantes, empreintes de détachement, de piété et de sagesse. Il semble avoir gardé des souvenirs précis d'une vocation que sa mort brutale a interrompue et entend la poursuivre dans sa vie présente.

Les dons

Il semble au travers des récits dont nous disposons que les dons transmigrent d'une incarnation à l'autre, et se superposent aux nouvelles aptitudes que l'on acquiert. Un homme peut transformer une impression en talent, durant sa vie, s'il en a apporté les germes en naissant. Tandis que d'autres impressions et virtualités ne pourront être transformées en capacités, parce que son karma général ne lui a pas accordé les dispositions nécessaires pour ce faire. Mais d'après Rudolf Steiner, "ces impressions subsistent, elles sont emmagasinées, se transforment entre la mort et une nouvelle naissance et ont tendance à s'épanouir dans l'incarnation future". Le don des langues serait un réapprentissage (forcément plus aisé) de langages que l'on a utilisés antérieurement à cette existence. Certains dons ar-

La prédestination de la vocation

tistiques, s'ils sont longuement observés, désirés par l'individu, se développeraient et se perfectionneraient au cours de vies successives. Certains écrivains réincarnationnistes supposent même que l'on choisit, en ce cas, l'époque la plus favorable au développement, à l'essor de son talent.

Il se peut aussi que certains artistes, incompris ou méconnus en leur temps (Hans Christian Andersen, par exemple, ou Vincent van Gogh), aient choisi une époque hostile à leur art pour renforcer leur foi en eux, leur persévérance, leur volonté, l'affirmation de leur talent. Ou encore, parce qu'ils n'eussent pas supporté de connaître la popularité de leur vivant. (La Fontaine avait un tempérament secret, plutôt renfermé, et n'eut pas été disponible pour ses contemporains, s'il avait connu la postérité de son vivant.) Il y a donc des "génies" qui ont préparé par de nombreuses incarnations leur originalité, comme il est des apprentis qui devront maintenir leur intérêt durant plusieurs vies pour approcher de la perfection. Qu'est-ce que le génie sinon ce que l'homme peut concevoir de la perfection ? La plupart de ceux qui ont une "vocation "(qu'il s'agisse de musique, d'écriture, de médecine ou de sport) l'ont préparée durant plusieurs vies, en différentes civilisations et dans des circonstances variées. C'est pourquoi Rudolf Steiner insiste tellement sur la faculté de concentration, qui est pour lui la clé de tout apprentissage réussi dans la perspective des vies successives. Dans la "Science de l'occulte", il donne même des exercices qui permettent de développer son pouvoir de concentration – pouvoir qui fait tout de suite distinguer le vrai désir des velléités multiformes –. Pour Steiner, derrière toute réussite, il y a un vrai désir, sous-tendu par la concentration. Qui n'a rien à voir avec l'effort, la peine, l'application. Celui qui peut se concentrer sur son désir, ouvre dans son âme une source, une inspiration, un souffle qui lui font atteindre ses buts sans effort, justement. "Peine perdue de vous lever avant l'aube, de vous coucher tard dans la nuit, pour manger le pain de durs labeurs. Dieu en donne autant, pendant leur sommeil, à ceux qu'il aime", dit le Psaume 127. La concentration autorise l'étincelle du divin à nous illuminer.

Encore faut-il se rappeler ce pourquoi on est revenu. Nombre de personnes qui errent d'une fonction à l'autre, d'un emploi à une occupation, sans projet et sans ambition, sont des personnes qui ont "oublié" leurs aspirations. Ils les ont éteintes. Pourquoi ? Parfois, parce que l'un de leur parent a brisé leur rêve et qu'ils n'ont pas eu le courage de lui résister. Parfois, parce que des conditions matérielles n'ont pas facilité la reprise d'un don ancien. (On n'imagine pas le pouvoir d'une remarque telle que : "Tout ce que tu fais est bâclé, tu n'es qu'un cossard" sur un petit enfant, quand c'est son père ou sa mère vénérés qui la lui adressent. Il se sent obligé de bâcler ce qu'il fait, de devenir cossard, pour correspondre à ce que ses parents pensent de lui.) Ou parce que l'âme qui s'est incarnée dans la deuxième moitié du XXème siècle n'est pas venue depuis plusieurs centaines d'années, et qu'elle ne s'adapte pas aux conditions, au mode de vie, à la nourriture, aux vêtements, aux institutions et aux coutumes sociales de ses contemporains. Si l'on en croit Philip Berg (*Les secrets cabalistiques de la vie et de la réincarnation*), les âmes qui s'incarnent aujourd'hui sont celles qui vivaient au temps de l'Exode. Si cette affirmation est juste, le dépaysement est grand, en effet. Il y a de quoi être perdu…Mais une difficulté à s'acclimater doit être surmontée par les forces du vouloir. Car l'"oubli" de sa mission est grave. Nous sommes venus à tel moment, dans telle famille, en telles circonstances, pour apprendre une leçon particulière. Si nous l'évitons, si nous la fuyons, nous nous exposons à l'apprendre plus durement dans une prochaine incarnation. Nous avons aussi le devoir de ne pas nous fourvoyer dans des missions qui, ne correspondant pas à notre programme, peuvent nous casser profondément. Nous avons tous connu au moins un cas de ces fils qui, en révolte contre

La prédestination de la vocation

leur famille qui les destinait à devenir avocat (ou médecin, ou enseignant) allaient partager la condition des ouvriers dans une usine. Du point de vue intellectuel, c'est un geste élégant. D'un point de vue affectif, s'il est fait par vraie amitié pour des ouvriers, il peut avoir de la valeur. Mais du point de vue spirituel, s'il ne répond pas à la mission de l'individu lui-même, c'est un geste nul. Il y a fort à parier que dans une incarnation future, ce fils de famille qui n'a pas profité des chances que sa classe sociale lui offrait, naisse dans un milieu ouvrier pour réapprendre le désir de s'élever. Nous ne naissons jamais par hasard dans tel milieu ou dans tel autre. Nous le choisissons. Nous le choisissons pour qu'il nous permette de développer telle aptitude sportive ou scientifique, tel don artistique, telle vocation, tel sens du commerce.

Bien souvent, lorsque notre milieu familial ne nous a pas fourni les conditions nécessaires à l'explosion de nos potentialités, nous choisissons un conjoint, une belle-famille, qui joue le rôle des parents défaillants, tant est inscrit au coeur de l'homme le besoin de progresser dans la connaissance, de s'instruire, de s'élever.

Gretchen et sa langue jamais apprise

Le Professeur Ian Stevenson relate un cas assez étonnant de "langue jamais apprise" (dans *Unlearned language*). Cette histoire est singulière : Caroll Jay est un pasteur méthodiste qui utilise de temps à autres un don d'hypnotisme pour soulager une douleur ou guérir une maladie. Un jour, alors qu'il a hypnotisé sa femme Dolores, pour lui faire passer un mal de dos, il lui demande : "Tu n'as plus mal ?" Et elle répond en allemand, langue qu'elle n'a jamais apprise. Intrigué, son mari, qui ne connaît pas plus l'allemand qu'elle, l'hypnotise à nouveau, quelques jours plus tard, et l'interroge en anglais. Sa femme répond en allemand. Leur conversation est enregistrée, il essaie de la traduire à l'aide d'un dictionnaire et d'une méthode élémentaire d'apprentissage à la langue. Puis des amis du voisinage leur apportent leur secours, et ensemble, ils finissent par comprendre globalement son récit. Elle dit s'appeler Gretchen Gottlieb, et vivre avec son père à Eberswalde, en Allemagne. Son père, Hermann Gottlieb, est le maire de la ville. Sa mère, Erika, est morte quand elle avait huit ans. Elle n'a ni frère, ni soeur, mais elle mentionne souvent *Frau Schiller* qui s'occupe de la maison et des repas. Cette dame n'habite pas chez les Gottlieb mais amène tous les jours plusieurs de ses enfants, avec lesquels Gretchen joue. Elle habite *Birkenstrasse*, dans une maison en pierres. Elle dit que Eberswalde est une petite ville non loin d'une forêt et près de laquelle passe un fleuve. Elle a aussi un collège et une église. L'enfant elle-même ne va pas à l'école, ne lit pas et n'écrit pas non plus. Elle se décrit comme une fille "stupide". Elle ne sait rien de la géographie et rien non plus des problèmes politiques de son temps. Elle ne peut nommer aucune grande ville près d'Eberswalde (alors que Berlin est à 45 kilomètres au sud). Elle dit que Darmstadt, qui se trouve à plus de 400 kilomètres de sa ville, est "près". Les seules autres villes que Gretchen ait pu nommer sont Worms et Wiesbaden. Elle ne peut donner le nom du fleuve proche, qu'elle juge petit, bien que l'Oder (à 20 kilomètres à l'est d'Eberwalde) soit l'un des plus grands fleuves d'Allemagne. Elle précise que le chef de l'Eglise est le Pape Léon. Elle dit à deux occasions qu'elle a vu Martin Luther, et elle en parle avec animosité, comme d'un provocateur responsable des conflits qui se développent. Elle parle poliment quand on lui adresse la parole mais n'intervient pas de sa propre initiative dans la conversation. Une fois, alors que Stevenson et son interprète l'interrogent, elle perd patience et leur reproche de reposer les mêmes questions, indéfiniment, ce qu'ils sont en train de faire, en effet.

La prédestination de la vocation

Spontanément, elle revient toujours au danger qu'il y a à parler à ses interlocuteurs. Elle proteste souvent lorsqu'on l'interroge, disant qu'il est dangereux de parler car le Conseil Fédéral (*Bundesrat*) risque d'écouter leur conversation. Certaines fois, quand elle croit se trouver dans la rue, en train de parler à des inconnus, elle dit qu'elle doit rentrer chez elle immédiatement, que son père se mettrait en colère s'il apprenait qu'elle avait parlé à des étrangers. Plus tard, elle fait allusion à des luttes que mène l'Eglise et qui a causé la mort de beaucoup de personnes. Elle est catholique romaine et les opposants sont les protestants. A plusieurs reprises, elle évoque Martin Luther comme celui qui trahit le peuple. Elle accepte de remonter jusqu'à son plus jeune âge puis d'être projetée dans l'avenir jusqu'à seize ans, mais elle ressent une vive émotion et s'oppose violemment aux suggestions qu'on lui fait d'aller au-delà de seize ans. Une fois, elle révèle qu'elle est morte à cet âge. Elle a été envoyée dans les bois, hors de la ville, pour se cacher lors d'une période de conflits religieux particulièrement graves. Elle a dit avoir été jetée en prison, où elle est morte, bien qu'à une autre séance, elle ait parlé d'une maladie grave qu'elle avait attrapée, dont le symptôme essentiel était un mal de tête, et qui l'aurait conduite à la mort. (Les deux versions étant, au demeurant, compatibles.)

Généralement, le caractère de Gretchen est sérieux, parfois sombre, parfois peureux quand elle parle du conseil fédéral ou du danger qu'il y a pour elle à aller au-delà de l'âge de seize ans.

Le Professeur Stevenson entreprend une enquête dans les archives de l'histoire d'Allemagne qui dure quatre ans, pour retrouver des traces de l'existence de Gretchen. Il décrit dans son livre les recherches qu'il a menées, les résultats auxquels il est parvenu. Et qu'est devenue Dolores Jay, la "revenante" d'Eberswalde ? Elle a entrepris d'apprendre (ou plutôt de réapprendre) l'allemand pour aider son mari qui devait, en tant que ministre de l'église, pouvoir s'exprimer dans d'autres langues.

Deux choses sont intéressantes à observer dans ce cas. La première est l'inculture que manifeste Gretchen lorsqu'elle revit cette existence en Allemagne, alors que dans sa vie actuelle elle a acquis un niveau raisonnable de connaissances, grâce à des études supérieures. La deuxième est la peur qu'elle exprime à la suggestion qui lui est faite de dépasser seize ans. Ceci vient confirmer la théorie d'Emmet Fox (*Le pouvoir par la pensée constructive*, Chapitre Réincarnation) selon laquelle nous choisissons de nous réincarner sans cesse pour apprendre et progresser, dans des conditions différentes. Ainsi, Dolores qui était très attachée à l'Eglise catholique, dans sa vie de Gretchen s'est mariée à un pasteur méthodiste, ce qui lui a permis d'élargir ses conceptions sectaires. De même, Gretchen semble profondément bouleversée à l'idée de mourir, alors que Dolores, ayant surmonté "l'obstacle", pourrait se montrer plus sereine. La nécessité d'acquérir un maximum de connaissances dans la vie présente pour préparer les conditions de notre incarnation future semble pleinement se justifier à la lumière de ce cas. Le quotient intellectuel des races n'a, en vérité, rien à voir avec les races, mais avec un état de conscience. Ceux qui s'incarnent chez des peuples aux conditions d'essor socioéconomique limitées (qu'ils soient noirs, jaunes, blancs ou rouges) sont des âmes peu évoluées, spirituellement, qui croient en la limitation raciale, sociale ou économique. Ils s'incarnent dans les conditions qui correspondent à leur état d'esprit, pour apprendre, sans doute, à se libérer de ces chaînes mentales.

L'homme aux mains de guérisseur

Le cas rapporté par Patrick Drouot, d'un homme d'une cinquantaine d'années, doué de fort magnétisme, est révélateur de la puissance des dons qui survivent par-delà la

La prédestination de la vocation

mort et la punition. Cet homme se sentait capable de guérir par un pouvoir dans les mains, mais il éprouvait une crainte inexplicable à l'idée de s'en servir. Un de ses amis s'étant déboîté la cheville, il eut "l'impulsion de tendre les mains vers la blessure. Mais une deuxième impulsion, plus forte que la première, lui fit immédiatement retirer ses mains"(Patrick Drouot, "Des vies antérieures aux vies futures"). En état de relaxation profonde, il découvrit qu'il avait été guérisseur au temps des croisades et qu'il se servait de ses mains pour guérir les blessés. Des membres de l'Eglise, informés de ces actes thérapeutiques sacrilèges, le condamnèrent à se brûler les mains sur une plaque rougie au feu."En revivant la scène, le guérisseur d'autrefois s'écria : "Mes mains me brûlent". Mais on put, à partir de ce moment-là, réutiliser son don pour guérir les gens, délivré de la culpabilité inconsciente qui y était attachée.

Les parents qui empêchent une vocation de s'exprimer chez leur enfant, sous divers prétextes, devraient se demander si, justement, le génie n'est pas le fruit d'incarnations successives employées à une même tâche. Et s'il fallait s'essayer, vie après vie, à pratiquer un art, une discipline, une matière qui nous attirent, en commençant par être moyen, puis en acquerrant petit à petit de la virtuosité, de la dextérité, de l'inspiration, jusqu'à devenir grand ? Qu'il s'agisse de science, de beaux-arts, de médecine ou de sainteté, peut-on progresser autrement qu'en répétant, comme des musiciens répètent jusqu'au concert final ? Ceux qui ont persécuté leurs enfants "contre leur gré" ne font, bien souvent, qu'accomplir le désir de leurs âmes, désir qu'elles avaient, en naissant, et qu'elles ont oublié. Que serait devenu Mozart sans la rigueur, la discipline écrasante imposées par son père ? Et Maria Callas sans le harcèlement de sa mère ? Certes, lorsque Allan Kardec interroge les Esprits pour connaître les raisons des échecs répétés que connaissent certains individus, il les entend lui répondre que, bien souvent, les ambitions démesurées, l'orgueil, le manque de capacités sont à l'origine des échecs essuyés. Ils sont au-dessous de la tâche qu'ils ont entreprise. Il faut donc discerner dans un désir la part de vanité, de plaisir égoïste, et la part de pulsion créatrice. Si je chante pour donner aux autres quelque chose qui est en moi et que personne d'autre ne possède, j'obtiendrai les appuis nécessaires pour réussir, en y ajoutant l'ingrédient du travail et de la volonté. Mais si je chante pour satisfaire le désir orgueilleux de mon père, (ou mon propre orgueil), mon chant ne sera jamais accueilli par les autres. Il faut donc se mettre au diapason de sa vraie "mission" pour être en communion avec les forces du ciel et de la terre.

La petite danseuse du Bengale

Le cas de Swarnlata, rapporté par le Professeur Ian Stevenson (cf p. 257) nous donne un aperçu synthétique de la façon dont la mémoire fonctionne.

Swarnlata est indienne. A l'âge de 5 ans, en 1952, elle exécute devant ses parents éberlués des chants et des danses qu'elle n'avait jamais eu l'occasion d'apprendre. Elle disait avoir été Biya, dans une incarnation antérieure, être morte, puis s'être réincarnée en une petite fille du nom de Kamlesh, dans l'est du Pakistan. Là, elle aurait appris ces chants, en langue bengali, alors que Swarnlata vivait dans une région où l'on ne parle que hindi. Il est étonnant de constater que cette enfant se souvenait, par ailleurs, beaucoup plus intensément de la vie où elle avait été Biya, pourtant plus lointaine (Biya, dont la trace a été retrouvée par le Professeur Stevenson et son équipe, était morte en 1939). Seule avait subsisté la mémoire de ces chants et de ces danses (dans une langue que ses parents ne comprenaient pas), apprises avant sa mort, dans la vie très courte qui avait précédé sa vie présente. Deux des

La prédestination de la vocation

chants sur les trois qu'avait joués la petite fille provenaient d'un poème de Rabindranath Tagore, poète indien très renommé. En visitant une institution fondée par Tagore, dans le Bengale occidental, l'un des collaborateurs du Professeur Stevenson assista à une représentation théâtrale où lui fut joué l'un des morceaux du répertoire de la petite Swarnlata. Ce cas est particulièrement instructif, en ce qu'il révèle des pouvoirs d'enregistrement du cerveau. La petite Swarnlata reconnut aisément le mari et les enfants de Biya (son avant-dernière incarnation), se souvint d'une foule de détails de la maison qu'ils habitaient. Quant à la vie de Kamlesh, immédiatement antérieure à sa vie présente, au Pakistan, elle n'avait retenu que les chants et les danses en langue bengali. Ce cas, particulièrement riche, a été suivi dans tous ses développements, jusqu'à l'âge adulte, et relaté jusque dans ses moindres détails par le Professeur Stevenson. Ce qui est intéressant, et qui confirme la thèse de Rudolf Steiner, c'est que l'apprentissage artistique est resté davantage gravé dans la mémoire de la petite Indienne que sa vie sous l'identité de Biya, où elle n'a rien appris d'autre qu'être une "bonne épouse" et une "bonne mère". Pour l'anthroposophe autrichien, l'esprit doit se développer à travers les émotions, par le don d'observation et l'apprentissage de l'harmonisation entre la gestuelle et la musique. Les enfants doivent être soumis, dès leur plus jeune âge, à des sollicitations sensorielles multiples (identifier les parfums de fleurs, déceler le goût des aliments, sentir la douceur ou la rugosité d'un matériau, etc.) afin d'accroître leur champ de conscience. Dans les écoles qui suivent son enseignement (les écoles Rudolf Steiner), les enfants développent une sensibilité plus grande à tout ce qui les environne et ils semblent mieux contrôler leurs émotions, leur volonté, leur concentration. Ceci est d'ailleurs attesté par de récentes expérimentations qui ont été faites aux Etats-Unis avec deux groupes d'étudiants à qui l'on soumettait un problème de mathématiques. Le premier devait le résoudre en musique (en l'occurrence, Mozart) et l'autre sans musique. On a observé que le groupe à qui l'on avait diffusé des symphonies de Mozart avait réussi plus vite et mieux le problème de mathématiques. La musique est un facteur qui favorise l'harmonisation intérieure, laquelle accroît le pouvoir de concentration. Et c'est par l'attention que nous sommes capables de nous accorder au monde, que nous décidons aussi des conditions de notre prochaine incarnation.

COMMENT SE FORMENT LES APTITUDES OU GÉNIES PRÉCOCES

Les âmes désireuses

Prenons un scénario à rebours. Imaginons qu'une âme désireuse de musique (comme celle de Michel-Ange était désireuse de peinture, celle de Vasco de Gama désireuse d'aventure, celle de Paracelse désireuse de guérison) se soit incarnée en un joueur de tam-tam en Afrique, dans les premiers siècles de l'ère chrétienne. Suivons cette âme réincarnée en un troubadour, en France, au Moyen Age. Puis approchons la sous les traits d'un musicien d'église, en Italie, à la Renaissance. Et enfin, contemplons la dans toute la puissance de son désir enfin réalisé : la voici habitant le corps d'un compositeur en Allemagne, au XVIIème siècle. Ceux qui l'ont connue joueur de tam-tam pouvaient-ils pressentir le troubadour qu'il serait, dans un pays où l'amour courtois lui donnait quelque voix ? Ceux qui aimaient l'entendre chanter des ballades tristes sous leurs fenêtres et lui envoyaient quelques pièces, pensaient-

La prédestination de la vocation

ils qu'il deviendrait organiste d'église, nommé et appointé par un prélat ? Et les contemporains de l'organiste pouvaient-ils imaginer qu'il serait le grand Mozart, au XVIIème siècle, dans un pays qui voue un culte à la musique ? Ce n'est qu'une image, certes ! Mais il nous faut prendre conscience de l'aspect intemporel d'un désir, d'une recherche, d'un appel. Une aspiration vraie franchit les barrières de la mort. "Lorsqu'un être vient au monde, écrit Haziel, dans *Le pouvoir des archanges*, il est porteur d'une mission déterminée, et reçoit l'aide nécessaire des hiérarchies supérieures pour bien la réussir. Mais l'homme actuel ne prend vraiment conscience de sa mission sur terre qu'assez tard dans son existence : pendant les premières années de sa vie, il doit récapituler les étapes de sa vie précédente (tout en se préparant à sa vie présente). C'est seulement vers la fin de ce double processus qu'il entrevoit, plus ou moins clairement, ce que la vie attend de lui."

Ne parle-t-on pas de "vocation" (étymologiquement issu du latin vocatio, action d'appeler) dans le cas des métiers que l'on exerce avec prédestination ? Comme si l'on avait été appelé pour accomplir ce rôle, cette tâche, cette mission. Ou plutôt comme si l'on s'était appelé soi-même à revenir pour l'accomplir. Mais par les temps qui évoluent si vite, qui se spécialisent et se mécanisent de plus en plus, la passion, l'ardeur au travail ne sont plus suffisants : il faut, absolument, une compétence, une spécialisation dans une branche donnée. Aujourd'hui, le sentimentalisme est suspect, ce que l'on demande à un individu, c'est d'atteindre, dans une spécialité donnée, la perfection.

Nous devons développer de plus en plus nos connaissances, nous programmer et nous reprogrammer nous-mêmes, d'heure en heure, pour nous adapter aux inventions nouvelles qui surgissent de toutes parts. Mais pour mieux servir autrui. Souvent, nous développons nos désirs initiaux durant le temps libre qu'il nous reste, sous forme de violon d'Ingres, de passe-temps sacralisé. C'est une façon de poursuivre nos aptitudes passées sans rompre avec notre devenir. Nous pouvons aussi choisir un enseignement désiré durant un temps très court, et continuer seuls. Nous pouvons entreprendre un programme durant un temps donné, puis y revenir plus tard. Ou en changer. Même si nous sommes programmés pour connaître le bonheur, nous devons nous adapter aux exigences actuelles. Apprendre éventuellement à vivre notre mission sur un autre plan que celui de notre métier. Mais écouter notre voix intérieure. C'est elle qui nous avertit si nous ne suivons pas la voie qui nous est destinée. C'est notre sentiment de mieux-être, notre confiance en nous et notre détermination à poursuivre notre chemin, quels que soient les obstacles, qui nous renseignent sur notre plan de vie.

La comédienne sans emploi

Une jeune comédienne qui vivait dix mois sur douze en situation précaire a décidé un jour qu'elle allait adapter ses connaissances au marché du travail. "Quand a-t-on besoin d'une comédienne, de nos jours ? Rarement sur les planches et plus rarement encore sous les projecteurs". Elle a cherché en quoi elle pouvait être utile aux autres, avec sa formation d'artiste. Elle a vu que les entreprises réclamaient de leurs cadres qu'ils sachent communiquer leur science, vendre leurs produits, convaincre les marchés étrangers. Elle a eu l'idée de proposer à des centaines de sociétés ses services : elle disait pouvoir enseigner par des techniques précises le pouvoir de conviction, la confiance en soi, la faculté de s'imposer par la parole dans une assemblée. Tout ce quelle avait appris pour jouer la comédie, elle s'est mise à le transmettre pour que d'autres sachent se mettre en valeur. Tout d'abord, les réponses ont tardé à venir. Une lui proposait un entretien, une autre de faire une timide conférence sur le sujet. Petit à petit, ses compétences se sont imposées, les entreprises l'ont demandée plus souvent. Aujourd'hui, bien qu'elle gagne largement sa vie, elle a conscience de ne pas réaliser son désir le plus cher – jouer le répertoire classique au théâtre –. Mais elle retrouve dans un village d'artistes des amis qui, avec elle, montent de petits spectacles pour financer les restaurations de la région. Et elle a le sentiment d'avoir réalisé sa mission : elle est enfin en accord avec elle-même.

Trouver son plan de vie

Le projet de vie est un élément déterminant dans l'orientation professionnelle. Si l'on choisit une voie par calcul, par raison, par obéissance à des parents ou à des maîtres, même si l'on y réussit, quelque chose est irrémédiablement manqué : c'est le projet que l'on avait formé avant la naissance. L'anthroposophe et métaphysicien chrétien Rudolf Steiner donne l'exemple d'un homme de quarante ans qui souffre d'une certaine lassitude devant la vie, d'une indécision. Il ne sait pas pourquoi, son entourage non plus. Grâce à cette science de l'âme qu'il a acquise, il "/.../ découvre que l'intéressé à quinze, seize ou dix-sept ans avait fait un projet de vie qui a échoué. Il lui a fallu s'orienter à l'époque vers un autre projet qui ne correspondait pas au premier. Apparemment, quant à ce qu'il sent, pense et veut dans la vie quotidienne, il a pris son parti de la chose. Mais ce qu'on sent, pense et veut consciemment, ce n'est pas toute la vie de l'âme. Dans les profondeurs / de son âme/ ce projet de vie échoué vit, et il est une force."

Réincarnation et renaissance intérieure

LES CARRIÈRES RETENUES PAR DES FANTÔMES

L'histoire de Victor est des plus singulières. Victor naît dans une famille de Munich, aristocrate par son père, qui a hérité d'une affaire de haute joaillerie. Sa mère vient d'une famille petite bourgeoise de Linz, en Autriche. Dès sa naissance, le père de Victor semble amoureux de son fils, rien ne paraît trop beau pour lui : à l'âge où les autres enfants entrent à l'école maternelle pour apprendre les rudiments de la vie, Victor va de palaces européens en croisières autour du monde, en compagnie de sa nurse trilingue et des différents répétiteurs qui se hâtent, entre ses deux exploits sportifs et ses distractions, de lui inculquer quelques bribes de culture générale. Son père, hanté par la peur d'un rapt, ou d'un attentat, le fait conduire par son chauffeur d'un lieu à un autre, au point que le rêve de Victor, durant des années, est de pouvoir se rendre à un anniversaire ou à une surprise-partie par ses propres moyens. Lorsqu'il obtient son permis de conduire et sa première voiture décapotable, le chauffeur paternel le suit, à une distance raisonnable, dans tous ses déplacements, afin de ne pas l'irriter. Victor et son père se téléphonent une dizaine de fois par jour. Malgré ces conditions atypiques, Victor parvient pourtant à grandir sans anomalie majeure. Advient la ruine de son père, due à une gestion hasardeuse et à sa passion des femmes. Victor sort alors de son château de nuages et, baccalauréat en poche, va voir deux ou trois producteurs de disques dont il fait le siège. L'un d'entre eux finit par le produire, lui, sa cithare, ses chansons d'inspiration médiévale. Et c'est le succès, en quelques mois. Il redore le blason de son père, paie les dettes, compose de nouvelles chansons, qui rencontrent un

La prédestination de la vocation

public un peu moins ardent, il est vrai. Mais c'est l'âme de Victor que le feu sacré n'anime plus. Victor refuse d'affronter son public sur scène. Il connaît quelques brèves aventures avec des jeunes filles comme il faut, puis rencontre Aliénor, jeune peintre anglais et riche héritière, qu'il épouse, avec laquelle il reprend sa vie d'avant : vacances prolongées dans différents palaces, entraînements sportifs divers, rédaction d'articles en dilettante, dans des revues d'art ou d'antiquités. Bien que la fortune de sa femme le mette à l'abri du besoin, il lui faut tromper l'ennui, qui guette, à chaque fin de jour. Il ouvre une banque privée, qui acquiert, grâce à ses relations et à celles d'Aliénor, un certain renom, puis une galerie d'art ; il entre comme conseiller de stratégie dans un parti libéral en Angleterre, remporte quelques championnats de bridge locaux, puis il est sollicité par un de ses amis pour produire une émission de spectacles et de divertissement sur une chaîne câblée. Toujours, Victor laisse tomber au moment où ses entreprises réussissent. Lui-même ignore pourquoi une force l'interrompt, pourquoi ses désirs s'effritent, laissant place à un ennui profond lorsqu'il est assuré du succès. Il tente alors une analyse, au cours de laquelle il découvre qu'il n'ose pas dépasser son père. (Lequel n'a jamais pu remonter la pente, depuis sa faillite.) Cette découverte ne fait pas progresser Victor : il a entrepris un album, à l'instigation d'un producteur, et ne peut le finir. Avec condescendance, il finit par accéder au vœu de sa femme, Aliénor : elle lui conseille de consulter un hypnothérapeute qui fait régresser les malades jusqu'à la cause de leur maladie : pourquoi les maladies psychiques n'y trouveraient-elles pas leur solution ? Dès la première séance, Victor se sent libéré d'un grand poids. Voici ses notes :

> *"J'étais un jeune garçon, habillé de peaux, dans un village plein de vignes. C'était vers 1400. Je n'avais pas de parents, mais je faisais de menus travaux pour le compte d'un fermier, qui se montrait bien-*

veillant avec moi. Je couchais sur des peaux, à même la terre, à la belle étoile. J'égorgeais des chats, je ne sais pourquoi, avec un couteau, il me semble qu'on me demandait de le faire. Il y avait des filles, qui m'accordaient des faveurs en riant. Elles me considéraient un peu comme un attardé...et c'est ce que j'étais...une sorte d'idiot du village. Je suis mort très jeune, je me vois dans une cuve à vin, la poitrine écrasée par une énorme roue en bois... j'ai l'impression que c'est un accident, personne ne sait que je suis là, en train de mourir, pourquoi est-ce que n'appelle pas au secours ? mais je ne peux pas, les sons ne sortent pas de ma bouche...je suis né muet".

La séance suivante apporte la révélation à Victor.

"C'est une belle ville d'Europe du Nord, j'entends des sons gutturaux, une langue scandinave peut-être. De belles constructions, une église de style gothique, je suis petit, j'ai sept, huit ans, j'observe les pavés, les fiacres qui passent. Ensuite, je me vois adulte, la trentaine, il me semble que c'est la fin du XVIIIème siècle. Je sors de chez moi, très bien vêtu – de belles chaussures, un haut-de-forme-, je suis heureux, je me rends à une réunion politique d'indépendantistes où je dois prononcer un discours, je commence à avoir une certaine notoriété dans la ville. Je fais signe à une femme, jeune, ma femme, qui me dit au revoir du balcon de ma maison, c'est une belle maison cossue. Je monte dans une voiture, mais je n'arrive pas à destination, je suis tombé dans un traquenard, six ou sept hommes me sautent dessus et m'enfoncent des coups de couteau dans la poitrine, le ventre. Ils ont le visage masqué. Je suis fauché en pleine action, quel dommage, j'avais des idées, un projet à présenter à la réunion, je pense avant de mourir : "Quel gâchis".

La prédestination de la vocation

Victor est soulagé. Il lui semble qu'il a vécu sous la terreur inconsciente d'une mise à mort, s'il allait jusqu'au bout d'une idée, d'un projet. Ces deux séances l'ont aussi rendu moins sceptique quant aux vies antérieures.

Cela dit, elles n'ont pas résolu tous ses problèmes. Il a encore des accès de tristesse inexplicable, et du mal à se concentrer longtemps sur une tâche. Mais il sent qu'il peut aller jusqu'au bout de ses dons, aujourd'hui, exprimer ce qu'il ressent, et le public conforte sa renaissance.

LES OPPORTUNITÉS MANQUÉES

Selon Giordano Bruno, – grand théologien italien qui fut brûlé vif, à Rome, on l'a vu, pour ses idées originales sur la religion et sa croyance en la réincarnation – lorsque des chances nous ont été offertes de progresser, d'apprendre, d'évoluer, dans quelque domaine que ce soit – matériel compris – et que nous ne les avons pas saisies au cours d'une vie, beaucoup moins de possibilités s'offriront à nous, dans la vie suivante ; il nous faudra lutter, peiner pour atteindre le niveau antérieur, lutter encore pour grimper les échelons. Nous pourrons nous sentir frustrés, nous aurons un sentiment d'injustice, et nous éprouverons une volonté de revanche, un besoin de réparation, qui nous forcera à nous développer. Ce principe nous semble couler de source lorsqu'il s'agit de la santé. Qu'une personne qui n'a pas cherché à développer sa santé, par de l'exercice, un sommeil suffisant, une alimentation saine, ou qui l'a détériorée en buvant, en fumant, en ne dormant pas assez tombe malade, voilà qui nous paraît normal. Pourquoi serait-il plus choquant que cette même personne renaisse avec la mémoire – inscrite dans son corps éthérique – des erreurs commises par le passé ? C'est ce qui explique les maladies d'enfants. La nature est économe, elle ne fournit pas d'éléments en surplus à quelqu'un qui n'en a pas l'usage. Si vous n'avez pas su préserver son don précieux, la santé, elle donne moins d'énergie à votre corps et peut-être plus à votre affectivité ou à votre mental si vous avez su les développer davantage.

La parabole des cinq talents, dans l'*Evangile de Matthieu (25,30)* est explicite sur ce point :"Enlevez-lui donc son talent et donnez-le à celui qui a les dix talents". Autrement dit, celui qui ne sait pas exploiter ses dons en est privé, en faveur d'un autre qui aura déjà développé et fait fructifier toutes les richesses qui lui étaient offertes. Nous ne sommes pas toujours conscients de toutes les capacités que nous avons et nous n'avons pas assez confiance en nous pour en tirer profit.

Voici deux cas de personnes qui se sont donné les moyens d'accomplir leur véritable mission avec l'aide d'un entourage catalyseur.

L'homme d'affaires qui se spécialisa dans l'art du vitrail

Joe fut, pendant plus de cinquante ans, un redoutable promoteur immobilier. Il réussit à créer un empire en achetant des terrains, dont il pressentait qu'ils prendraient de la valeur. Puis il trouvait un certain nombre de bailleurs de fonds, auxquels il offrait un pourcentage intéressant, pour y faire construire des maisons, des immeubles ou des ensembles de parcs et "condominiums". A cinquante-cinq ans, il eut un incident cardiaque qui l'obligea à garder le repos et de fil en aiguille sa femme et ses deux filles, qu'il adorait, le persuadèrent d'arrêter les affaires. Désoeuvré, mal en point physiquement, il traîna sa désolation pendant

La prédestination de la vocation

trois mois. Un de ses anciens collègues en affaires, qui fournissait les vitres pour les constructions, vint lui rendre visite. Joe lui parla de son cœur qui battait comme ci, de son estomac qui souffrait d'acidité et de son moral à zéro. "Tu me donnes une idée, lui dit son collègue, on construit une nouvelle église près de chez moi et le pasteur cherche des volontaires pour faire des vitraux. C'est pour toi. J'ai offert tous mes stocks de verre de couleur défectueux". Joe protesta qu'on ne s'improvisait pas tailleur de vitraux à cinquante-six ans, qu'il y avait une technique, et qu'il était trop vieux pour apprendre. Mais quelques jours plus tard, son collègue avait fait un premier tri des morceaux de verre de couleur et il proposait de les lui livrer à l'endroit de son choix. La femme de Joe entendit parler d'une remise à louer, dans le voisinage. Elle la visita, et la loua pour trois mois, ses filles lui envoyèrent le pasteur de Joplin et un apprenti tailleur de vitraux pour l'initier à son art. Joe reçut le pasteur et fut enchanté par sa personnalité. Il s'en fut donc (au début "pour voir") dans les hangars de son collègue où étaient accumulés les stocks de verres défectueux. Puis, il sélectionna certaines couleurs, certaines qualités de verres en fonction de leur grain, de leur transparence, de leur épaisseur. Ensuite, il les amena à l'apprenti, qui s'avéra pédagogue et inspira la sympathie de Joe. En fin de compte, il se décida à occuper le local que sa femme avait loué. C'est ainsi que ce condamné en sursis réalisa sa passion de toujours : alors qu'il y avait renoncé. Ce fut une renaissance. Ses journées n'étaient plus assez longues. Maintenant, il a perfectionné sa technique, il parvient à concevoir des tableaux figuratifs, à base de collages de verres, que des amis, d'anciens promoteurs, des agents immobiliers lui achètent.

Le courtier devenu expert en enregistrements

Pierre a été courtier en café tout le temps de sa vie professionnelle. Il choisissait et négociait en Afrique, et en

Amérique du Sud les meilleurs "crus", les mieux torréfiés, puis il les vendait à des sociétés françaises, en échange de commissions. Un jour, à soixante-sept ans, il a décidé de "prendre sa retraite". Il jouait au tennis trois fois par semaine et allait beaucoup au cinéma avec sa femme. Mais quelque chose lui manquait. L'impression de servir, d'être utile à la communauté. Des amis lui parlèrent d'une association pour aveugles, qui recherchait des volontaires : il fallait avoir un matériel suffisamment perfectionné et être prêt à enregistrer des romans de quatre cent pages, des essais, des cours. Cette activité bénévole plut à Pierre. Il aimait l'idée de se rendre utile, de permettre à des non-voyants d'améliorer leur culture, tout en apprenant lui-même beaucoup de matières qu'il ne lui avait pas été loisible d'étudier du temps de sa vie active. Il s'est entraîné à parler de façon vivante, afin que sa lecture ne soit pas ennuyeuse pour ceux qui l'écoutaient. Il a isolé son local pour que ses cassettes ne soient plus parasitées par les sons de l'extérieur. Il a perfectionné ses méthodes d'enregistrement de façon qu'il n'y ait pas de coupures audibles, lorsqu'il faisait une pause. Cette activité le passionne et lui prend plusieurs heures par jour. Il lui semble avoir travaillé toute sa vie pour avoir le droit de se distraire en se rendant utile.

L'impression de "déjà vu"

Le souvenir des conditions de vie, les attirances, comme l'attirance pour un lieu, une ville, un pays ou l'attirance pour une famille, pour des personnes étrangères à son groupe peuvent être des révélateurs d'une vie antérieure. Un attrait irrésistible pour un métier peut indiquer une carrière interrompue par la mort, dans une vie antérieuree. Un amour excessif et angoissé pour un ami, un parent, un frère, une fille, peut être le vestige d'un amour commencé dans une existence antérieure et perdu dans des circons-

La prédestination de la vocation

tances douloureuses ou tragiques. Bien souvent, les mères qui ont une peur anormale que leur enfant soit blessé, maltraité ou en danger ont déjà connu de telles circonstances dans une vie antérieure. Nous connaissons tous des cas de familles aux réseaux affectifs complexes, qui tiennent au fait que l'on se souvient – inconsciemment – du bien ou du mal que l'on nous a fait dans une vie antérieure. Le cas de Géraldine illustre à la perfection ces penchants "monstrueux". Géraldine avait soigné sa mère pendant quinze ans avec un dévouement et un amour irremplaçables. Sa fille, Jocelyne, ne put jamais susciter la moindre compassion chez elle, quels que fussent ses déboires, et ils furent nombreux. Sans même avoir recours à la claivoyance d'un Rudolf Steiner ou d'un Edgar Cayce, on devine que les relations que Géraldine avait entretenues avec sa mère, durant de précédentes incarnations, étaient réconfortantes, sources de joie, alors que celles existant entre Jocelyne et elle avaient dû être imprégnées de violence, d'hostilité et de mauvaises intentions. Souvent, une investigation dans les vies antérieures peut décharger les émotions négatives que deux personnes entretiennent et leur permettre d'établir des liens plus harmonieux.

L'amour de la mer

Noël Langley, dans son ouvrage sur Edgar Cayce (*On reincarnation*) rapporte le cas d'un garçon, Fred Coe, qui avait disparu de son foyer après une adolescence pleine de disputes et de frustrations. Au bout de deux mois d'absence, les parents allèrent voir Edgar Cayce pour essayer d'en savoir plus sur leur fils fugueur. Le voyant évoqua une vie antérieure où le garçon avait été le Capitaine Kidd, un amoureux de la mer et des choses mystérieuses, et lui-même avait su apparaître comme quelqu'un de mystérieux aux yeux des autres. Dans la vie précédant celle de

Kidd, Cayce le trouva sous le nom de Hawk, dans la marine anglaise. Il avait été l'un des premiers navigateurs à ouvrir les voies vers l'Est (John Cabot, 1497) et vers la fin de sa vie, il avait atteint les rives du nord de l'Amérique. Il aimait déjà l'aventure et le mystère. Dans une existence encore antérieure, Fred se trouvait sur une terre de Bédouins, durant la guerre entre les forces grecques et les peuples de la plaine (aux alentours de 900 avant J.-C.). Il s'appelait alors Xenia, et il était le second en chef de ces hommes de la plaine qui amenèrent la désolation parmi les envahisseurs en dirigeant contre eux des colonies de frelons. Dans cette vie, il avait eu beaucoup de pouvoir et avait développé son amour des mystères de la nature. Dans sa vie encore antérieure, aux environs de dix mille ans avant J.-C., à l'époque où le pays que l'on appelle l'Egypte était divisé, il travaillait le fer forgé au service du souverain. Et durant cette existence, il avait été de bon conseil pour beaucoup de gens. Aujourd'hui, son impulsion le conduirait à se mettre au service de ceux qui sont au pouvoir et à établir des liens de communication directe avec eux. Le garçon fugueur s'était effectivement embarqué sur un bateau à New York, à l'insu de ses parents, en partance pour l'Europe : là où se trouvaient ses vieilles racines, dont il avait la mémoire…

Le fan d'Angleterre

L'histoire de Ranjith, qui se situe au Sri Lanka, est très éclairante sur la façon dont la mémoire affective se transmet de vie en vie. Il est né dans une famille de tradition bouddhiste, hostile aux Anglais et à tout ce qui rappelle l'occupation britannique. Pourtant, à l'âge de trois ans et demi, il se distingue déjà par ses manières étrangères, comme s'il était en visite chez ses parents, ses frères et ses soeurs. Il leur déclare un jour : "Vous n'êtes pas mes parents, vous n'êtes pas mes frères et soeurs. Mon père, ma mère, ma famille sont en Angleterre." Encouragé par son père à s'exprimer davantage sur les détails de sa vie en Grande-Bretagne, Ranjith affirme alors qu'il avait deux frères (Tom et Jim) et une soeur (Margaret). Son père travaillait, disait-il, sur de gros paquebots et rapportait des ananas à la maison. Sa mère avait, comme lui, le teint clair, elle était vêtue d'une jupe et d'une veste. Il habitait dans une maison au-dessus d'une colline, il avait souvent froid, car il gelait dans le jardin et sur les routes, au point que des camions tirés par des chevaux venaient dégivrer la chaussée. En plus des ananas, il mangeait aussi des raisins et des pommes, accompagnait ses soeurs à l'église, le dimanche, sur sa moto, et lui-même n'était pas bouddhiste mais chrétien. Son père, qui avait observé chez lui nombre de particularités étrangères au reste de la famille (par exemple sa préférence pour les tartines beurrées plutôt que les plats traditionnels de Ceylan à base de riz), eut l'idée, pour son quatrième anniversaire, de le lui faire célébrer par une radio locale. Les soeurs de Ranjith lui dirent qu'à dix-sept heures, sa "mère" allait lui parler d'Angleterre. Il s'installa près du poste et à l'heure dite, lorsqu'il entendit une voix à l'accent fortement britannique annoncer son anniversaire, il cria, les mains en porte-voix : "Maman, j'habite chez une famille cingalaise, emmène-moi là-bas". Il écouta la chanson qui était diffusée à son intention et ajouta : "C'est ma mère. Elle m'appelle "chéri", et parfois "mon amour."Après cet épisode, il resta prostré, à l'écart et triste.

Vers l'âge de 14 ans, il demanda à son père d'entrer dans un garage plutôt que de poursuivre ses études, ce que son père accepta à contre cœur. Là, Ranjith apprit avec une étonnante rapidité à conduire motos et voitures, et se montra très habile en mécanique. Au point que son père lui proposa de suivre des cours de technique automobile en Angleterre. Ranjith avait dix-huit ans lorsqu'il partit pour l'Angleterre. Alors qu'il avait la peau très sombre et les cheveux noirs de certains cingalais, qui ne sont pas spécialement bien vus en Grande-Bretagne, il eut aussitôt l'impression d'être en pays connu, accueilli par des personnes de sa famille, sans reconnaître spécifiquement un lieu ou une personne. Tout le monde se montrait gentil à son égard, et il se sentit toujours chez lui à Londres, ce qui n'est pas chose fréquente pour un étranger à la peau sombre. (Même des parents lointains qui vivaient là-bas l'ont confirmé.)

Ce cas est intéressant à plusieurs égards. D'abord, la famille de Ranjith était fortement hostile aux Britanniques et elle a dû apprendre à modérer son intolérance (donc, à s'affranchir de ses préjugés) à la naissance de ce fils "étranger". Ensuite, Ranjith qui préférait la pluie, le froid de l'Angleterre dut s'adapter à des conditions de vie différentes pour se libérer de ses limitations (alimentaires, culturelles, etc.). "Les tendances héritées ne conviennent pas au nouveau programme de notre ego, /.../ et notre personnalité matérielle aura du mal à adapter son comportement au nouveau dessein intérieur", remarque Haziel (*Le pouvoir des archanges*).

Se guérir du chômage

Le chômage peut être une maladie de l'âme : lorsqu'un être ne se sent plus capable de supporter la robotisation, la déshumanisation des entreprises, il se met en position d'échec. Il est aussi une maladie de la société. Les machines remplacent les hommes, ou bien la consommation d'un article baisse et il y a trop d'employés pour le produire. L'introduction de nouvelles techniques rend inutile le savoir d'un vétéran. Les forces montantes de la jeunesse, son dynamisme et sa liberté – parfois inconsciente – remplacent l'expérience des "vieux" responsables. Le chômage hante l'esprit de ceux qui travaillent comme celui de ceux qui ne trouvent pas de travail.

La prédestination de la vocation

Mais il est avant tout un refus de la volonté et de l'adaptation. Un "vieux "capable de se mettre en formation continue, de s'initier aux nouvelles techniques dans sa branche (ne serait-ce que pour trouver les anciennes meilleures), d'adopter avec enthousiasme et curiosité les changements ne sera jamais en peine pour trouver un emploi. Le problème naît lorsqu'une personne ne veut plus se perfectionner, ne veut pas suivre le progrès, refuse d'être mal payée, refuse de travailler plus de trente-cinq heures, refuse, refuse. Ce manque de souplesse, de disponibilité, d'espoir se traduisent dans son corps par des maladies (rhumatismes, scléroses, hépatites, maladies du sang, du système circulatoire), qui nécessitent une prise en charge de la société, du corps médical, et le cercle vicieux ne peut plus s'interrompre. Car la personne ainsi engagée dans une spirale descendante ne remontera la pente que si elle change d'état de conscience. Son âme l'interdit de séjour sur terre. Elle doit désormais mourir pour renaître, pour tenter de se construire une nouvelle conscience plus heureuse dans un corps tout neuf, pour cesser d'attendre du monde extérieur des solutions qui ne se trouvent qu'en elle, pour apprendre à être plus réceptive, plus volontaire, plus donnante. Une personne capable de renaître intérieurement, capable de se défaire de vieux réflexes ou automatismes négatifs, capable d'accueillir, avec intérêt et plaisir, les nouveaux collègues, le changement, les enseignements que lui apportent la vie et ses semblables, sans se sentir dégradée ou humiliée, cette personne aura bien du mal à se trouver au chômage. Car elle a su renaître dans son corps présent, métamorphoser les conditions de son existence, morale, professionnelle et affective.

La reconstruction du désir d'être utile

Il y a des réponses à ce fléau du chômage quand il nous touche. La première consiste à s'interroger sur ce que l'on peut améliorer en soi, en acquérant de nouvelles connaissances, en se perfectionnant dans une technique, un art, un violon d'Ingres. La deuxième est de ne jamais accepter d'être seul : en parler avec son conjoint, ses amis, ses voisins, ses fournisseurs. Chercher ensemble des pistes, des solutions ; sinon, adopter des activités transitoires, ou intérimaires, pour ne pas se couper du monde du travail. La troisième est de s'interroger profondément sur ce que l'on veut et sait faire, en sollicitant, si besoin est, l'avis d'un conseiller, psychologue ou thérapeute. "Nombreux sont ceux qui n'aiment pas leur profession, écrit Florence Mc Claine dans son *Guide pratique du voyage dans les vies antérieures*. /…/ Alors, pourquoi ne pas en changer ? /…/ Il est des êtres qui savent s'élever au-dessus des handicaps, qu'ils soient physiques, mentaux, émotionnels, économiques ou sociaux, pour atteindre les objectifs qu'ils se sont fixés. D'autres /…/ refusent simplement de renoncer. Si une porte claque devant eux, ils en essaient une autre, puis une autre encore. Ils n'acceptent pas la défaite". /…/ D'autres enfin préfèrent toujours blâmer autrui, les circonstances /…/ jamais eux-mêmes / de la situation qu'ils endurent/". Certes, changer d'état de conscience est plus facile à conseiller qu'à réaliser. Lorsqu'un individu a atteint 50 ans, qu'il a été licencié pour raisons économiques, qu'il a envoyé plus de cinq cents curriculum vitae sans résultat et rencontré une vingtaine de responsables du personnel – en vain – il n'a plus grande envie de "frapper à de nouvelles portes", mais plutôt de se terrer chez lui et d'attendre que ses ressources s'épuisent. Alors, qu'est-ce qui peut redonner courage et foi à cet homme ? Qu'est-ce qui peut lui rendre le goût de la société et son amitié pour les hommes ? De reconstruire son désir d'être utile à la société, aux autres. Mais un désir qui a été détérioré par des épreuves, des trahisons, des échecs successifs ne se rebâtit pas si facilement. Il faut avec l'aide d'un ami, d'une soeur, d'un vieux parent renouer avec sa mémoire lointaine, son passé antérieur à cette existence – passé qui contient des milliers d'informations – autant de réponses karmiques nécessaires pour comprendre le présent, et redonner à l'individu son élan vital. Ces informations ouvrent de nouvelles portes dans l'âme. Elles lui permettent d'effacer, par sa prise de conscience progressive du processus "bloquant", les strates emprisonnants de sa mémoire. Et lorsque les souvenirs sont triés, l'individu renaît, avec de nouvelles réponses, de nouvelles solutions aux problèmes.

Les fleurs de Marion

L'histoire de Marion illustre cette hypothèse. Elle avait cinquante-six ans lorsque la maison d'éditions pour laquelle elle travaillait la remercia, après plus de vingt ans de collaboration. Encore sous le choc de cette démission forcée, elle alla se reposer chez sa fille en Provence. Sa fille avait sympathisé avec une étrange jeune femme, dans un village voisin, qui pratiquait le yoga et l'ouverture des chakras (foyers d'énergie dans le corps que la tradition hindoue apprend à ouvrir pour accéder à l'illumination). Marion accepta de suivre un cours de yoga, puis un deuxième, puis un troisième. A la troisième séance, la jeune femme lui fit observer qu'elle avait le chakra du Troisième Oeil très lumineux. Marion ignorait ce que cela voulait dire. Son "mentor" lui proposa de fermer les yeux, de se relaxer, et de laisser venir à elle les images. Marion eut alors une sorte de rêve en accéléré, où elle se voyait utiliser des connaissances précises sur les fleurs, les arbres, leurs rapports avec les saisons. Elle avait l'impression de s'être occupée jusqu'à un âge très avancé d'une sorte de musée botanique, dans un pays tropical, mais de langue et de tradition anglaises (elle entendait parler cette langue, autour d'elle). Elle savait tout sur chaque fleur, chaque arbre, chaque plante, et pouvait donner des renseignements précis aux visiteurs. Eberluée et captivée par sa

Réincarnation et renaissance intérieure

vision – qui lui rappelait son attrait pour la médecine par les plantes – elle entreprit de rechercher le jardin ou le musée qu'elle avait vu en rêve. Elle s'acheta une quantité d'ouvrages traitant de ce sujet, et finit par se passionner à tel point pour l'horticulture qu'elle créa sa propre affaire, en Provence, près de chez sa fille. Aujourd'hui, Marion s'est créé un réseau de relations qui font régulièrement appel à elle pour aménager leurs jardins, leurs terrasses ou leurs espaces intérieurs. Elle réussit dans ce métier, contre toute attente, parce qu'elle l'aime, qu'elle y excelle, et ne se lasse jamais d'essayer de nouveaux styles. Parmi sa clientèle, les plus fidèles sont des Anglais!

Chapitre 6

LES FORTUNES ET LA CHANCE

Vous avez sûrement dans votre entourage une de ces personnes nées sous une bonne étoile, qui arrivent toujours au bon moment, tombent sur les bonnes personnes, se présentent à l'endroit où il faut, disent exactement ce qui est juste et font ce qu'il convient précisément de faire. Ces personnes sont réputées avoir la "baraka" et l'on aime à se trouver dans leur sillage car elles dispersent des miettes de leur chance "insolente". En vous penchant avec plus d'attention sur leur cas, vous vous apercevez qu'il n'y a pas beaucoup de différence entre leur existence et la vôtre ou celle du simple quidam. Simplement, elles attirent à elles des événements heureux et elles ne se trouvent jamais là où tout va mal. Mais encore ?

La chance de Julia

On connaît l'histoire de la belle Julia, qui allait sagement au lycée dans une ville de province en Bulgarie lorsqu'elle fut découverte par un "chasseur de modèles" : il la sortit de son lycée, avec le consentement de ses parents, la présenta à l'une des plus prestigieuses agences de mannequins parisiennes qui décida de la lancer sur la scène internationale. Cet homme lui permit d'être, en quelques mois, l'un des modèles les mieux payés et les plus célèbres du monde. Y avait-il en elle une beauté si rare que n'importe quelle personne l'eût remarquée ? Nenni. L'enfant était exquise, mais point bouleversante. Julia s'avéra très vite une recrue hors de pair, une grande professionnelle : son chasseur ne s'était donc pas trompé dans le choix du physique et de la personnalité du modèle.

Il y a là un concours de circonstances qui doit moins au hasard qu'il y paraît. Si l'on jette un coup d'oeil distrait sur le conte de fées, on observe que Julia était en classe, dans une banlieue de Stara Zagora lorsqu'un "chasseur de modèles" est venu visiter son lycée. Soit son "manager" avait une idée précise de ce qu'il recherchait et, après des mois de ratissage scientifique, il avait découvert son archétype imaginé. Soit il fut dirigé vers ce qu'il cherchait, parce qu'il en avait le souvenir inconscient. D'où provenait ce souvenir ?

Comment put-il aussitôt la distinguer du lot des jolies adolescentes sexy, immenses et filiformes qui parsèment les rues, les préaux de lycée et les magazines occidentaux ? Ce n'est pas sa beauté qu'il distingua, mais la joie que lui donnait cette beauté. "Si, dans une vie terrestre, un être humain vous cause de la joie, vous pouvez être sûr que cette joie est le fruit de l'amour que vous lui avez porté dans une existence précédente", écrit Rudolf Steiner. On peut en déduire que Julia avait été entourée d'amour. Cette jeune fille donne de la joie aujourd'hui parce que, dans d'autres circonstances, de nombreuses vies durant, beaucoup de gens lui ont donné de l'amour. Autrement dit, plus vous aimez, plus vous aidez, plus vous rendez heureux les autres et plus la joie qu'ils ont éprouvée revient vers vous, accroît votre aura, vous illumine, vous inspire, détermine votre destin.

Il en va de même pour la chance. Chaque fois que nous intervenons dans le cours d'une existence pour mettre le pied d'un voisin à l'étrier, offrir sa chance à un parent ou à un ami, le tirer d'une situation difficile, nous pourrions retrouver, dans une existence antérieure et des conditions différentes, un épisode de notre vie où cette personne (ou une autre) a joué ce rôle pour nous. Cela se produit souvent à notre insu. Mais lorsque nous nous sentons poussés à aider quelqu'un, à jouer dans sa vie le rôle de conseiller, de secours providentiel, de catalyseur, il a pu être l'artisan de notre bonheur dans une vie antérieure.

Les fortunes et la chance

Ni l'argent, ni la beauté, ni le talent ne suffisent à donner de la chance. On peut avoir tout cela et manquer de chance. La chance transcende la richesse, la simple beauté. Avoir de la chance, c'est dégager une lumière, une chaleur, une disponibilité, une bienveillance, c'est éprouver un tel attendrissement et une telle admiration à l'égard de tout ce qui vit, une telle gratitude, qu'ils électrisent, rendent les autres plus heureux d'exister, plus vivants, plus utiles. Et la chance se manifeste à plus forte raison quand nous avons manifesté cet amour depuis plusieurs vies, que nous l'avons approfondi, non seulement à l'égard de ceux qui nous sont proches mais à l'égard de toute créature, et de toute la création."Lorsque la volonté, dans les vies précédentes, ne s'est pas manifestée pour telle et telle personne mais pour la société en général, alors l'amour de Hochmah /.../ ne se manifeste pas non plus individuellement mais socialement ; et les "récompenses "qui nous arrivent /.../ ne sont pas personnalisées. C'est ainsi que cette chance peut nous arriver par des loteries ou des jeux (télévisés ou autres) lorsque, dans une vie précédente, nous avons donné avec générosité à des oeuvres sociales. La récompense peut venir également par des promotions dans notre travail, par la réussite inespérée de nos études, de nos initiatives", affirme Haziel (dans *Le pouvoir des archanges*).

Ceux qui attirent l'argent

De la même façon que le bonheur se destine à ceux qui savent le recevoir, et le donner, de même la fortune ne va qu'à ceux qui sont heureux de la recevoir et de la redistribuer. La fortune va à ceux qui ont su, par le passé, gérer l'argent non par rapport à leurs propres besoins mais par rapport aux besoins des autres. Ceux qui reçoivent par héritage une fortune l'ont méritée (autrement, toutes sortes d'obstacles les empêchent d'en profiter) mais ils doivent en faire bénéficier la collectivité. "Notre objectif, écrit le Dr Philip Berg (*Les secrets kabbalistiques de la vie et de la réincarnation*), dans n'importe quelle vie, est de convertir notre désir inhérent de recevoir en un désir de partager, et c'est seulement lorsque cela a été accompli que nous créons un circuit. Ainsi, la raison du repentir n'est pas seulement le fait de dire : je suis désolé. C'est redonner à l'Univers la positivité qu'on a pu lui soustraire. Quand la personne est atteinte, l'Univers est aussi atteint". Ceux qui recoivent un héritage sont des êtres qui, dans une vie antérieure, ont dû donner ce qu'ils avaient pour sauver d'autres gens. Mais pour eux, la leçon est plus difficile, car ils doivent apprendre à se servir de l'argent dont ils héritent. Ils doivent la gérer en fonction des lois divines, non des lois humaines. Ils doivent apprendre à le faire fructifier à travers les autres hommes et non par la spéculation ou le stockage. Ils doivent apprendre à le faire vivre : en créant des bourses d'études, des lieux de culture et de connaissance, en donnant aux plus démunis. Ceux qui ne savent pas utiliser leur fortune pour rendre les autres heureux ne pourront pas connaître la prospérité, dans leur incarnation future.

Edgar Cayce se débattait dans des problèmes d'argent insolubles. Mais il refusait de se faire rémunérer pour son don, sentant qu'il ne devait pas l'utiliser à d'autres fins que d'aider son prochain. Un jour sa femme, qui assistait à toutes ses séances de "lecture", lui demanda, alors qu'il était en hypnose, pourquoi il avait tant de problèmes financiers. "Un vieux karma à épurer", lui répondit-il. Faire plaisir autour de soi, à ceux de sa famille, de son clan, n'est pas suffisant. Car c'est une autre façon de faire revenir à soi nos bienfaits.

Lorsque Mazarin s'assurait que les personnes de son entourage avaient de la "chance", il s'informait, sans le savoir, de leur héritage karmique, de leur capacité à aimer, de leur savoir-donner. Puisque nous choisissons en partie les conditions de notre incarnation, pourquoi ne choisissons-nous pas des conditions idéales, où nous soyons tous prospères, talentueux, heureux en amour et éclatants de santé ? Apparemment, nous naissons inégaux dans notre capacité d'aimer, comme nous nous distinguons par les conditions socioéconomiques dans lesquelles nous évoluons, ou par le capital-santé dont nous disposons en naissant. Nous avons tous besoin de progresser et de nous perfectionner mais nous ne partons pas des mêmes bases. De plus, l'apprentissage se fait en douceur pour certains, ou à travers difficultés, combats, épreuves et obstacles pour d'autres. Tout dépend de notre relation intime à la "divinité" en nous. Le bonheur nous fait adhérer à ce que nous vivons, car le "témoin" en nous, celui que l'on appelle aussi l'esprit, l'âme-souche, s'identifie totalement à son être physique. Ce n'est que dans l'adversité qu'il s'éveille, qu'il prend du champ, qu'il cherche à comprendre en s'élevant au-dessus de lui-même, en prenant appui sur son être. Et c'est alors qu'un choix plus grand lui est offert. Dans son existence présente, ou dans une vie à venir.

Le professeur Stevenson fournit plusieurs cas d'enfants qui ont prévenu leurs futurs parents qu'ils allaient se réincarner auprès d'eux. Parmi eux, il y en a deux – celui de Victor Vincent chez les Indiens Tlingit, et celui de Marta Lorenz, au Brésil, qui méritent d'être à nouveau cités, pour leur caractère exemplaire.

Le cas de Victor Vincent

Victor Vincent était un Tlingit de pure souche. Pendant les dernières années de sa vie, il était souvent allé en séjour chez sa nièce, qu'il aimait beaucoup. Environ un an avant sa mort, il lui dit : "Je vais revenir, je serai votre prochain fils. J'espère que je ne bégaierai pas autant que maintenant. Votre fils aura des cicatrices." Il lui montra une cicatrice dans le dos et une autre à la base du nez. Le 15 décembre 1947 environ dix-huit mois après la mort de son oncle, Mme Corliss Chotkin accoucha d'un fils qui fut baptisé : Corliss Chotkin Jr. A sa naissance, le bébé avait deux marques sur le corps, qui ressemblaient au plus petit détail près à celles qu'avait montré Victor Vincent à sa nièce. Lorsqu'il eut treize mois, il dit, à un membre de sa famille qui essayait de lui faire prononcer son prénom : "Ne me connais-tu pas ? Je suis Kahkody". C'était le nom de tribu de Victor Vincent. Alors qu'il avait deux ans, il croisa sur les quais du port de Sitka une belle-fille de Victor Vincent et l'appela : "Susie!" Sa mère ne l'avait pas remarquée avant que son fils la reconnût. Il reconnut aussi le fils de Victor, qui était de passage à Sitka : "Voici mon fils William", dit-il. Il reconnut encore de nombreux membres de la famille de Victor en donnant spontanément le degré de parenté qui existait entre eux. Plus tard, il raconta deux épisodes de la vie de Victor Vincent qu'il ne pouvait pas avoir appris. Il bégaya jusqu'à l'âge de dix ans. Ensuite, il corrigea ce défaut grâce à une orthophoniste. Ses vœux étaient exaucés : il espérait renaître chez ce couple bienfaisant, et il voulait être guéri de son bégaiement.

La prédiction de Martà

Sinhà était née en 1890 dans un ranch prospère dans le Rio Grande del Sul, un endroit isolé, où elle avait grandi heureuse, bien qu'elle ait pu souffrir de la solitude. Elle allait souvent à un village proche, où se trouvait son amie Ida Lorenz, épouse du maître d'école de la région. Sinhà tomba deux fois amoureuse d'un homme et deux fois son père refusa de donner son consentement au mariage. L'un des prétendants se suicida. Elle tomba dans un état de profonde dépression dont rien ne put la sortir. Elle fit tout pour attraper la tuberculose et mourut, peu de temps après. Avant de mourir, elle avait dit à son amie qu'elle reviendrait sur terre dans le corps de sa prochaine fille. Elle lui dit également que dès qu'elle serait en âge de parler, elle lui donnerait des indications qui lui permettraient de "savoir la vérité". Dix mois plus tard, son amie donna naissance à une petite fille, Martà, qui tint de bien étranges propos dès qu'elle fut en âge de parler. Ses parents n'ayant jamais révélé à personne la prédiction de Sinhà, on ne peut que constater les faits : la petite Marta se souvenait à la perfection de la vie, de la maison et de l'entourage de Sinhà. Elle eut plus tard les mêmes problèmes de santé que Sinhà et hérita du même caractère à tendance dépressive (voir le cas intitulé "Marta et ses laryngites, au Chapitre 3). Elle pensa même avoir eu la réincarnation de son prétendant suicidé en deux enfants qui moururent à la naissance.

Ces deux cas de "promesse de réincarnation" sont troublants. Doit-on en conclure que l'on choisit son incarnation ?

Sans doute mais contrairement aux apparences, ce choix est limité. Ainsi, Victor Vincent revint apparemment dans les mêmes conditions qu'avant (excepté le progrès d'avoir des parents qui n'étaient pas alcooliques) et Martà se réincarna dans une famille plus modeste mais très nombreuse où elle ne connut pas la solitude dont elle avait souffert quand elle était Sinhà. Elle ne put progresser sur le plan des connaissances, ses parents n'ayant pas les moyens de lui offrir des études, et souffrit elle-même, dans le foyer qu'elle créa ensuite, du manque d'argent. (Rappelons que selon Giordano Bruno, lorsqu'on n'a pas utilisé un don ou un bienfait durant une incarnation, on n'en bénéficie plus et l'on doit peiner pour les reconquérir dans l'incarnation suivante.)

"Arrivé au terme marqué par la Providence pour sa vie errante, l'Esprit choisit lui-même les épreuves auxquelles il veut se soumettre pour hâter son avancement, c'est-à-dire le genre d'existence qu'il croit le plus propre à lui en fournir les moyens, et ces épreuves sont toujours en rapport avec les fautes qu'il doit expier. S'il en triomphe, il s'élève, s'il succombe, c'est à recommencer. L'Esprit jouit toujours de son libre arbitre ; c'est en vertu de cette liberté qu'à l'état d'esprit, il choisit les épreuves de la vie corporelle" Allan Kardec, *Le livre des Esprits*.

La très belle expérience revécue par Denise Desjardins dans *De naissance en naissance* exprime cette vérité de façon poignante :

"Sariputrâ, le miracle n'existe pas. Le miracle, c'est nous-même qui le créons, qui le forgeons durement, /…/ chaque jour, à petits pas, vers le changement, l'accomplissement de ce qu'on désire vraiment. /…/ Ce choix de chaque minute est /…/ parfois cruel et terrible. C'est le sacrifice d'une partie de soi. /…/ Il te faudra voir tes désirs, leur faire face, les connaître et te décider, choisir : ou bien satisfaire tes désirs, succès, honneurs, argent, amour. Ou aller vers ce seul désir de dépassement".

Chapitre 7

L'AMOUR PRÉDESTINÉ

*"Le mystère de la Sainte Trinité est : Amant-amour-amante.
Les trois sont un et pourtant distincts."*
Dialogues avec l'ange.

"Nous ne saurions voir Dieu avec les yeux de notre finitude, mais nous le sentirons agir dans notre coeur comme la puissance de l'amour, tout comme nous le reconnaîtrons sur terre dans les yeux de la personne aimée. Car nous nous reverrons. C'est ce que nous enseigne l'amour, qui est Dieu même."
(Eugen Drewermann)

Autant que la chance, la fortune, ou la santé, l'amour répond à la loi de rétribution. L'amour que vous donnez à un être (enfant, conjoint, parent ou ami) vous revient, un jour ou l'autre, d'une personne ou d'une autre. Aucun amour n'est jamais perdu. Contrairement à ce que l'on croit généralement, celui qui est notre père, ou notre soeur aujourd'hui, a pu être notre amant ou notre épouse dans une vie antérieure. Autrement dit, l'amour, la communion spirituelle, l'attachement, l'admiration sont beaucoup plus déterminants que la sexualité pour lier deux êtres par-delà la mort. La raison pour laquelle certains parents manifestent très tôt un amour irraisonné pour l'un de leurs enfants, certains maris quittent une femme merveilleuse et certaines femmes un époux qui les comble est une raison karmique. Si l'on a dû quitter un être ardemment aimé dans une existence antérieure, tôt ou tard, dans une vie ultérieure, cet être reparaîtra, et à ce moment-là, l'on aura le choix : soit continuer à vivre comme on a vécu jusqu'alors, soit réaliser le programme affectif qui nous a propulsé dans ce monde. La plupart de ceux qui changent brusquement de partenaire sont appelés à le faire par leur mémoire "lointaine" qui a gardé le souvenir du passé antérieur. Le nouvel être qui les attire a déjà traversé une ou plusieurs vies auparavant, et leurs destinées se sont croisées. Pour le bien ou…le moins bien. Et là encore, il est important d'avoir accès à ce stock de souvenirs enfouis pour savoir quel rôle cette personne nouvellement rencontrée a joué dans le passé, quel rôle il peut et doit jouer aujourd'hui.

Le karma amoureux

Il y a trois sortes de raisons pour lesquelles on peut vouloir retrouver quelqu'un d'une vie à l'autre. La première raison est l'amour qu'on lui porte, qui n'a pas été assouvi, fait que sa nature énergétique nous est connue, on est attiré par lui. En ce cas, l'on est entraîné à se réincarner dans un endroit proche. On retrouve, en général assez vite, dans l'enfance ou l'adolescence, la personne pour laquelle on est revenu. C'est là l'explication de nombreux coups de foudre, qui peuvent bouleverser pendant quelques instants, quelques mois ou une vie entière la personne qui en est "victime". Shirley Mc Laine raconte dans son livre *L'amour-foudre*, sa passion pour Gerry et la prédestination de leur rencontre, qu'elle découvrit grâce à un médium.

Lorsque le coup de foudre n'est pas réciproque, ce qui se produit très souvent, c'est parce que l'autre n'a pas gardé dans son incarnation présente le souvenir de ses désirs passés, (certains auteurs soutiennent que l'on peut oublier, dans son périple *post-mortem,* celui ou celle pour lequel on désirait revenir), ou parce que son projet ne concernait pas cette personne. Il peut arriver qu'un homme ait été très célèbre, dans une incarnation antérieure, qu'il ait été roi, par exemple, et que les personnes qui l'ont connu dans cette incarnation, éprouvent un sentiment de familiarité, de reconnaissance, de déjà vu, en le retrouvant dans leur vie présente, sentiment qui ne sera pas partagé, évidemment. Souvent, le coup de foudre est relié à des souvenirs précis. L'histoire de Trentin, décrite plus loin, comédien et joueur, illustre une réincarnation de cette sorte.

La deuxième raison pour laquelle on peut choisir de revenir près d'un être spécifique est une raison "réparatrice". On a mal agi envers un compagnon, un conjoint, un amant, dans une existence précédente, et l'on est inconsciemment attiré par lui pour perfectionner, parachever la relation amoureuse. En ce cas, l'autre, celui qui a souffert par notre faute, dans le passé, peut à son tour nous faire souffrir. Et, consciemment, nous ne comprendrons pas pourquoi on nous meurtrit. Il nous faut, en ce cas, supporter cette punition sans chercher à nous venger afin de se libérer de ce boulet karmique. C'est le cas vécu par Thierry. Mais il est d'autres situations qui jettent le trouble dans la conscience d'un individu. Celles où deux personnes qui ont été ennemies dans une vie antérieure et se retrouvent aujourd'hui irrésistiblement attirées l'une par l'autre. Elles ont quelque chose à résoudre et à comprendre l'une par l'autre : elles ont tissé un lien émotionnel de haine. La haine ressemble beaucoup à l'amour en ce sens qu'elle enchaîne deux individus aussi fatalement que l'amour.

La troisième raison pour laquelle on revient auprès d'un individu spécifique est de nature plus "vocationnelle" : l'on a quelque mission à accomplir ensemble, artistique, scientifique, humanitaire, ou autre, et du fait que l'on a le même objectif, la même qualité vibratoire, on se "rejoint" pour le réaliser. C'est le cas d'Estelle et d'Albin

Il y a également le cas de rencontres négatives. Celles qui se sont mal passées, dans une existence antérieure, et qui devraient arriver à rompre leurs liens dans la vie présente. C'est l'histoire d'Ezra et de Marion.

Naturellement, il existe un certain nombre de nuances, à l'intérieur de ces grandes catégories. Par exemple, un couple lié par une dette karmique (comme l'ont été, par exemple, Béatrice et Renaud, peut très bien se retrouver, une fois la dette payée, et accomplir une œuvre en commun. Ou bien, deux personnes qui viennent pour accomplir une mission – donc, qui n'ont a priori pas de problèmes à résoudre l'un par l'autre – pourront s'entraider face à des situations extérieures angoissantes ou traumatisantes, et par là même, souder leur lien. Malgré la puissance de la relation sexuelle entre un homme et une femme, qui perdure et maintient un pont psychique très fort, même si les personnes se sont quittées, d'autres formes d'amour appellent tout autant l'âme à se réincarner. Un père qui s'est fortement attaché à une fille peut revenir comme un frère, un oncle, un grand-père, un cousin, afin de jouer le même rôle protecteur. Une fille peut devenir la mère de sa mère réincarnée, comme le relate Florence Mac Claine, dans son ouvrage *Guide pratique du voyage dans les vies antérieures*. Elle raconte avec humour que sa fille de 3 ans, regardant ses pommes de terre frites lui dit, un soir, avec un fort accent allemand, alors qu'elle n'avait entendu et parlé qu'anglais depuis sa naissance :"Chamais che ne te laissais manger de pareilles cochonneries, quand tu étais ma fille, et moi ta mère. Che te préparais des bonnes pommes de terre bouillies, et tu les mangeais". Florence fut stupéfaite mais n'y prêta aucune attention, sur le moment.

Deux personnes très amies peuvent se retrouver chez les mêmes parents, frères et soeurs ou jumeaux, ou encore, devenir parentes l'une pour l'autre. Le cas étonnant d'une amie se réincarnant en fille de celle qui avait été sa grande complice a été conté par Georges de Cursac, en 1945 dans le *Bulletin Saint-Alban*. "Monsieur Gilbert de Chamber-

L'amour prédestiné

trand, bien connu pour ses recherches astrologiques, a étudié, l'an passé, un curieux cas de réincarnation prédite! En voici l'essentiel : Madame G(ustav) clairvoyante, amie de Madame D(umas) guérisseuse, née le 2 novembre 1851, à 24 heures, et décédée le 13 août 1935, avait remis en 1934, à Madame Dumas une lettre qui ne devait être ouverte qu'à la majorité de la fille de madame Dumas, prénommée Paulette. Or, ladite Paulette, née le 13 décembre 1922, à 4h20, se maria le 22 octobre 1942 et mit au monde une fille, le 2 septembre 1943, à 13 heures. Elle hésitait sur le nom à lui donner lorsque, le lendemain, 3 septembre, le nom de Bernadette s'imposa soudainement à son esprit. Une vingtaine de jours plus tard (elle avait alors atteint sa majorité), sa mère lui communiqua la lettre de madame G(ustav), /qui révélait/ que le premier enfant de Paulette serait une fille qui s'appellerait Bernadette et que cette enfant serait sa propre réincarnation, à elle, Madame Gustav! Or, les thèmes de nativité de Madame Gustav et de Bernadette sont d'une analogie frappante".

Le cas relaté par le docteur Philippe Berg dans *Les secrets kabbalistiques de la vie et de la réincarnation* s'inscrit dans cette perspective. Le 1er août 1978, Arieh, soldat de l'armée israélienne, quitte sa maison avec son meilleur ami pour échapper à la chaleur torride qui sévit. A trois heures et demi, il est mort. On retrouve son ami, complètement hébété, incapable de se souvenir de la façon dont la balle s'est logée dans la tête d'Arieh. Pendant six mois, l'enquête piétine. Arieh s'est-il suicidé ? A-t-il été accidentellement tué par son ami ? L'auteur cherche alors une explication astrologique à cet événement. Il découvre qu'Arieh était né le 12 novembre 1958 et qu'Arieh, en hébreu, signifie le Lion. Or, il était mort pendant le mois du Lion. Un jour, le frère du défunt mentionna qu'il avait appelé son fils : Arieh, en souvenir de celui qui était mort. L'auteur découvre alors, dans la date de naissance de l'enfant, que l'Arieh défunt était mort précisément au moment opportun pour se réincarner en son neveu, qui, lui, est né le 26 avril 1979, soit neuf mois après sa mort. L'auteur en conclut que ce ne fut pas un suicide, mais bien une mort accidentelle "nécessaire" afin de fournir à l'âme d'Arieh une incarnation plus propice à l'élargissement de ses connaissances et aux corrections qui lui sont nécessaires, auprès de son frère, devenu son père.

D'autres formes d'amour non sexualisé peuvent donc attirer les protagonistes à se réincarner. Ce sont ceux-là qui ont "l'impression de se connaître depuis toujours" dès la première rencontre. Amis, frères ou soeurs, cousins ou beaux-parents, voire serviteurs, employés, ils sont familiers à notre âme. Nous les classons aussitôt comme des membres de notre famille, nous employons des expressions comme "il est le fils que j'aurais voulu avoir" ou tu es ma mère spirituelle" ou même "lui, c'est mon frère", sans savoir qu'une réalité profonde tisse ces "impressions".

L'histoire de Renaud et de Béatrice, celle de Trentin, celle de Thierry et de Natacha, ainsi que les suivantes sont des histoires de couples qui ont été préparées et nourries au cours d'incarnations précédentes. C'est la recherche métaphysique des protagonistes qui nous apporte un éclairage neuf et troublant sur le lien qui les unit.

L'histoire de Renaud et Béatrice

Après une enfance déchirée entre une mère qui l'avait abandonnée et une mère adoptive destructrice, Renaud s'était installé dans une vie protégée de toute émotion : épouse "mère-amie", pas d'enfant, pas d'amis. Il était expert dans une compagnie d'assurances et rentrait depuis 8 ans chez lui à la même heure, en fin de journée. Il accomplissait le même rituel – échanges de propos anodins sur sa journée, avec sa femme, petit jogging dans le même périmètre carré, entre sa maison et le Parc Montsouris, en

L'amour prédestiné

écoutant la radio sur son baladeur, douche, dîner, coucher après avoir regardé les mêmes programmes à la télévision. Sa petite vie semblait partie pour durer toujours lorsqu'il fit la connaissance de Béatrice, pendant une grève de métro. Coup de foudre.

Malgré leurs 14 ans d'écart, ils se ressemblent comme des jumeaux. Béatrice ne veut pas d'enfants, comme Renaud. Comme lui, elle veut voyager, découvrir d'autres civilisations, vivre ici et là, puis consacrer une part de son temps à secourir bénévolement les malheureux, les orphelins, les paumés du monde. Ils ont tous deux l'impression qu'ils s'attendaient pour réaliser ce programme. Renaud divorce, épouse Béatrice, quitte l'entreprise qui l'employait, crée sa propre agence de voyages. Parallèlement à leurs activités professionnelles respectives, ils découvrent un centre de recherche métaphysique, où ils reçoivent un enseignement gnostique, et s'y engagent à fond. Leur vie ressemble à une grande fête turbulente et imprévue, ils partent, reviennent, repartent, ivres d'imprévus, d'expériences excitantes, de découvertes.

Pourtant, Renaud a de brusques accès de colère contre Béatrice, qu'il ne comprend pas lui-même. Il se surprend à la haïr, par bouffées, dès qu'elle se montre directive ou qu'elle insiste pour faire quelque chose qu'il n'a pas envie de faire. Mais le couple retrouve vite son intimité. Quatre années passent. Jusqu'au jour où Renaud, sans crier gare, quitte le domicile conjugal. Béatrice découvre, en rentrant chez elle, qu'il a emporté sa trousse de toilette et son ordinateur. Dans la soirée, il l'appelle, lui dit qu'il a besoin de se séparer d'elle pendant un certain temps ; elle peut lui laisser un message au bureau, en cas d'urgence. Trois mois plus tard, Renaud n'est toujours pas revenu. Béatrice a des maux de tête violents. A tout hasard, elle consulte. On lui découvre une tumeur cancéreuse au cerveau. Elle affronte seule l'opération, puis les rayons. Renaud, informé par des amis communs, ne donne pas signe de vie.

Réincarnation et renaissance intérieure

Béatrice recouvre la santé, petit à petit, reprend ses responsabilités d'animatrice de séminaires, à plein temps, cette fois, s'offre une nouvelle garde-robe, une nouvelle apparence, s'oblige à sortir, à voyager. C'est là qu'elle demande à l'astrologie de lui fournir une réponse à son désarroi. Rien, dans leurs deux thèmes comparés, ne laisse prévoir une rupture aussi subite et définitive. Mais ils semblent liés par un lourd passé karmique, fait d'abus de pouvoir et de passion sexuelle qui a pu les conduire au meurtre. Et c'est là que réside la clé de leur couple. Béatrice entreprend d'enquêter sur un parcours qu'ils auraient eu ensemble antérieurement. Cette notion ne lui est pas inconnue : elle y a pensé lorsqu'elle a vu Renaud la première fois et qu'elle lui a parlé, comme à quelqu'un qu'elle connaissait depuis longtemps. Elle tente une psychothérapie, sans résultat. Quelques mois plus tard, elle décide d'entreprendre une série de régressions avec un thérapeute. Dès les premiers instants de la séance, elle se trouve propulsée au Moyen Age en France. Elle est un homme fortuné, un châtelain veuf dont la seule passion est sa fille, Lydie. Lydie a une aventure avec Guillaume, un chanteur des rues, un baladin qui va de maison en maison chanter ses poèmes et tendre son escarcelle pour recevoir quelques sous. Ils s'aiment, mais Béatrice-châtelain ne veut pas de cette union qui contrarie tous ses projets. Il ordonne à ses gens de la surveiller, nuit et jour, pensant que cet engouement s'épuisera à force d'être empêché. Mais Lydie obtient de continuer à voir Guillaume, avec la complicité d'un employé aux écuries. Et un soir, intriguée par la hâte de sa fille à quitter la table du dîner, le châtelain la suit, attend, la guette, pour finalement la surprendre dans sa chambre, en pleine extase dans les bras de Guillaume. Le chagrin d'avoir été trahi par sa fille fait place à la colère de n'avoir pas été obéi. Il se jette sur Guillaume et l'étrangle. Désespérée, Lydie se pend. A la suite de ce drame, le châtelain vit prostré dans une pièce sombre de sa demeure. Béatrice a reconnu Renaud en sa fille et sa propre violence, qu'elle a retournée contre elle. Pour Renaud, Béatrice représentait l'amour, la protection, la sécurité inconditionnelle, mais aussi la destruction de Guillaume. Il était écrit qu'il allait retrouver cet amour, et c'est pour Guillaume, réincarné en Laurence, qu'il a quitté Béatrice. (c'est elle qui l'a découvert sous hypnose). Pourquoi ces énergies négatives n'étaient-elles pas apparues avant, dans leur couple ? Sans doute la rencontre de Renaud avec Laurence a-t-elle été l'élément déclencheur. Renaud est revenu, trois ans plus tard, de façon aussi imprévisible qu'il était parti, Béatrice ne lui a posé aucune question, ne lui a fait aucun reproche, sachant que cette leçon karmique devait être acceptée. Et elle n'a plus souffert d'aucune séquelle à sa tumeur. Cette histoire est exemplaire par le nombre de manifestations qu'elle a impliquées : manifestations émotionnelles, physiques (la maladie de Béatrice, une forme d'autopunition), métaphysiques.

L'histoire de Trentin

Trentin constate qu'il a connu une fois, une seule fois, le coup de foudre. Il avait 11 ans, Géraldine huit. Elle venait d'arriver d'Irlande, avec ses parents, et elle a été invitée à un anniversaire chez des voisins. Trentin s'y trouvait. "J'ai cru que je la connaissais, et je me suis approché d'elle pour lui parler. Et c'est là que je me suis rendu compte qu'elle ne comprenait pas ma langue, donc, que je ne pouvais pas l'avoir vue à l'école ou quelque part. Ses parents sont venus la chercher très tôt, et je ne l'ai plus revue jusqu'à l'âge de 19 ans. Ma sœur avait invité quelques copains, et Géraldine était là. Je l'ai reconnue aussitôt, elle, non. Cette fois-là, nous avons pu parler, elle s'était familiarisée avec ma langue. Je me souviens d'avoir pensé : c'est la femme de ma vie, avec un sentiment de tristesse, l'impression que nous ne vivrions jamais cet amour.

A minuit, je me suis quand même approché d'elle, et je lui ai dit que je l'aimais". Elle m'a répondu : "Sans me connaître ?" J'ai pensé que je la connaissais mieux qu'elle, mais n'ai rien dit. Plus tard, je me suis penché pour l'embrasser, elle s'est esquivée. A cette époque, je n'avais pas conscience d'avoir déjà vécu, j'avais de fortes impressions, mais je ne cherchais pas à les approfondir. Lorsque je suis allé aux Etats-Unis pour suivre deux années à Harvard et qu'elle m'a téléphoné, un mois après mon arrivée, en me disant qu'elle avait fait une enquête de trois semaines pour me retrouver, j'ai compris que nous avions quelque chose à vivre. Mais ce n'était pas ce que je croyais. Elle a toujours maintenu une certaine distance, dans notre complicité et notre affection ; et elle a toujours obstinément refusé la moindre caresse de moi. Ni liaison, ni mariage. "Je te ferais trop souffrir", disait-elle. Mais je ne pouvais pas rester loin d'elle. J'ai fini par rechercher le secours d'un psychologue : cette situation me rendait fou. Un jour, en lui parlant, je suis tombé à moitié endormi. Et là, en "expansion de conscience", je me suis trouvé, à ma grande surprise, dans une vie où j'étais un avocat très préoccupé par l'argent. Je me laissais aller physiquement, j'avais un gros ventre, pas de cheveux, des tenues négligées. Ma femme, très sexy, me faisait souffrir, elle plaisait à tous les hommes et flirtait avec nombre d'entre eux – dans cette ville, la Nouvelle-Orléans, cela ne pouvait pas passer inaperçu –. Un jour, j'ai découvert qu'elle avait une liaison avec un danseur noir, et au lieu de me révolter, j'ai fermé les yeux, en fait, j'avais toujours eu la terreur qu'elle me quitte, et l'impression de ne pas la mériter. Elle a pris de moins en moins de précautions pour se cacher, et j'acceptais cet état de fait, je me rendais compte que sexuellement je n'étais pas à la hauteur de ses goûts, mon seul moteur était l'argent, l'argent, pour lui assurer la sécurité, un train de vie de princesse, des toilettes, des domestiques. Elle a fini par sortir le soir et rentrer tard dans la nuit. Un soir, je n'étais pas encore rentré de mon bureau

L'amour prédestiné

quand elle est sortie, et lorsqu'elle rentra, j'étais mort d'une crise cardiaque. Je flottais au-dessus de mon corps, je craignais qu'elle n'ait un choc, mais elle réagit comme une étrangère, elle appela un médecin, sans me toucher, je découvris hors de mon corps qu'elle ne m'aimait pas. Avec le psychologue, j'ai créé un programme pour me délivrer de cet amour que j'avais trimballé dans ma vie actuelle, et ça a marché. Je suis guéri de Géraldine. Ce qui ne m'empêche pas de croire que nous nous retrouverons dans des vies prochaines, qu'elle m'aimera, un jour.

Ce cas révèle un attachement qui devait être né bien avant cette vie à la Nouvelle-Orléans. Pour le docteur Philip Berg, qui s'inspire du *Zohar* (le Livre des Splendeurs du peuple hébreu), il est des âmes-soeurs qui sont nées d'une même âme, au commencement des temps, et qui ont été séparées – l'une en femme, l'autre en homme – par le Tout-Puissant, en vue du séjour terrestre. "C'est seulement quand le tikoun est accompli (autrement dit : la correction de l'âme) et les dettes karmiques payées, qu'elles peuvent se réunir ici-bas." (*Les secrets kabbalistiques de la vie et de la réincarnation*). Les femmes, qui ont plus facilement accès au monde des sentiments, des pressentiments, de l'intuition, épurent très vite leur *karma* et reviennent alors sur terre pour aider leur âme-sœur à accomplir leur "correction". Ainsi, l'homme qui est marié à une femme dure, autoritaire ou qui a mauvais caractère l'a fait en connaissance de cause, même s'il lui en veut parfois. Cette femme va lui enseigner certaines choses que d'autres, plus douces, plus passives ou plus dociles n'auraient pas pu lui apprendre. Les hommes qui se marient plusieurs fois ont quelque chose à découvrir à travers chacun de ces mariages, qu'ils ne découvriraient pas autrement. Un programme de correction d'âme très lourd requiert en effet de s'associer à des personnalités très différentes, qui vont rectifier chaque aspect de ce programme.

L'histoire de Thierry et de Natacha

Thierry a rencontré Natacha alors qu'il faisait un voyage d'affaires en URSS. Elle avait été invitée à leur dîner en tant que peintre connu, et ils éprouvèrent une passion immédiate et dévorante l'un pour l'autre. Natacha rejoignit Thierry dans sa chambre d'hôtel. Une semaine d'étreintes, entrecoupées de séparations. Puis Thierry rentre à Paris, retrouve femme, enfant, et ne peut se délivrer de son obsession : Natacha. Il décide de la faire venir à Paris. Un ami au ministère des Affaires étrangères facilite les choses. Un an est passé et Natacha arrive à Paris. Thierry décide de parler à sa femme de cette rencontre et de l'importance que Natacha a pour lui. Sa femme réagit mal. Elle refuse le divorce et le menace de séquestrer leur fille de six ans. Elle fait des crises d'une violence terrible, où elle manque d'étouffer. Elle le menace de tuer leur enfant et de se suicider ensuite. Thierry accepte de différer leur séparation. Il voit Natacha en cachette, dans le studio qu'il a loué pour elle. Il lui donne de l'argent, pour se racheter de ne la voir qu'en coup de vent, de la laisser des dimanches entiers seule dans cette ville étrangère, où elle ne connaît personne. Parfois, elle pleure et le supplie de la laisser retourner dans son pays, près des siens. Lui l'implore de patienter quelques mois, le temps que sa femme s'habitue à la situation. Des mois passent. Thierry vit toujours déchiré entre sa femme, leur fille et Natacha. Un matin, après qu'il s'est absenté plusieurs jours de suite avec sa femme, pour s'occuper de leur fille, qui présente des troubles psychologiques graves, Thierry revient au studio de Natacha et le trouve déserté. Elle a disparu, avec ses maigres bagages et tous leurs projets. Il lui semble qu'il va mourir de chagrin. Il délaisse ses affaires, sombre dans une dépression profonde. Natacha ne donne pas signe de vie. Se peut-il, se demande Thierry, qu'elle ait renoncé à cet amour fou qui nous lie ? Il ne le croit pas. Une voix intérieure lui dit qu'elle l'attend, quelque part, qu'il a

L'amour prédestiné

sa chance. Cela lui donne la force de reparler de divorce, avec sa femme. Laquelle ne veut pas plus qu'avant se rendre à ses arguments. Grâce à une amie de Natacha, il la retrouve serveuse dans un bistrot du midi de la France. Il la rejoint aussitôt et la supplie de revenir à Paris. "Ce n'est plus qu'une affaire de semaines", lui dit-il. Natacha revient avec Thierry à Paris. Et reprend la même vie d'attente, pour quelques instants d'étreinte. Des mois, à nouveau, passent. Natacha s'est inscrite à des cours de français, de théologie et d'histoire. Elle reprend goût à la peinture et rencontre plusieurs personnes avec lesquelles elle se lie d'amitié. On l'expose. Ses oeuvres se vendent. Thierry ne se libère toujours pas de ses chaînes matrimoniales. Un jour, une Russe, proche de la famille de Natacha, vient la voir. "L'homme que vous aimez en ce moment n'est pas libre. – Vous le connaissez ? s'enquiert Natacha, surprise. – Non. Mais je suis voyante. Il faut vous éloigner de lui. Très vite. Vous allez rencontrer quelqu'un d'autre, bientôt, et vous serez très heureuse." Après avoir délivré son message, elle se lève et s'en va laissant Natacha perplexe. Le soir même, lorsque Thierry l'appelle au téléphone, elle se sent différente, plus distante. Les jours suivants, elle s'absente à l'heure où elle sait qu'il vient. Elle ne répond plus à ses appels. Il laisse des messages déchirants, sur son répondeur, auxquels elle ne répond pas. Il lui semble avoir retrouvé l'amour de sa grand'mère, morte deux ans auparavant. Elle progresse dans son art. Elle a plusieurs chevaliers servants qui la sortent et l'un deux l'entraîne chez un hypnothérapeute. En méditation, elle se voit habillée de blanc, aux côtés d'un homme qui la conduit vers le bûcher. Elle a peur, elle se tourne vers lui, qui est dur, tendu vers l'accomplissement de son destin. Elle cherche un secours autour d'elle. Plusieurs personnes les suivent et vont périr comme eux sur le bûcher. Elle sent que l'homme à ses côtés est son mari, et pourtant ils n'ont pas d'intimité. C'est un mariage blanc. Ils vont être brûlés sans avoir pu se donner de la tendresse, se caresser, dormir l'un près de l'autre. C'est la seule chose qui l'obsède, alors qu'elle va mourir. Elle se voit monter devant lui, Michel, sur cet assemblage de bois en flammes, Michel regarde au-dessus d'elle, sa présence ne l'aide pas, il a ce visage trop fermé qu'il a toujours eu, cette expression d'homme qui préfère l'héroïsme à la vie, elle ressent une douleur insupportable aux pieds, ses poumons brûlent, elle étouffe, appelle : Michel, Michel! Mais il s'est détourné.

Lorsqu'elle sort de sa méditation, elle se rend compte que Michel est devenu Thierry dans cette vie. Il a montré tant de rigidité à l'égard de sa femme, dans sa vie antérieure qu'il ne pourra pas rompre avec celle d'aujourd'hui, même si c'est Natacha, la femme de sa vie.

Plus tard, elle a trouvé un ouvrage sur les Cathares – secte hérétique qui s'est formée dans le sud de la France vers la fin du XIème siècle, et dont certains membres, persécutés par l'Eglise, ont préféré brûler vifs plutôt que d'abjurer leurs croyances – et elle a éprouvé une étrange familiarité avec tout ce qui y était relaté.

Natacha a compris qu'elle avait cherché à revivre, dans sa vie présente, le lien de la chair qui lui avait manqué avec Michel, dans leurs noces d'alors. Mais elle ne pouvait l'épouser à nouveau : une appréhension subsistait en elle, héritée de son incarnation en pays albigeois, la peur qu'il l'entraîne à la mort. Peur que Michel devait ressentir – inconsciemment – à l'égard de sa femme actuelle. Dès ce moment, Natacha s'apercevant qu'ils avaient évolué dans des directions différentes put se détacher de Thierry. Elle rencontra quelque temps plus tard un homme qu'elle épousa et ne revit plus Thierry.

L'histoire d'Estelle et Albin

Albin avait choisi pour profession d'être oisif. Né dans

une famille d'intellectuels bourgeois, il avait connu l'aisance matérielle, puis il avait suivi des études brillantes, avait obtenu quelques diplômes qui le plaçaient parmi l'élite culturelle ; il avait épousé Lisbeth, l'une des filles les plus fortunées de sa région, et il était devenu haut fonctionnaire dans l'administration. Cela lui valait une certaine reconnaissance sociale. L'héritage de sa femme lui permettait de vivre sans rien faire. Il cultivait les dîners mondains, les chasses à courre et les sports d'hiver dans les lieux les plus fréquentés par les stars. Il avait des maîtresses, plus pour tromper son ennui que par goût réel des aventures, et les années passèrent. Il avait près de cinquante ans lorsqu'il rencontra Estelle, qui en avait 26. Estelle avait eu une enfance modeste entre un père chauffeur de poids lourd et militant communiste, et une mère institutrice et socialiste. Sa passion pour son père, depuis qu'elle était enfant, lui avait fait suivre ses traces. Après avoir vendu des journaux communistes sur les marchés, tenu des meetings, organisé des fêtes foraines dans son village, elle était "montée" à la ville, avec son fiancé, qui devait prendre des fonctions de photograveur dans une imprimerie. Ils n'étaient pas installés depuis trois mois dans leur nouveau logis qu'elle fit la connaissance, dans l'entreprise de menuiserie où elle travaillait, d'un ami de son père. Il l'invita, avec son fiancé Sami, qui ne put se libérer, à une soirée. Albin s'y trouvait. Ebloui par Estelle, il l'entreprit sur le ton du badinage. Elle lui répondit avec justesse, humour. Quelques jours après leur rencontre, il l'appela au téléphone, tomba sur Sami, qui lui passa Estelle lorsqu'il eut donné son (faux) nom. "J'ai quelque chose de très important à vous dire, demain, à 7 heures, au Drugstore des Champs Elysées", lui dit-il. Elle y alla. Il lui dit qu'il était marié, qu'il ne divorcerait jamais. Qu'il ne savait pas ce qui lui était arrivé, mais depuis qu'il l'avait vue, il ne pouvait l'oublier un seul instant. Estelle ne dit rien, ne fit rien et rentra chez elle, troublée. Une voyante lui avait dit, quand elle avait dix-huit ans, qu'elle rencontrerait un homme plus âgé qu'elle. Cela ne l'avait pas intéressée, à l'époque. Aujourd'hui, elle regrettait de ne pas lui en avoir demandé plus. Elle prit rendez-vous avec un cartomancien, qui lui dit qu'elle allait se marier avec cet homme, bien qu'il fût marié, et qu'elle aurait deux enfants de lui. Lorsqu'Alban la rappela, quelques jours après, il lui dit qu'il errait depuis 30 ans dans des couloirs et des bureaux, à ne rien faire de ce qui l'intéressait, et qu'il avait envie de réaliser quelque chose avec elle. Estelle lui répondit qu'elle avait un bac technique, quelques rudiments d'anglais et de sténo, rien d'autre. Quelques jours plus tard, il la convoqua. Il lui déclara qu'il comptait se présenter aux municipales, comme maire à XX. et lui demanda si elle était prête à faire sa campagne.

Un an plus tard, Estelle vivait avec Alban. Deux ans passèrent, au cours desquels ils eurent un petit garçon. Alban gagna la mairie de XX, où il vit aujourd'hui, avec Estelle. Sa personnalité s'est complètement modifiée, du jour où il a vécu avec Estelle. Il déborde d'énergie. Ses journées se passent à s'occuper de ses administrés, à créer des organismes d'aide aux plus défavorisés, à visiter les malades, à prendre en charge les personnes âgées, à fournir des logements aux sans domicile fixe. Estelle le seconde dans toute l'organisation matérielle, et ni l'un ni l'autre n'ont un dimanche à eux. Mais Alban ne pense plus jamais à sa vie d'avant qu'il considère comme un pan de vie perdue, un temps qui n'a servi à rien.

Ce cas, comme les précédents, montre combien la prédestination n'est pas une invention d'auteurs excentriques et friands de romanesque. Alban semble s'être réveillé d'une longue torpeur en présence d'Estelle. Pourquoi deux êtres réellement faits l'un pour l'autre ne se sont-ils pas rencontrés plus tôt ? Sans doute fallait-il qu'Alban, être d'extrêmes, aille jusqu'au bout de sa vie d'oisif glorieux avant de devenir l'homme de coeur et d'action qu'il est aujourd'hui. Jamais les hasards ne sont de vrais hasards. Si le destin tarde à frapper à notre porte, c'est parce que nous avons quelque chose à apprendre en l'attendant.

La jeune mariée atlante

L'histoire rapportée par Patrick Drouot (*Des vies antérieures aux vies futures* cf. p. 255) d'une jeune femme qui a revécu son mariage à l'époque atlante est révélatrice d'héritages parfois plus inattendus. Dans cette existence – apparemment très heureuse – d'Atlante, la jeune femme communiquait avec son fiancé par la pensée. Leur union était spirituelle. Patrick Drouot la conduit jusqu'au moment qui précède leur mariage : "Nous aurons chacun un cristal assez grand, dit-elle (peut-être trente, quarante centimètres de haut), et nous allons nous brancher l'un et l'autre sur l'énergie de notre cristal. Nos deux cristaux vont alors émettre chacun un son et une couleur. Ensuite, il nous faudra faire fusionner ces deux énergies en une seule : un seul son, une seule couleur, et ce sera la nôtre, l'énergie de notre couple". La cérémonie du mariage a lieu, ensuite. Les deux époux sont seuls, dans une pièce, afin que nulle autre vibration n'intervienne dans leur union. Et leurs deux âmes fusionnent. "C'est une expérience magnifique", conclut la jeune femme.

Incommunicabilité mystique ou amoureuse

Ce type de régression peut expliquer la raison pour laquelle nombre de gens ont aujourd'hui l'impression de ne pouvoir communiquer, de ne pas parler la même langue, ou d'être déphasés par rapport à leurs proches. Certaines autres personnes ont eu une expérience mystique de communication avec un être divin (appelé ange, Christ ou Dieu) et l'amour qu'ils ont ressenti à ce moment-là n'était pas exprimable en mots. Ils parlaient d'un désir si bouleversant de se donner qu'ils ne pouvaient même pas le formuler de peur que l'on se moque d'eux. Quand ils voulaient le traduire, ils trouvaient les gestes, les images, les couleurs impuissants à le faire. "Une nappe de lumière... mon cœur se dilate...des vagues de blancheur...un infini qui éclate doucement dans mon corps".

Les âmes sœurs et les âmes jumelles

L'histoire d'amour vécue par Shirley Mc Laine et racontée par elle dans *L'amour-foudre* (Sand) est des plus émouvantes. Elle traduit la quête de vérité d'une personne qui ne parvient pas à se contenter du visible, des apparences, auxquels son entourage veut la réduire, afin qu'elle ne détériore pas son image publique. Elle commence à découvrir les réalités suprasensibles grâce à un médium qui capte lui-même une entité : Jean. Voici la réponse qui lui est faite à la question de savoir qui elle était :

"– D'après les Tables Akashiques (Tables ou registres, contenant dans l'éther toute la mémoire du monde, et auxquels auraient accès certains médiums), vous étiez incarnée avec une âme jumelle.

– Ah ? qu'est-ce que vous entendez exactement par âme jumelle ?

– Cette question appelle des explications plus complètes. /.../ Pour le moment, je me contenterai de vous expliquer ce que sont les âmes sœurs.

– Les âmes sœurs ? /.../

– Les âmes sœurs ont été créées l'une pour l'autre au commencement des temps, continua Jean. Au moment de l'Explosion Initiale /.../. Elles vibrent à des fréquences électromagnétiques rigoureusement semblables, car chacune d'elles est l'exacte réplique de l'autre. On rencontre couramment des âmes jumelles, qui ont fait l'expérience de plusieurs vies communes sous une forme ou sous une autre. Tandis que les âmes sœurs, elles, ont été créées à l'aube des temps, par couples indissociables : elles s'appartiennent l'une l'autre."

Shirley Mc Laine l'interroge alors sur lui, et elle découvre qu'il est un de ses guides spirituels. Puis, il lui parle de l'homme pour lequel elle a eu un coup de foudre : Gerry.

– Nous avons isolé votre vibration au cours d'une de vos existences. Vous viviez aux côtés d'une entité avec laquelle vous êtes toujours en relation, à l'heure actuelle.

– Gerry ? m'écriai-je /.../.

– Comme tel. Nous avons également isolé sa vibration, ce qui nous a permis de découvrir que vous avez été mari et femme au cours d'une de vos vies antérieures.

– /.../ Nous nous entendions bien, à l'époque ?

– A l'époque, Gerry se passionnait pour son travail autant qu'aujourd'hui. Et cette passion s'est exercée au détriment de votre union /.../.

– Est-ce que nous étions des âmes jumelles ?

– Non. Vous étiez et vous êtes toujours l'âme jumelle de l'entité que vous nommez David (David est l'un de ses plus proches amis). /.../ Vous avez connu plusieurs vies avec l'entité David, en cette période du commencement des temps, et beaucoup d'autres plus tard.

Etait-ce la raison pour laquelle je me sentais si bien en présence de David ?" se demande-t-elle. Leur dialogue porte ensuite sur les raisons pour lesquelles la majorité des gens se ferment à l'idée de réincarnation. Ils n'aiment pas l'idée d'être responsables de ce qui leur arrive. Lorsqu'elle se retrouve seule, Shirley Mc Laine repense à l'homme dont elle s'est éprise. "Avais-je déjà vécu quelque part avec Gerry et avec David, cinq mille ans plus tôt ? Si je me mettais à y croire, je ne pourrais bientôt plus vivre dans ce monde comme avant. Toutes mes perceptions allaient s'en trouver changées".

En fait, Gerry renouvelle dans cette existence ses erreurs du passé. Etant homme politique et convoitant une fonction importante, il délaisse Shirley Mc Laine, de sorte que leur histoire d'amour finit par se briser.

Dans le deuxième livre qu'elle consacre à sa recherche spirituelle, *Danser dans la lumière*, elle évoque sa relation amoureuse avec un réalisateur russe, Vassy. Ensemble, ils sont allés voir Kevin, le médium qui a capté l'esprit de Mc Pherson, dans l'au-delà. Ils lui demandent s'ils se sont connus "par hasard" ou si cela "fait partie d'un plan".

"– /.../ votre rencontre a été partiellement préparée/.../, lui répond-on. Vous avez eu tous les deux une incarnation en Grèce, autrefois. Vous faisiez tous deux des études pour être oracles. Vous aviez l'un et l'autre développé des facultés de voyance, avec en plus des talents pour l'art dramatique. /.../ Vous avez alors commencé à étudier et pratiquer une forme d'art théâtral ésotérique au cours duquel vous vous projetiez littéralement dans un état modifié de conscience. /.../ Au cours de cette vie-là, vous étiez deux amis très proches, et durant toute cette période, vous l'êtes demeuré. Néanmoins, vos sexes étaient inversés /.../ ce qui reflète la lutte de vos personnalités actuellement. /.../ Non, votre rencontre n'a pas été fortuite, elle a bien été programmée.

– Qui l'a programmée ? demandai-je alors.

– Vous-mêmes, en tant qu'âmes, avant cette incarnation. Nous planifions tous nos vies, avant de nous incarner, afin de pouvoir résoudre certains conflits /.../ Comprenez bien que vous avez vécu de nombreuses incarnations en commun /.../ je n'ai mentionné que l'une d'entre elles.

/.../ – Que devons-nous faire ensemble maintenant ?

— /.../ Vous pourriez patronner certaines formes d'art, à tendance spirituelle ou métaphysique. /.../ Par exemple, la forme artistique de *2001, Odyssée de l'espace* propose une expression magnifique de la puissance métaphysique. /.../

– Qu'est-ce que cela a à voir avec nous ? demanda Vassy.

L'amour prédestiné

– Vous êtes prêts, maintenant, à entreprendre de tels projets, dit Mc Pherson".

Malheureusement, Vassy ne supporte que les femmes esclaves et intervient de plus en plus dans les décisions de Shirley Mc Laine qui tient à sa liberté plus que tout. Ils se querellent de plus en plus souvent, jusqu'au moment où la rupture devient inévitable. C'est alors qu'elle entreprend de rechercher par elle-même ses vies antérieures. Elle découvre que dans nombre d'incarnations, Vassy a joué le rôle d'un initiateur pour elle, et qu'ils ont été en conflit sur la notion de Bien et de Mal, comme aujourd'hui. Cette épreuve la conduit à reconnaître la Vérité derrière les apparences de l'épreuve. Ses expériences successives démontrent en tout cas l'aptitude de l'actrice à développer peu à peu son royaume intérieur, par une attitude d'ouverture et de quête incessante.

Ezra et Marion

Ezra vint voir Edgar Cayce la première fois pour un psoriasis qui s'était installé après une blessure du dos. Trente-cinq ans, marié, père d'une jeune famille, il s'était laissé séduire par Marion, célibataire, qui avait quelques années de plus que lui. Marion était dotée d'un certain goût pour le paranormal et d'un petit don de clairvoyance qu'elle éparpillait à tous vents dans des séances d'écriture automatique, et de Ouija (sorte de jeu destiné à appeler les esprits désincarnés pour leur poser des questions). Sa nature agitée, égoïste, lui faisait ignorer les sentiments d'autrui. Lorsqu'elle fit la connaissance d'Ezra, elle développa une véritable obsession sexuelle à laquelle il répondit. En se concentrant sur sa faiblesse, elle eut tôt fait de lui brouiller les idées, en se servant du Ouija pour lui assurer qu'ils étaient des âmes soeurs, qu'ils s'appartenaient l'un à l'autre et qu'il devait divorcer d'urgence. Bien que Cayce les ait avertis tous deux des dangers qu'ils couraient, Ezra divorça et déserta sa famille. Et à l'instant même où Marion et lui s'épousèrent, la malchance s'abattit sur lui. Non seulement ses moyens d'existence s'effritèrent à la suite d'une série de désastres, mais sa santé initialement précaire empira jusqu'à le conduire à la mort en peu de temps. Cette tragédie était la réactualisation d'une relation désagréable qui avait commencé à Salem près de trois siècles auparavant. Ce couple était déjà mari et femme mais le mari, Jacob Bennet, avait persécuté les femmes accusées de sorcellerie avec un zèle maladif, ne faisant pas exception pour sa femme, lorsqu'on découvrit qu'elle faisait partie des victimes. Elle fut donc soumise aux bains forcés (punition que l'on pratiquait, à l'époque) par son propre mari.

Ils étaient revenus tous deux dans cette vie avec de nombreuses potentialités positives. Marion aurait pu utiliser ses dons de façon constructive, en les associant à la psychanalyse ou à la psychiatrie. Le remords qu'éprouvait Ezra pour son intolérance au temps de Salem aurait pu être dirigé vers une tâche sociale et religieuse dans sa vie présente. Mais Marion ne pouvait pas pardonner les offenses qu'il lui avait fait subir et lui se soumit passivement à sa destruction. Dans ce climat d'aridité affective, la Loi de Grâce ne pouvait pas exister. Ils furent donc à la merci de la loi karmique de cause à effet.

Voilà un exemple précis où des retrouvailles karmiques doivent être traitées avec prudence. Ils ont succombé l'un et l'autre à leur passé, alors qu'Edgar Cayce avait vu en "lecture" hypnotique le danger qui les menaçait. Mais ils ne surent se servir de ses conseils avisés.

Le roman d'amour de B. J. et de Gloria

La première fois qu'elle entendit la voix de B. J. , Gloria avait quinze ans et une de ses chansons passait à la radio. Trois ans plus tard, elle sortait de l'hôpital, après un acci-

L'amour prédestiné

dent, et se trouvait sans argent, ni famille. Juste une camarade de lycée, Kimberly, qui l'accueillit chez elle et des amis qui la soutenaient moralement. Ses premiers bandages venaient d'être retirés, son visage était encore tout tuméfié par les séquelles de l'accident lorsque Kim l'entraîna dans une discothèque. Là, en lettres noires énormes était inscrit le nom de BJ Thomas, qui se produisait dans cette salle, ce soir-là. Elle se rappela avec une soudaine émotion sa première réaction lorsqu'elle avait entendu sa voix à la radio. On l'a compris, BJ était chanteur. Elle crut qu'il chantait pour elle, alors qu'elle se trouvait dans le noir. "C'est absurde", pensa-t-elle. Une semaine plus tard, alors qu'elle retournait avec son amie au même endroit (où BJ était remplacé par un autre chanteur) elle entendit un homme lui dire : "Qu'est-ce que vous faites ici ?" Elle le reconnut aussitôt. C'était BJ.

– Je croyais que vous ne vous produisiez pas sur scène ? dit-elle.

– En effet, je suis avec des amis. J'ai cru que vous étiez ma soeur.

– Je lui ressemble ?

– Pas tant que ça, mais vous me paraissez si proche.

Le couple se retrouva ensuite dans une soirée donnée par des amis communs, et BJ l'agressa par ces mots : "Deux types différents m'ont dit qu'ils étaient venus ici avec vous. Lorsque vous saurez où vous en êtes, venez me le dire". Gloria lui répondit : "Je ne peux empêcher les gens de raconter ce qu'ils veulent. Moi, je suis venue seule et je repartirai seule". Et elle quitta la fête. Une heure et demie plus tard, il cognait à la porte de son appartement : "C'est le temps que ça m'a pris de te retrouver", lui dit-il. Cela se passait en novembre 1967. Le 9 décembre 1968, BJ et Gloria se mariaient à Las Vegas. Au même moment, l'une des chansons de BJ atteignait son deuxième million de diques vendus. Treize mois plus tard, leur fille Paige était née. Une deuxième chanson commençait à battre les records de la première et avec l'argent, BJ prit goût à la drogue. Après ses représentations, il disparaissait. Leur vie sentimentale commença à s'étioler, entre ses absences et leurs retrouvailles tourmentées. Gloria obtint qu'il aille voir un psychiatre, et cela ne changea rien. Paige et Gloria pleuraient. Finalement, Gloria empaqueta quelques affaires pour elle et sa fille et alla s'installer à Fort Worth. Huit mois passèrent. BJ revint en pleurant. Ils vendirent leur maison du Connecticut et en achetèrent une à Nashville. Mais les problèmes de fond n'avaient pas été résolus. En 1975, malgré le succès croissant des albums de BJ, Gloria sombra dans une dépression nerveuse. A nouveau, elle abandonna Nashville et loua un logement à Fort Worth. Son état continua d'empirer jusqu'au jour où elle se retrouva à l'hôpital, incapable de se rappeler quand et comment elle avait perdu connaissance. Heureusement, une femme s'occupait de son enfant et, avec l'aide de quelques amis chrétiens revivifiés par la Parole, elle reprit goût à la vie. Elle s'inquiétait pour BJ dès qu'il espaçait ses appels. L'église entière priait pour leur couple, cependant. Et en 1976, il arriva à Fort Worth. Leur réconciliation sembla définitive, d'autant plus qu'il semblait, lui aussi, avoir été touché par la grâce de Gloria. Il composa de nouveaux albums sous l'effet d'un nouvelle inspiration, puis souffrit des critiques acerbes que les chrétiens "revivifiés par le Christ" lui envoyèrent. Ils lui reprochaient de ne pas faire ses concerts gratuitement, de chanter des chansons profanes, de faire des couvertures de pochettes sans y projeter de l'amour, etc. Il dut ensuite se battre contre ses promoteurs – tous des "nouveaux chrétiens" qui cherchaient à l'exploiter en le moralisant au nom du Christ –. Il résista jusqu'au jour où Gloria et lui prirent conscience du fait qu'il leur suffisait de croire, à leur façon, qu'ils allaient se tourner vers Dieu et de délaisser ceux qui voulaient les enrégimenter. Ils adoptèrent une petite Coréenne, Nora, et le 4 juin 1979 Gloria donna naissance à un petit garçon. Ils firent face à des ennuis fiscaux, dûs à une gestion déplorable des revenus de BJ, et redressèrent peu à peu la situation, à travers crises et réconciliations. BJ obtint deux prix en 1976 et en 1983. Gloria se mit à composer des chansons qui furent enregistrées par son mari et d'autres artistes. Ils accroissaient, au fil des ans, leur compréhension de la vie et leur foi. (A vingt ans, BJ avait étudié les écrits d'Edgar Cayce et de Yogananda.) Ils se familiarisèrent avec la loi de cause à effet, et le "karma" leur parut une base solide pour établir une philosophie d'après des réalités concrètes. En 1984, ils rencontrèrent Stutphen et entreprirent une série de régressions avec lui. BJ se vit en Suisse, petit garçon, en 1742, marchant aux côtés de sa grand-mère jusqu'à leur maison. Il découvrit que sa grand-mère était Gloria. Elle-même le retrouva dans cette vie-là : "Je le cajolais, je l'aimais, je m'occupais de lui avec une tendresse infinie", dit-elle, en régression. Plus tard dans cette vie-là, il se vit comme un agent de banque, qui s'inquiétait beaucoup à propos de l'argent. "J'ai mal géré l'argent", observa-t-il avec tristesse. Ensuite il se vit allongé par terre avec un fusil dans les mains. Il fit aussitôt le rapprochement avec ses problèmes financiers d'aujourd'hui, qui étaient un résultat direct de sa mauvaise gestion dans son incarnation de 1742. Ensuite, il se retrouva en France, sous les traits d'un jeune homme aux longs cheveux, habillé de superbes vêtements. Il s'appelait Cerril et sa femme Antoinette (c'était encore Gloria). Il eut une vie agréable mais frivole. Dans la troisième vie qu'il explora, BJ était un chanteur d'opéra dans les années 1800. "Malgré tout l'argent que je gagnais, je n'arrivais pas à m'aimer, j'étais terriblement gros." Sa leçon, dans cette vie-là fut d'apprendre à se donner lui-même. Quant à Gloria, elle retrouva BJ dans une incarnation antérieure où elle l'avait épousé mais elle redoutait la grossesse, et après qu'ils eurent eu leur premier enfant, elle refusa tout rapport sexuel avec lui. Ensuite, elle se trouva dans une vie en Grèce antique. Elle le servit, l'honora, le vénéra et lui donna quatorze enfants. Le médium de Gloria retrouva encore une vie où BJ et elle avaient été liés. Elle était une splendide Égyptienne d'une condition supérieure à la sienne, lui était un artiste dans un palais, ils étaient amants mais elle jouait avec la vie des gens. Les blessures au visage que Gloria avait eues de son accident venaient de cette incarnation où elle avait trop joué de sa beauté.

Tout au long de leurs vies successives, ils apprirent à se connaître et à harmoniser leurs vibrations. Ils se sont arrangés dans cette vie-ci pour ne jamais s'échapper l'un à l'autre et encore moins s'échapper à eux-mêmes. Et ainsi, ils ont progressé au point d'avoir atteint, aujourd'hui, une véritable sagesse. "La sagesse efface le *karma*", conclut Dick Stutphen, qui relate ce cas dans *Pre-destined love*.

Le rapport parental

Parmi les amours se trouvent celui qui détermine la plupart du temps toute une existence : l'amour des parents.

Et il arrive que cet amour soit contrarié. Bien souvent, les personnes adultes que l'on rencontre disent : "Si mon père n'avait pas agi ainsi, si ma mère ne s'était pas comportée avec moi comme elle l'a fait", et nous sommes tous plus ou moins convaincus qu'avec des parents différents, nous eussions fait d'autres études, nous nous serions affirmés dans l'art ou l'économie, nous eussions été en bonne santé, etc.

Nous avons tous connu des enfants maltraités, des orphelins, des êtres livrés à eux-mêmes qui suscitent notre compassion et notre désir de leur venir en aide. Or, dans la perspective des vies successives, il semble avéré que nous sommes attirés par nos parents, pour leur nature vibratoire, pour le type d'événements ou de connaissances qu'ils vont nous permettre d'expérimenter, pour des raisons de "dette karmique", ou pour comprendre la relation d'autorité qu'ils exercent sur nous. D'après Rudolf Steiner, nous tombons "amoureux" de nos parents bien avant de venir au monde (sept ans), et notre âme les prépare, les conditionne à nous recevoir. Si nous sommes nés dans une famille où notre père n'a pas voulu nous reconnaître, il y a de fortes probabilités pour que nous l'ayons su avant de nous incarner auprès de lui et que nous ayons recherché cette condition à des fins d'accroissement personnel. Par exemple, pour développer notre identité, renforcer notre sentiment d'appartenance à l'Autre Père (Dieu) ou apprendre l'indépendance. De même, les enfants qui subissent la tyrannie de l'un de leurs parents ont pu le choisir afin de comprendre ce qu'eux-mêmes ont fait subir, en d'autres existences, à leur enfant (qui peut être devenu leur mère, aujourd'hui). Toutes sortes de combinaisons sont possibles et nous seuls pouvons en dénouer les fils. Il est donc très fructueux de chercher en quelles circonstances et pourquoi nous avons élu cette famille, qui nous brime ou nous traite en sauveur de l'humanité. Pourquoi nous avons à subir telle manifestation d'écrasant despotisme : afin de nous libérer nous-même de cette tendance et par là, ne plus avoir à la redouter de notre parent (ou conjoint) dominateur.

Pour le docteur Philip Berg, dans un mariage, les nécessités spirituelles priment sur toutes les autres considérations, "car c'est ce qui sanctifie l'union de l'homme et de la femme, et viendra les assurer que leurs enfants posséderont pureté et santé." En reprenant le Zohar, Philip Berg ajoute que les pensées mêmes du couple au moment où il s'unit sexuellement vont déterminer "la qualité d'âme qui va occuper le corps du bébé né de cette union". Il est essentiel, aussi, qu'un enfant puisse grandir au milieu de ses deux parents, car jusqu'à la puberté, sa santé, son évolution intellectuelle, ses progrès psychiques et moraux s'alimentent de l'énergie des deux parents. Si l'un des deux est absent, il n'est nourri que par une seule énergie (féminine ou masculine) et cela introduit un déséquilibre énergétique qu'il aura beaucoup de mal à rétablir par la suite. Si c'est un garçon qui a vécu avec sa mère, il manquera d'énergie mâle. Si c'est une fille qui reste seule avec son père, elle manquera d'énergie réceptive, elle ne pourra pas intégrer sa féminité.

A sa question sur les attirances entre parents et enfants lors de la réincarnation : "Pourquoi des parents bons et vertueux donnent-ils naissance à des enfants d'une nature perverse ? /.../ Pourquoi les bonnes qualités des parents n'attirent-elles pas toujours, par sympathie, un bon Esprit pour animer leur enfant ? Allan Kardec obtint la réponse suivante : "Un mauvais Esprit peut demander de bons parents dans l'espérance que leurs conseils le dirigeront dans une voie meilleure et, souvent, Dieu le leur confie" (*Le livre des esprits*).

Le jeu d'Edwige et d'Eliane

J'ai vu comment oeuvrait cette étrange attirance entre une jeune femme (Eliane) et sa mère (Edwige). Eliane se lamentait et se répandait en récriminations contre sa mère, qui intervenait dans ses relations avec les hommes, la critiquait pour ses grosses fesses et ses "vêtements de polichinelle", lui imposait des visites interminables à tel ou tel membre de leur famille, et avait cessé de la considérer comme sa fille losqu'elle était partie vivre un an en Nouvelle-Calédonie (pour y rejoindre un ingénieur dont elle était amoureuse). Eliane songea à entreprendre une psychothérapie lorsque Edwige se mêla de briser son couple par des critiques incessantes et des neuvaines de prières. La psychothérapie lui ayant apporté des moyens de s'adapter à la situation, elle eut envie d'en connaître les causes et

L'amour prédestiné

chercha la réponse dans l'astrologie. Je comparai les deux thèmes de naissance et vis qu'elles étaient liées par de nombreux courants karmiques entrecroisés. Pour en savoir plus, Eliane fit plusieurs séances de régression pour découvrir que sa mère avait été homme dans une vie antérieure, vivant, comme elle, dans un lieu proche du désert, qu'elle l'avait traquée pour la surprendre dans ses pratiques religieuses, voulant obtenir d'elle qu'elle se convertisse – et utilisant les armes pour la convaincre –. La découverte de cette seule vie passée lui permit de s'affranchir du joug de sa mère, et leur relation, maintenant purifiée de cette rancœur latente, est celle de deux amies qui s'apprécient!

L'amour entre parents et enfants est si riche, si complexe et si délicat qu'il peut, par la suite, colorer toutes les relations amoureuses de l'enfant devenu adulte. Shirley Mc Laine y a consacré une grande partie de son livre (*Danser dans la lumière*) où elle relate ses séances en "expansion de conscience", au cours desquelles elle découvre combien sa relation avec ses parents est puissante, combien elle est reliée à eux (au point de sentir à distance leurs problèmes physiques), la nature de leur propre amour et pourquoi elle a choisi d'entrer dans cette famille, auprès de son frère, Warren Beaty. Elle retrouve plusieurs existences où elle et sa mère étaient liées (dont une où sa mère était un bandit et l'avait ravie à sa famille pour ensuite la laisser mourir sous le soleil du désert). Elle trouve aussi son père, dans une vie de paysan, dont la carriole a écrasé les pieds d'un enfant du village (Shirley) et il s'occupe ensuite toute sa vie de cet être handicapé. Sans doute est-ce la raison pour laquelle elle a développé un tel goût pour la danse, dans sa vie actuelle. Ses régressions lui apportent une révélation : que ses parents l'ont attirée, désirée, aimée, qu'ils avaient besoin d'elle pour progresser dans leur propre karma et s'ouvrir spirituellement. Aussi, pour la première fois s'autorise-t-elle à exprimer son amour, à leur manifester sa reconnaissance, à leur rendre hommage.

"Tu vois, dit Chris, si nous disions à nos enfants qu'ils nous ont choisis en tant que parents, l'enfant saurait très tôt prendre en main son destin. /.../ Un enfant lésé a choisi de connaître cette expérience. S'il ne résout pas le problème, il va continuer à porter le fardeau. Il est bloqué dans son rôle de victime, il l'utilise pour continuer à reproduire le schéma. S'il reconnaissait sa propre responsabilité, il débloquerait alors la situation et pourrait s'en libérer. Mais comment pourrait-il le faire si on ne lui donne pas la raison de sa venue ? (Shirley Mc Laine, *Danser dans la lumière*, Sand).

L'AMOUR ENVERS LES ANIMAUX

Nous sommes souvent convaincus que les animaux sont des "bêtes" que l'on peut maltraiter, pourchasser, essouffler dans des traques interminables, torturer à des fins pseudo-médicales, abandonner quand ils deviennent malades ou encombrants. Nous croyons qu'il est plus important de s'occuper des humains que des bêtes en détresse, et en cela, nous ignorons un principe essentiel de la vie : les animaux, comme nous, ont une âme. Et nous leur devons assistance et secours, amitié et sacrifice autant qu'à nos frères humains. Les animaux souffrent par la faute des humains. /.../ Vous êtes au courant de la mort des phoques. Ce phénomène n'est pas seulement dû au virus de l'herpès. Environ trois mille sept cents phoques sont menacés de disparition sur la côte du Schleswig-Holstein. Les animaux sont atteints d'une forme d'herpès qui provoque une sorte de pneumonie. La principale cause en est la pollution marine. Ici, nous essayons de vous aider.

L'amour prédestiné

N'oubliez pas que la vie d'un animal est aussi aux yeux de notre monde une vie qu'il faut protéger. Si certains hommes sur votre terre pensent que nous nous préoccupons trop du sort des bêtes, rappelez-leur que dans nos sphères, une vie a autant de valeur qu'une autre."

De plus, les animaux n'ont pas toujours été traités comme ils le sont aujourd'hui. Et au temps où ils n'étaient pas massacrés pour leur peau, leur ivoire ou leur graisse anti-rides, ils rendaient de bien plus fiers services à l'homme qu'ils ne le font aujourd'hui, où nous les réduisons à l'impuissance. Shirley Mc Laine découvrit dans l'une de ses vies lointaines la relation d'amour privilégiée qu'elle entretenait avec un groupe d'éléphants :

"La première image qui remonta à ma conscience était si inhabituelle que sa signification me troubla. Je me vis au milieu d'un troupeau d'éléphants, dans une jungle broussailleuse du sous continent indien. /.../ Il y avait des milliers d'années. /.../ Je vivais avec les éléphants et je compris sur le champ que j'étais en mesure de communiquer avec eux par télépathie. Je connaissais si bien leurs habitudes et leurs sentiments qu'ils m'obéissaient instantanément. /.../ Les éléphants et moi jouions une sorte de jeu tout en traversant la jungle dense pour atteindre les collines douces et dégagées : sur mon ordre, ils me passaient d'une trompe à l'autre ce qui /.../ me ravissait. Parfois, l'un d'entre eux me déposait sur la branche d'un arbre et j'y restais jusqu'à ce qu'un autre éléphant me tire de cette posture. De temps en temps, ils me roulaient doucement dans la boue molle avant de me jeter dans une nappe d'eau claire où je pouvais me rafraîchir et me laver en compagnie des bébés éléphants. Je vivais sans la moindre inquiétude, en totale confiance parmi les éléphants, confiance qu'ils me rendaient d'ailleurs aussi complètement. /.../ Chaque fois que je voulais prendre

Réincarnation et renaissance intérieure

en main le jeu, il me suffisait d'en donner l'ordre télépathiquement et ils me répondaient. Ils se mettaient parfois à galoper en cercles larges rien que pour moi, barrissant leur joie de vivre. /.../ Je demandais à mon Soi supérieur illimité comment je me trouvais dans cette situation à la Rudyard Kipling. Il me dit que j'avais vécu dans un village proche avec mon père qui un jour avait été bon envers le chef du troupeau des éléphants. Mon père étant mort, le chef du troupeau avait senti que je courais un danger. /.../ Il m'avait donc emmenée loin du village au sein de son troupeau et m'avait confié à une femelle qui s'était occupée de moi. Bien qu'étant une enfant fragile, je m'étais toujours sentie à l'aise avec ces énormes créatures si douces. Le niveau de communication entre humains et animaux était plus élevé qu'il ne l'est aujourd'hui.

J'avais donc grandi avec les éléphants /.../. Mes relations avec le troupeau d'éléphants étaient célèbres dans le pays. On me connaissait sous le nom de la "princesse des éléphants." /.../ Tout en vivant et en jouant au milieu de ces géants, j'avais entrepris de comprendre et d'intégrer leurs sentiments. Je connaissais individuellement chacun d'entre eux et respectais leur hiérarchie dans le troupeau. J'assistais à la naissance des petits. Si l'un d'eux se blessait, je mettais à son service la science humaine la plus sophistiquée pour le ramener à la santé. /.../ Un événement survint au village/.../. Un ami que j'aimais beaucoup fut tué au cours d'une bagarre. Affreusement triste et choquée, je pleurai sans pouvoir m'arrêter, hurlant, même, comme peuvent le faire les enfants désespérés. Les éléphants restèrent médusés devant l'hystérie qui s'était emparée de moi. A travers les images de mon esprit, ils comprirent qui était le coupable et clamèrent leur colère,

L'amour prédestiné

> *entreprenant même de me venger. /.../ Je pris peur et alertai les femelles du troupeau, afin qu'elles arrêtent les mâles. /.../ Les males finirent par accepter non sans pénétrer dans le village et encercler la case de celui qui avait tué mon ami. Les barrissements qu'ils poussaient terrorisèrent l'homme en question. /.../ Un pacte fut alors établi entre les habitants du village et les éléphants : aucune violence ne devait être perpétrée, autrement le troupeau détruirait le village. /.../ Le niveau de conscience du maintien de la paix s'éleva dans le village /.../ Je devais apprendre, réapprendre plutôt, la nature au travers des animaux. Eux ne jugent jamais.*
>
> *Les humains ne devraient jamais oublier leur capacité à se mettre en relation avec l'esprit collectif des animaux. Leur énergie est essentielle pour la croissance future des humains. Une bonne raison préside à la présence des animaux sur terre, et notre manque de respect pour eux devient alarmant. /.../ Si nous voulions bien les écouter, les animaux pourraient nous apprendre tant de choses! /.../ S'ils sont muets, incapables de parler, c'est qu'ils communiquent à d'autres niveaux, nous aident à affiner notre perception de la Nature."*

Non contents de ne juger jamais, ils se réincarnent eux aussi, et cherchent à améliorer leurs conditions, au cours des incarnations successives. Dick Stutphen relate le cas d'un petit chat qui fut écrasé par une voiture alors qu'il venait d'être adopté par une femme qui le choyait comme un joyau. Quelques mois plus tard, une chatte du voisinage eut une portée de petits. Parmi eux, s'en trouvait un qui avait une curieuse déformartion sur le dos, à la naissance. Cette "marque" correspondait exactement à la fracture qu'avait eue le chaton écrasé par une voiture quelques mois plus tôt. Inutile de préciser que la femme éplorée le recueillit immédiatement.

Chapitre 8

*LA VISUALISATION CRÉATRICE
ET LA RENAISSANCE INTÉRIEURE*

L'une des techniques les plus régénératrices et les plus fortifiantes pour l'esprit humain assailli de doutes, submergé d'ennuis, enseveli sous les tâches éprouvantes, c'est la technique de visualisation créatrice. Créée et mise à l'épreuve par le couple de médecins Simonton (*Guérir envers et contre tout*) pour guérir de maladies graves leurs patients, elle est maintenant utilisée pour se reprogrammer par toutes sortes de gens de par le monde. Elle peut être appliquée à tout moment de la journée, elle ne demande aucun entraînement et s'adapte à toutes les situations. Vous pouvez la pratiquer dans les toilettes d'un aéroport si vous êtes pris d'une soudaine phobie de l'avion, ou dans les escaliers d'un immeuble, si la personne que vous allez voir vous donne le trac. Vous pouvez arrêter une agression dans le métro, perdre du poids en quelques semaines, soulager sinon guérir une personne qui vous est chère (ou vous-même). Vous pouvez, grâce à elle, trouver la solution à un problème insoluble, finir le rapport que vous devez rendre demain, sans stress et sans fatigue, être dirigé vers la personne, le lieu ou le travail idéal. Qu'est-ce que cette panacée ?

La visualisation utilise l'un des moteurs de toute la psyché humaine : l'imagination. Elle consiste à s'élever, par les facultés imaginatives et le concours de nos cinq sens, au-dessus des difficultés, obstacles, conflits que nous vivons, pour y substituer des images animées de ce dont nous rêvons. Ce n'est pas du rêve éveillé, puisque nous dirigeons notre imagination au point où nous voulons parvenir. Mais c'est aussi bienfaisant qu'un rêve heureux et si vous montrez un peu de persévérance, vous verrez vos "rêves" s'accomplir. Au début, cela paraît trop beau pour être vrai. La première fois que notre visualisation a produit des résultats, nous pensons que c'est un hasard, la deuxième fois, une coïncidence. Ne laissez pas vos doutes diminuer la portée de cet exercice. Choisissez un endroit où vous n'êtes pas dérangé. Prenez deux, trois ou quatre inspirations profondes. Imaginez une bulle de lumière blanche qui part de votre plexus solaire et grandit, grandit devant vous. Lorsque vous la jugez assez grande pour contenir l'image que vous désirez voir entrer dans votre vie – qu'il s'agisse de la guérison d'un être aimé, de la maison de vos rêves ou d'une âme sœur – formez avec le plus d'exactitude possible votre souhait. Donnez-lui des couleurs, un parfum. Si c'est une personne dont vous souhaitez la guérison, voyez son mal guéri (seul interdit : ne pas le faire si elle a refusé de guérir, car, en ce cas, vous manipuleriez sa volonté), et projetez-vous le plus longtemps possible dans l'image que vous avez formée. S'il y a du mouvement dans votre désir, s'il s'agit d'un voyage, par exemple, allez jusqu'au bout de votre voyage, en imaginant chaque étape, et votre émerveillement grandissant. Prenez tout votre temps pour décrire le moindre détail, et ne vous encombrez pas de vraisemblance (peu importe qu'il n'y ait pas de pins parasol en Alaska, l'essentiel est que vous forgiez une image de votre Alaska). Si votre image tremble, si elle n'est pas complètement remplie de couleurs, donnez-vous la peine de la parfaire. Puis, lorsque vous la tenez bien là sous vos yeux, protégez son secret : apposez-y un sceau, ou scotchez sur le haut de l'image, mentalement : CONFIDENTIEL. Tant qu'elle n'est pas réalisée, il vaut mieux la ranger quelque part, afin que d'autres ne la captent pas. (L'énergie que vous déployez dans la visualisation peut être télépathiquement captée par d'autres, ce qui, dans le cas d'un projet secret n'est pas souhaitable). Peu à peu va se créer une forme-pensée issue de votre

La visualisation créatrice

désir et cette forme-pensée va, à son tour, créer des ouvertures, vous brancher sur des informations, sur un réseau de connections que vous n'eussiez pas trouvées si vous ne les aviez pas cherchées, provoquées, désirées, animées.

Mais il faut s'être assuré que votre visualisation ne nuit à personne, ne retire rien à qui que ce soit. Il faut vous assurer que, non seulement vous ne faites aucun mal, mais que vous permettez à votre être de s'accomplir davantage. Par exemple, si vous recherchez l'âme sœur, ne commettez jamais l'erreur de visualiser quelqu'un en particulier (celui ou celle sur lequel vous avez jeté votre dévolu n'est peut-être pas du tout l'être qui vous est destiné : contentez-vous d'imaginer les caractéristiques morales et spirituelles de la personne de vos rêves, imaginez les lieux que vous aimeriez visiter en sa compagnie, la qualité de vos entretiens, les activités que vous aimeriez entreprendre avec lui/elle, mais ne mettez jamais un visage précis, car en ce cas, vous feriez de la manipulation, qui est très sévèrement corrigée par la "loi cosmique" ; vous pourriez en récolter de sévères déconvenues). Rappelez-vous : votre but, c'est d'atteindre un supplément d'être, mais jamais aux dépens d'autrui. L'Etre suprême, l'âme du Cosmos sont Tout-Puissants. Ils peuvent créer, à partir d'un désir, la réponse à ce désir. C'est pourquoi la visualisation doit être précise, se répéter, jour après jour, régulièrement, afin qu'elle imprime sa marque dans les sphères qui nous environnent. A aucun moment, ne permettez au doute de pénétrer dans votre bulle de lumière blanche. Et lorsque vous estimez que votre "rêve" est fini, fermez la bulle, rendez grâces au Créateur de l'Univers ou à la puissance Cosmique de vous avoir exaucé, levez-vous, et n'y pensez plus jusqu'au lendemain. Laissez les puissances bénéfiques de l'invisible agir en faveur de votre plan.

Si vous avez tout pour être heureux mais que vous êtes fatigué, et que vous ne pouvez prendre de vacances, n'hésitez pas : visualisez le sable blanc et doux sous vos pieds, la mer cristalline, les cocotiers, la brise légère. Prenez une planche à voile et naviguez sur l'eau, ou allongez-vous sur le sable et prenez les bienfaisants rayons du soleil. Si votre visualisation est réussie, vous devriez sortir de cette séance tout bronzé !

Un exemple de visualisation réussie : le "miracle" Hopi

Dans *Guérir de nos vies antérieures*, la thérapeute Chris Griscom raconte comment, en pleine séance de thérapie avec une patiente, elle reçut un message télépathique de ses guides de lumière : "Tu dois emmener les Hopis en Afrique pour faire venir la pluie". Les Hopis sont une tribu indienne. Depuis plus de quatre mille ans, ils amènent la pluie en plein désert d'Arizona pour cultiver leurs céréales. Chris Griscom ne les connaissait pas, et elle ne voyait pas comment elle allait pouvoir offrir le voyage jusqu'en Afrique à la tribu des Indiens hopis. Mais l'idée de pouvoir venir au secours de millions de gens qui mouraient de faim à cause de la sécheresse et de la désertification de leurs terres l'enthousiasma. Trois jours plus tard, un patient lui raconta qu'il avait été adopté par une femme de quatre-vingts ans, fille du dernier "chef du soleil" des Hopis. En tant que descendante dudit chef, elle participait aux cérémonies qui donnaient lieu à la culture du maïs bleu. Elle accompagnait avec sa tribu la maturation des grains. Chris Griscom raconta alors au fils adoptif de l'Indienne son projet en Afrique. Le hasard voulut qu'il rende visite à sa mère adoptive précisément au moment où ils commençaient leurs prières dans des petites cellules creusées dans la terre, pour faire venir la pluie. Les Hopis adhérèrent aussitôt à l'idée d'aider les Africains et bénirent leurs "plumes de prières" pour eux aussi. L'Indienne hopi fut ainsi chargée officiellement de faire le voyage jusqu'en Afrique pour y apporter la pluie. Il y eut de la part des

La visualisation créatrice

participants un début de préparation spirituelle par le jeûne, car les Hopis ont un proverbe qui dit : "Quand ton coeur est pur, tu peux appeler la pluie". Chris Griscom participa à toutes les cérémonies mais lorsqu'elle prit contact avec les organisations officielles, chargées d'apporter de l'aide humanitaire aux Africains, pour leur demander de participer au rassemblement des fonds du voyage, elles répondirent poliment qu'elles ne voyaient pas en quoi elles pouvaient lui être utile.

Chris Griscom médita quotidiennement, et s'imagina tous les jours qu'ils partaient en Afrique, elle, son bébé, l'Indienne hopi, et Larry (le patient initié). La cousine de Larry entendit parler du projet et offrit alors l'argent nécessaire au voyage. Ils allèrent en Somalie, où ils trouvèrent aussitôt de l'aide. Ils se retrouvèrent dans un petit village isolé, écrasé de soleil. L'Indienne et son fils adoptif revêtirent les vêtements traditionnels des guérisseurs hopis. Ils continuèrent à jeûner, même après leur arrivée en Afrique (excepté l'auteur Chris, qui allaitait son bébé, mais ne se nourrissait que de légumes et de farine de maïs bleu, très nutritive). Ils jeûnèrent pendant presque trois semaines avant le rituel de pluie. La veille de la cérémonie, l'Indienne fit tout un rituel magique, puis elle passa la nuit à prier, toute droite, pour avoir "le coeur pur" et faire venir la pluie. Ensuite, le matin venu, après qu'ils se furent longtemps entretenus avec les chefs des villages sur leurs intentions, l'Indienne fit des incantations et des gestes du rituel Hopi et leva son éventail vers le ciel. Le ciel qui était bleu depuis leur arrivée, et qui devait l'être depuis longtemps, commença à se couvrir de nuages. Et les premières gouttes de pluie tombèrent. Elle montra aux chefs africains comment planter les grains de maïs. Et des trombes d'eau s'abattirent sur la région. Comme il fallait retourner trois jours de suite au même endroit pour continuer les prières (selon le rituel Hopi) ils eurent toutes les peines du monde à y parvenir, leur voiture s'étant embourbée! Finalement, le troisième jour, à leur grande surprise, ils virent de petites pousses de maïs déjà sorties de terre.

"Aucun élément rationnel ne peut expliquer comment un grain de maïs planté aussi profondément arrive à germer et à pousser en trois jours. Ce "miracle" s'était produit pour démontrer que des hommes, dotés d'une énergie particulière, peuvent faire tomber la pluie, qu'ils ne doivent pas avoir faim", conclut l'auteur.

Si l'on doutait encore du pouvoir de la visualisation créatrice...

Conclusion

> *"Je vous enseigne : la grande question*
> *– la mort – n'est que vibration.*
> *Entre la naissance*
> *et la mort un écran fausse votre vue.*
> *'"Dialogues avec l'ange")*

La mort n'est qu'une vibration

Ceux qui viennent de perdre un être aimé, devant le silence de sa mort, devant le néant de leur solitude, sont assaillis de doutes. On leur a dit qu'un autre monde existait, tout près du leur, et ils n'entendent que leur détresse. On leur a assuré qu'il sentiraient la présence de l'âme aimée dès qu'ils en éprouveraient l'intense désir, et ils ne sentent que leurs propres larmes. Alors, ils sont tentés de rejeter tout ce à quoi ils ont cru. Ils pensent que toutes ces fadaises sont destinées aux simples d'esprit, aux crédules, aux âmes faibles qui ne supportent pas la réalité. Et que devient la réalité ? Une longue enfilade de grottes sans lumière au bout de laquelle se trouve la mort.

Mais voici qu'une jeune fille, Laetitia, fait entendre sa voix, depuis "l'au-delà". Elle se sert d'un médecin-médium, Christian Tal Schaller, pour dire à son père prostré qu'elle vit. Voici quelques extraits de ce que Christian Tal Schaller a reçu par écriture automatique :

"Vous savez déjà que la vie humaine ne se limite pas à l'existence matérielle. Elle n'est qu'une étape de votre croissance. Entre deux vies de votre corps physique, vous continuez à apprendre dans les mondes spirituels. Puis un jour vous choisissez de vivre une nouvelle étape sur terre, et ce cycle se poursuivra jusqu'au moment où vous n'aurez plus besoin d'un corps pour continuer votre évolution. /.../ Votre fille vous a précédé dans le monde des papillons. Elle partage avec vous tout ce qu'elle est en train de découvrir et vous l'envoie /.../ par les vibrations de l'amour.

Votre relation mutuelle n'a pas commencé le jour de sa naissance ni même le jour de sa conception. Vous avez déjà vécu plusieurs vies ensemble. Dans certaines, vous êtes mort le premier. Dans d'autres, elle est partie avant vous. /.../ A plusieurs reprises, dans des vies précédentes, vous avez marché vers la mort sans vouloir mourir, avec une intense révolte. Votre conscience n'était pas assez développée pour vous permettre de comprendre que la mort n'est qu'un passage dans les mondes spirituels. /.../ Vous parviendrez bientôt à ce niveau de conscience où, délivré de l'illusion matérielle, vous ne serez plus obligé de vous réincarner en oubliant les réalités de lumière, et vous pourrez créer un corps quand vous le choisirez, dans le lieu où vous le désirerez." Et sa fille, morte à dix-sept ans dans un accident d'auto, lui parle à son tour : "Ici, je comprends l'importance des pensées. Car chaque pensée /.../ attire de la substance cosmique, avec laquelle elle crée une forme pensée. Celle-ci attire les émotions et les expériences qui lui correspondent. /.../ J'ai envie de crier aux Terriens : attention à vos pensées!" Puis elle s'explique sur ses moyens de communiquer avec les dits Terriens : "A certains moments, je dicte tout simplement des mots les uns après les autres. /.../ A d'autres moments, j'envoie à Tal des formes-pensées qui font résonner ses structures mentales. Ce processus télépathique peut être comparé à une partition que j'écris, que Tal lit et joue sur son instrument, à ceci près qu'il ne capte pas toutes les notes que j'écris, car certaines lui sont inconnues! /.../ Soyez comme un enfant devant un conte de fées".

Son grand-père Jean, qui est venu à sa rencontre lorsqu'elle est passée dans l'autre monde, utilise aussi le médium Tal pour témoigner de son expérience : "Puissiez-vous vous laisser guider à chaque instant par votre sagesse intérieure, oser brûler toute pensée qui vient de l'illusion collective : peur, jugement, comparaison, dévalorisation, normalisation. /.../ Vivre, c'est apprendre à être attentif. /.../ N'attendez pas demain pour laisser partir vos passés douloureux. Vous pouvez effacer tous vos karmas, les conséquences de vos anciennes pensées. Il suffit d'affirmer : "Je suis un avec Dieu. Je m'accepte totalement, avec un amour sans limites /.../ je choisis la gratitude et la lumière. Je suis un avec Dieu. Je suis." Et après avoir donné quelques conseils pour attirer ce que l'on désire dans sa vie, il conclut : "Il est beaucoup plus facile de se libérer du passé par l'acceptation, le pardon, la compréhension et la joie que par la souffrance".

Un autre témoignage d'un "vivant" après la mort nous est fourni par un couple d'expérimentateurs luxembourgeois qui reçoivent, depuis 1988, des messages d'une scientifique nommée Swejen Salter écrits pendant leur absence sur leur ordinateur. Voici ce que révèle Hildegarde Shäfer dans son remarquable ouvrage "Théorie et pratique de la transcommunication" :

"A intervalles réguliers dans le temps, Swejen Salter (de l'au-delà) introduit dans l'ordinateur des textes que le couple Harsh Fischbach transmet ensuite au professeur Senkowski. Ces messages sont d'un accès très difficile pour le novice, parce que Swejen Salter s'adresse au Pr. Senkowski dans un langage scientifique et qu'elle possède en outre les connaissances de quelqu'un qui a franchi le seuil de l'éternité. /.../ "Voici un court extrait de l'une de ses communications avec le couple luxembourgeois : "De nombreux hommes et animaux se réveillent à la vie (de l'au-delà) sous la forme de nouveau-nés. /.../ D'autres /.../ arrivent chez nous dans un état de vieillesse et rajeunissent après un sommeil régénérateur. Nous ignorons l'origine de ces différences. /.../ Tous ceux qui ont jadis été des êtres humains parviennent à un âge d'environ vingt-cinq à trente ans. Les animaux ont l'âge dans lequel ils se sentaient le mieux /.../ Les tissus abîmés et même les os se régénèrent. Tout comme chez vous se guérit une blessure mais de manière bien plus parfaite. Des membres peuvent reprendre leur croissance, des aveugles y voir, etc. La taille, la couleur de la peau ou des cheveux ne peuvent faire l'objet d'un choix : elles restent les mêmes que celles que l'on possédait de son vivant sur la terre. Ici, dans le monde du fleuve, débarquent des êtres de tous les univers existants..."

Rappelons que ces communications se font sur l'ordinateur de Jules et Maggy Harsh-Fishchbach. Chaque fois que le couple quitte son appartement, l'ordinateur se met en marche. En rentrant, le couple trouve des textes qu'il n'a plus qu'à imprimer. Certains sont d'ailleurs reproduits dans leur forme et leur langue initiales – l'allemand – par Hidegarde Shäfer. Voici ce que Swejen Salter a également communiqué sur la théorie des vies successives : "Au risque de vous déplaire, c'est ainsi, tel que je vous le dis : la réincarnation existe. Il y a des univers parallèles! Les hommes évoluent dans l'incessante roue de la vie. Quelques-uns sont parvenus aujourd'hui à un stade de développement qui leur permet de mieux comprendre certaines choses. Réincarnation signifie poursuite de l'évolution vers l'avant, et non retour en arrière. Les animaux sont, eux aussi, soumis au cycle de l'incarnation. L'homme ne se réincarne pas dans un corps animal. Des personnalités humaines importantes peuvent renaître comme de simples hommes si elles n'ont utilisé leur vie antérieure que pour exercer leur pouvoir sur les hommes. Les maladies et les infirmités ont un sens dans le processus d'évolution de l'homme."

Conclusion

Pourquoi l'Eglise n'enseigne-t-elle pas la réincarnation ?

Nombre de chrétiens considèrent que l'on ne peut pas croire en la Résurrection et en la Réincarnation. Pour eux, les deux sont incompatibles. Ils se limitent au silence sur le sujet, dans le meilleur des cas, ou vont jusqu'à affirmer que l'on ne peut se dire chrétien si l'on croit en la Réincarnation. Rares sont ceux qui essaient de s'informer sur la doctrine des vies sucessives, sur les grands chrétiens qui l'ont professée, ou sur les deux. Je citerai seulement la "réponse" que leur apporte le métaphysicien chrétien et l'enseignant en théologie hors de pair qu'était Emmet Fox, dans son *Sermon sur la montagne* :

"Certains chrétiens feront observer /.../ que cette loi de la rétribution est d'origine bouddhiste ou hindoue, et non pas chrétienne. Il est exact qu'elle est enseignée par les Bouddhistes et les Hindous /.../ Il est également vrai que les Orientaux la comprennent mieux que nous, ce qui ne veut pas dire qu'elle leur appartienne en propre, mais ce qui signifie /.../ que les églises chrétiennes ont négligé d'expliquer à leurs fidèles un point capital de l'enseignement de Jésus. A ceux qui objectent que ce n'est pas une loi chrétienne, on peut répondre : l'Evangile selon Saint Matthieu est-il ou n'est-il pas un document chrétien ? Jésus-Christ était-il chrétien ou bouddhiste ? On peut aimer ou ne pas aimer cette loi. On peut, si l'on veut, essayer de n'en tenir aucun compte. Mais on ne peut nier que Jésus nous l'a enseignée de la manière la plus directe et la plus catégorique, lorsqu'il a dit : "Ne jugez pas, afin de n'être pas jugés ; car de la façon dont vous jugez, vous serez jugés vous-mêmes, et c'est la mesure dont vous vous servez qui servira pour vous." /.../ Lorsque nous pénétrons l'esprit de l'Evangile, nous pouvons nous libérer. Le karma n'est inexorable qu'à ceux qui ne prient point. Dès que nous prions, nous commençons à nous élever au-dessus du karma. Nous annulons graduellement les conséquences fâcheuses de nos erreurs passées. /.../ Pour chacune de nos fautes, nous devons ou bien en supporter les conséquences, c'est-à-dire expier, ou bien les racheter /.../ par l'évocation de la Présence Divine. /.../ Quand la prière ou le traitement spirituel ont été suffisamment efficaces pour faire du pécheur un homme nouveau et détruire en lui le désir de retomber dans le péché, alors il est sauvé. Sa peine est remise car le Christ est maître du karma".

Un autre porteur de Lumière, Eugen Drewermann, a exprimé dans *L'essentiel est invisible*, les questions que tous nous nous posons, arrivés à la fin de cette réflexion :

"Peut-être bientôt, à la fin de notre vie aurons-nous à nous demander ce que nous aurons fait contre la détresse de notre temps. /.../ Peut-être nous demandera-t-on à quels slogans, à quelles erreurs de notre époque nous nous serons opposés, et nous devrons reconnaître que nous en sommes restés à des siècles en arrière. /.../ Mais si on nous demande pour quelle raison exactement nous avons vécu en ce monde, espérons /.../ pouvoir répondre que nous nous sommes efforcés de voir le monde avec les yeux de l'amour. Que nous avons trouvé le Petit Prince au milieu du désert de notre coeur ; qu'au milieu de notre vie, il nous a donné des yeux semblables à des fenêtres ouvertes sur l'éternité ; et que nous sommes montés ensemble dans la barque qui nous porte sur l'autre rive".

Bibliographie

Irène ANDRIEU : *Initiation à l'astrologie d'évolution*, EditionsDangles.

Sri AUROBINDO : *Le yoga de la Bhagavad Gîta*, Editions Sand

Dr. Philip BERG : *Les secrets kabbalistiques de la vie et de la réincarnation*, Ari Zal Editions

François BRUNE : *Les morts nous parlent*, Editions du Félin

Dominique BRUNET : *Les maladies refuges*, Primeur.

Ken Mc CALL : *Maladies psychiques et guérisons spirituelles*, Dervy.

A. COHEN : *Le Talmud*, Payot

Raphaël COHEN : *Le Talmud*, Editions Grancher

Alain DANIÉLOU : *Shiva et Dionysos*, Fayard

Dr. DEEPACK CHOPRA : *La guérison, ou quantum healing* Stanké, Québec Canada

Denise DESJARDINS : *La mémoire des vies antérieures, De naissance en naissance*, Editions la Table Ronde

Eugen DREWERMANN : *L'essentiel est invisible*, Editions du Cerf. *Le testament d'un hérétique ou la dernière prière de Giordano Bruno*, Editions Albin Michel

Patrick DROUOT : *Des vies antérieures aux vies futures, Guérison spirituelle et immortalité*, Editions du Rocher

Gervais DUMEIGE, S. J. : *Histoire des Conciles Œcuméniques*, Editions de l'Orante

Pr. Régis et Brigitte DUTHEIL : *L'homme superlumineux*, Editions Sand

Emmet FOX : *Le pouvoir par la pensée constructive, Le Sermon sur la montagne*, Editions Astra

Jean GOUILLARD : *Petite Philocalie de la prière du coeur,* Editions du Seuil

Chris GRISCOM : *Guérir de ses vies antérieures,* Editions du Rocher

HAZIEL : *Notre ange gardien existe, Le pouvoir des archanges,* Editions Bussière

Pierre JOVANOVIC : *Enquête sur l'existence des anges gardiens,* Editions Filipacchi

Allan KARDEC : *Le livre des esprits,* Press Select, Québec, Canada

Denis KELSEY-JOAN GRANT : *Nos vies antérieures,* J'ai Lu (A 297)

Noël LANGLEY : *Edgar Cayce, on reincarnation,* Aquarian/Thorsons

René LAURENTIN : *Yvonne-Aimée de Malestroit,* F ; X. de Guibert, éditeur

Le Livre tibétain des morts, sous la direction de Lama TEUN-ZANG, Editions Le Grand Livre du Mois

La Kabbale dévoilée, Editions Rosicruciennes

Florence MAC CLAINE : *Guide pratique du voyage dans les vies antérieures,* Editions Sand

Dr. William MAC GAREY : *Les remèdes d'Edgar Cayce,* Editions du Rocher

Briege MAC KENNA, O. S. C. : *Des miracles aujourd'hui,* Editions de l'Emmanuel

Shirley MAC LAINE : *L'amour-foudre, Danser dans la lumière,* Editions Sand

D. MASSON (trad.) : *Le Coran, vol. I, II,* Folio

Thomas MERTON : *Zen, Tao et nirvana,* Fayard

Marijan MOLÉ : *Les mystiques musulmans,* Les deux océans

Raymond MOODY : *La vie après la vie, Voyages dans les vies antérieures,* Laffont

OSTY et TRINQUET : *Le Nouveau Testament,* Editions du Seuil

Bibliographie

Jean-Marie PAFFENHOFF : *Les anges de votre vie*, Editions Jacques Grancher

Charles-Rafaël PAYEUR : *Apprivoiser la mort, Pierres et Initiation, L'astrologie karmique, principes et techniques, Les guides de lumière. Réincarnation, Régression et exorcisme, Introduction à l'astrologie médicale, vol. I, II*, Editions de l'Aigle, Marseille

Isola PISANI : *Preuves de survie*, Laffont

Hildegard SCHÄFER : *Théorie et pratique de la transcommunication*, Laffont

Bernie SIEGEL : *L'amour, la médecine, les miracles*, Edition J'ai lu.

Lilian SILBURN : *Le Bouddhisme*, Fayard

Carl SIMONTON : *Guérir envers et contre tout*, Editions de l'Epi.

Rudolf STEINER : *Le karma de la profession, Le karma, vol. I, II, III, IV,, Manifestations du Karma, Evangile de Saint Matthieu*, Triades

Ian STEVENSON : *Vingt cas suggérant le phénomène de réincarnation*, Editions Sand

Dick STUTPHEN : *Pre-destined love, Finding your answers within*, Pocket Books

Tara STUTPHEN : *Blame it on your past lives*, Valley of the sun Publishing, Box 38, Malibu, Ca,, 90265, USA

Carlo SUARÈS : *Le Sepher Yetsira*, Editions du Mont-Blanc

Unlearned language,
Articles publiés dans différents numéros du Journal of Scientific Exploration, Stanford University, ERL 306, CA, 94305-4055

Table des matières

Introduction 5

Chapitre 1 : **la réincarnation existe-t-elle vraiment ?** ... 7
Origines de la croyance en la réincarnation 12
L'Inde • Le Bouddhisme • Le Taoïsme • L'Egypte • La Perse • Le Mithraïsme et le Manichéisme • Le Judaïsme • La Tradition Grecque • L'Héritage Romain • Les Amériques • Le Monde Chrétien • La doctrine des premiers chrétiens adeptes de la réincarnation • Les Gnostiques chrétiens • L'Eglise et la Réincarnation • L'Islam
La réincarnation depuis la renaissance 49
La loi de cause à effet (ou Loi du Karma)

Chapitre 2 : **qu'est-ce que "régresser" ?** 63
*Les techniques permettant d'accéder
à ses vies antérieures* 66
La Visualisation • Le "griffonage" • L'écriture automatique • L'astrologie karmique • La Boule de cristal • La Contemplation du miroir • La "Clairaudience" • Le dialogue avec l'Ange gardien • La répétition d'une prière, d'un son, d'un mantra • Le pendule • Le "soi parallèle" • La Régression, seul ou accompagné • Autres méthodes permettant d'entrer en "ondes alpha" • Comment nous débarrasser de ces émotions anciennes

Chapitre 3 : **la guérison des maladies de l'âme** 97
Les blessures de l'âme 99
Angela, hantée par l'échec • L'anorexie et la boulimie • Le cas de Céleste • Eva, qui avait mangé de la chair humaine • Les complexes • Le complexe de François • Janice et les hommes • L'homosexualité • Le sexe choisi par Paolo • Un homosexuel pieux et cultivé • La phobie • La phobie des plumes • Virgilia et la phobie des crustacés • La phobie des araignées • Celle qui redoutait la flamme d'une bougie • Les obsessions et idées fixes • Florence et ses têtes coupées • Le matelas mouillé • Les addictions • Le jeune soldat qui souffrait trop • Les tendances suicidaires

- Jim, l'homme tendre qui voulait mourir • La possession
- Les hallucinations • Les blocages • L'écrivain manqué
- Celui qui ne pouvait pas connaître le bonheur sexuel

Chapitre 4 : **la guérison des maladies du corps** 137
*Les impressions maternelles et l'âme
    avant la naissance* 140
Etrange épidémie • Les mains blessées du père et de son nouveau-né
*Les marques de naissance héritées
    des vies antérieures* 143
Les maladies, les émotions, le psychisme • Le miracle éphémère du Krebiozen • Le troisième œil de Shirley Mc Laine • Histoire d'Elsa • Marta et ses laryngites • Fran et la polio de Mary • Mélanie et sa mère mourante depuis 10 ans • L'épaule bloquée de Marguerite • Une triple dette karmique

Chapitre 5 : **la pré-destination de la vocation** 161
Le caractère • Le petit moine • Les dons • Gretchen et sa langue jamais apprise • L'homme aux mains de guérisseur • La petite danseuse du Bengale
*Comment se forment les aptitudes
    ou génies précoces* 176
Les âmes désireuses • La comédienne sans emploi • Trouver son plan de vie
Les carrières retenues par des fantômes 180
Les opportunités manquées 183
L'homme d'affaires qui se spécialisa dans l'art du vitrail • Le courtier devenu expert en enregistrements • L'impression de "déjà vu" • L'amour de la mer • Le fan d'Angleterre • Se guérir du chômage • La reconstruction du désir d'être utile • Les fleurs de Marion

Chapitre 6 : **les fortunes et la chance** 195
La chance de Julia • Ceux qui attirent l'argent • Le cas de Victor Vincent • La prédiction de Marta

Tables des matières

Chapitre 7 : **l'amour prédestiné** 205
Le karma amoureux • L'histoire de Renaud et de Béatrice • L'histoire de Trentin • L'histoire de Thierry et de Natacha • L'histoire d'Estelle et Albin • La jeune mariée atlante • Incommunicabilité mystique ou amoureuse • Les âmes sœurs et les âmes jumelles • Ezra et Marion • Le roman d'amour de B.J. et Gloria • Le rapport parental • Le jeu d'Edwige et d'Eliane

L'amour envers les animaux 236

Chapitre 8 : **la visualisation créatrice et la renaissance intérieure** 241
Un exemple de visualisation réussie : le "miracle" Hopi

CONCLUSION 249
La mort n'est que vibration • Pourquoi l'Eglise n'enseigne-t-elle pas la Réincarnation ?

Bibliographie 255

*Achevé d'imprimer en janvier 1995
sur presse CAMERON
dans les ateliers de B.C.I.
à Saint-Amand-Montrond (Cher)*

Composition :
GPI-Juigné-sur-Sarthe

Dépôt légal : janvier 1995
N° d'impression : 1/220.

Imprimé en France